懼胖社會

為何人人對肥胖感到恐慌？
體重羞恥的文化如何形成，
肥胖歧視如何與各種歧視交織並形成壓迫

凱特・曼恩（Kate Manne）／著
柯昀青／譯

Unshrinking:
How to Face Fatphobia

獻給讓我如是存在的雙親

固然不是面對就有改變；但若不面對，一切就不可能改變。

——詹姆斯．鮑德溫，〈盡可能承擔愈多真相〉，一九六二年

你只需要遵循你心中的柔軟，探索心之所向。

——瑪麗．奧利佛，〈野雁〉，一九八六年

減肥不是我欠你的。

——瑞秋．威利，〈胖笑話〉，二〇一七年

目次

敬請注意

本書中關於節食、飲食失調、身體規範的討論，以及關於肥胖恐懼的各種赤裸描繪，因摻有涉及種族主義、厭女情結、殘障歧視、跨性別歧視等內容，可能引起部分讀者的刺激與不適，請謹慎服用。

導論：戰鬥體重
Introduction: Fighting Weight

我應該要覺得興奮才對。我的第一本書《不只是厭女》，原先以為只是本很小眾的學術著作，沒想到後來竟能獲得一間英國大出版社的青睞。那是一本研究厭女情結（Misogyny）的專書，主要探討社會中對女性的各種扼殺、性騷擾、性侵害、強暴文化（rape culture）。我本來想要大張旗鼓，讓更多人能一起討論這些對我來說再重要不過的議題，但當編輯提議要全額資助我去倫敦推廣新書，參與書店座談、上電視打書時，我畏縮地拒絕了。我覺得自己太胖，不適合以女性主義者的姿態公開露面。我覺得自己體型魁梧，不適合談論那些要求女性要嬌弱、溫順、安靜的「厭女」之舉。儘管我夠敏感，知道這個想法多諷刺，但當時這股自覺並不足以改變我的想法。

澳洲作家海倫．加納曾說，她也會感覺自己有必要減到自己的「戰鬥體重」，才能開始打書。我很懊惱自己沒減肥，甚至還讓自己胖到人生巔峰——二〇一九年初時，我的醫生眉頭深鎖地表示，根據身體質量指數（Body Mass Index, BMI），我的體重已經來到了「嚴重肥胖」

的程度[1]。

《不只是厭女》一書在二〇一七年年底正式出版，恰巧遇上塔拉娜．柏克所發起的#MeToo運動突然引發公眾人物關注的一週。因此，出乎意料，我幾乎每一天都在和媒體、記者討論厭女情結。不過，我從不允許攝影團隊到我家或我辦公室進行拍攝，我只接受用Skype視訊受訪，這樣我才有辦法控制角度，避免讓自己的身體進入大眾的視野。我有好幾張精心挑選的個人照，都是在我比較瘦的時候拍的，雖然我在成年後幾乎沒瘦下來過，但每次媒體要報導時，我都還是用那幾張照片；除非對方同意使用我的照片，不派自己的攝影師來拍攝，否則我就不會接受採訪（有時幾乎像在作戰）。我在演講時都會要求聽眾不要拍照，如果偶爾有人還是拍了並發到社群上，我還會去拜託他們把照片撤掉。我的理由是，我是許多厭女鄉民會肉搜、騷擾的對象，只要有我的新照片流出，就會引來許多尖酸刻薄的嘲笑。這個理由並非空穴來風，我被罵過賤人、婊子跟許多其他更不堪入目的話，例如，我為《紐約時報》寫的第一篇文發出後，前幾則推文就寫道：「蠢賤人寫蠢話」。我也收到不少反猶太主義的攻擊（在川普當選那天晚上，就有人私訊我：「你們猶太人現在全都要被送進烤箱裡燒死了。」）在我小小的網路世界中，性侵威脅並非罕事。

但讓我真心害怕的事情是：被說是個胖子。我確實是。我是胖沒錯，但一旦聽到別人這樣說，甚至是聽到我自己這麼說——我都只想要消失。

要讓我沉默，說我胖就足矣。

你可能會以為，我本人——這一輩子都是個女性主義者，現在甚至還寫了兩本探討厭女情結的書——應該是世界上最難被誘騙去管控或逼迫自己的身體、服膺父權體制對身形喜好的人了吧？悲哀的是，你錯了。我從二十幾歲就開始嘗試各式各樣的節食方法，我幾乎已經試遍了所有的減肥藥。老實說，我上一次挨餓、節食，也不是太久以前。

我甚至可以說出我十六歲之後的任何一個人生里程碑當天的體重是多少。我可以精準地告訴你，我在結婚、博士論文發表、成為教授、生女兒當天的體重。（對當時的我來說，就是太重、太重、太重、太重。）我甚至可以說出我離開澳洲墨爾本，飛到波士頓，準備展開哲學研究所生涯當天的體重。我帶了兩個過重的行李箱，裡頭塞滿我的所有家當和體重計——我最先打包的就是我的體重計，僅次於我的牙刷。

在這個恐懼肥胖的社會中，隨著我的年齡（跟體型）持續增長，我開始學會如何避開某些關鍵的機會、風險與享受。十六歲之後，我只游過一次泳（我都穿內搭褲和寬鬆T恤）。我在二十歲之後就沒跳過舞；大概也是從那時候開始，除了丈夫和我的醫生，沒人看過我膝窩後方的肥胖紋。（我的衣櫃裡有八成都是內搭褲。）

也就是說，肥胖恐懼（fatphobia）讓我錯過了生命中的許多事物，它讓我開始進行各種精密的社會計算，確認自己因為肥胖身體而遭到評判、蔑視、貶低的風險有多大——通常，讓我自己暴露在外都會是弊大於利。

因此，我對於外界的眼光總是閃閃躲躲。

• • •

我含糊地以健康原因為由，請求取消到倫敦打書的宣傳活動。我再次對自己說：這是真的，我的心理健康很差，而且我身材這樣，生理健康肯定也好不到哪裡去——雖然我的血壓、基本血檢數值與其他相關指數都出奇完美。我買了一本標題正向的暢銷書《如何不死》，在Audible上聽它的有聲書，一邊在超市裡閒晃，買了奇亞籽、綠茶、綜合益生菌。在我想通之前，我逛過了各式各樣要價上百美金、過度昂貴、沒飽足感、基本上非食物的東西。作者邁克爾．葛雷格的好友阿特是個狂熱的慢跑者與養生狂，同時也是「天然食品」商業帝國的創始人，他在葛雷格寫作該書期間，於自家的養生中心不幸離世，年僅四十六歲。事實證明，那是偶然但完全可以避免的悲劇：因熱水器通風不良而導致一氧化碳中毒。

我為了阿特、葛雷格醫師和我自己哭泣，並開始重聽有聲書。幾個月下來，我已經吃了無以計數、沒味道到讓人不敢相信的扁豆、無調味的蔬菜，還卯起來吃了一堆枸杞。但我半公斤都沒減掉，感覺什麼都沒變。於是我繼續躲起來。等到我在那年春天開始寫第二本書時，外界眼光已經成為我的恐懼。我在我的Twitter（後更名X）個人簡介中加了句「志在隱居」，提醒世人不要對我抱持期待。

二〇二〇年三月，新冠肺炎疫情爆發，隨之而來的封城卻成了某種解脫。

我得先澄清一點——我跟所有人一樣，對於疫情本身感到非常焦慮與恐慌，畢竟我家裡有個幼童，我的伴侶還有免疫功能低下與免疫抑制的問題。不過，我確實很享受疫情帶來的這個附加好處——不再需要受到外界眼光的審視與懲罰。我現在不費吹灰之力就能為自己的體重保密。我終於可以安全地躲在家裡，讓我的思緒漫遊、探索，而無須擔心甚至得捍衛我的肉身。（隨著「宅在家」成為社會的普遍現實之後，我當然乖乖刪掉了我在推特上的隱居無聊笑話。）許多人也同作此想，特別是體型肥胖的人，都曾經向我承認：疫情真的讓他們鬆了口氣，因為他們不再需要親自到學校教書、暴露身形，不再需要跟愛批評人的同事吃午餐，也不再被迫參加辦公室裡頭各種彷彿設計來羞辱與欺負大體型員工的「健康挑戰」。

接著，就在這段心思自由徜徉之際，我開始思考：會不會我根本就沒必要躲躲藏藏？會不會我根本就不必有這種感覺？會不會肥胖倡議者的說法、「每種體型都健康」行動（Health at Every Size, HAES）的主張，以及過去幾十年來我一直敬而遠之的直覺飲食法（intuitive eating）——我總以為是對別人有效，對我可不行——實際上真的可以改變我的生活？如果我能接受我的肥胖體態，並開始仔細剖析肥胖恐懼，會發生什麼事？

真正展開思考後，我才逐漸發現，原來我內心中對肥胖的恐懼，只不過是在社會中橫行、猖獗的肥胖恐懼，所照映出來的模糊倒影而已。我開始明白，我並不討厭我的身體，只是因為我的身體讓我成為被貶低、被嘲笑、被輕賤的脆弱者。但我知道，霸凌與欺侮的關鍵並不在被害者，而是在於加害的惡霸——唯有處理禍首，整個體制最終才可能改變。

我開始不再將「胖」這個詞視為或用作一種汙辱，而單純將其理解為對於特定體態的中性描述——我在後文與本書中的使用也將是如此。我開始意識到，只關心人們的體重（一種能被無限劃分等級的特質）是個建構出一套有害社會階級制度的完美手段，而我認為，這正是肥胖恐懼的根基。我開始把肥胖恐懼視為一種嚴重且被低估的結構性壓迫。我開始明白，不斷嘗試縮減自身體型的我，其實已經成為整個體制的共犯。我開始儲備氣力、張羅工具，準備進行一項多年以來難如登天的困難任務：不再節食、不再執著，要和我的身體和平共處。一言以蔽之，我發誓，我不再減肥，不再退讓。

我花了很久時間才終於走到終點。我一度因為太過絕望，還打電話給附近一間醫美診所留言要做減重手術。（我後來再也沒有回電給他們；他們感覺有點太殷勤。）我甚至還孤注一擲地，採行了一次激烈瘋狂的節食，最後為自己帶來真正的危險。就連現在，我也還是有不好受的時候；我還在拿捏我與自己身體的關係。不過，我已經不再受到獨尊苗條身形、堅持節食是唯一手段的節食文化所禁錮。某程度而言，本書可以說是這場平凡但得來不易的勝利下產物。

因為我已經清楚意識到，我們的身體根本不是問題所在；真正讓世界陷入泥淖的，是肥胖恐懼。而我們可以與之對抗。

我知道這可能會是場惡戰。相信我，我有經驗。如果你並不是對抗這個會不公懲罰肥胖的社會，而是在與自己的身體抗戰，這本書也一樣適合你。只不過，本書所著眼的，是政治性、結構性的干預，而非心理或個人主義的層面；這本書所依循的傳統，是要呼籲肥胖正義、肥胖驕傲，以及我最愛的這個詞彙——肥胖解放。[2]我相信，就肥胖恐懼來說，改善我們對自己所抱持的自我形象或更愛自己的身體，都不是解方。

這無異於要改造世界，要讓這個世界能夠正確地面對肥胖身體，要促成顛覆社會般的認知轉變，並且肯認我們胖子什麼問題都沒有。[3]為了我們自己，也為了世界上的其他人，我們必須要堅決地反抗那壓迫、控制、限制我們的肥胖恐懼。我們必須正視反肥胖（anti-fatness）所創造的暴力會不斷地貶低、削弱、非難肥胖身體，卻毫無正當的理由。

• • •

根除肥胖恐懼之所以重要，不只因為它帶來了極大傷害，也因為相關數據顯示，它正在持續加劇。二〇一九年，哈佛大學的研究團隊指出，他們自二〇〇七年開始調查了針對種族、膚色、性傾向、年齡、殘障、肥胖的內隱偏見（implicit bias）變遷，結果發現在這六種偏見中，只有反肥胖的偏見惡化了。研究最後一次調查（二〇一六年）時，絕大多數的人依然抱持著非常顯性的反肥胖偏見。[4]

這個結果破除了一個普遍迷思，也就是若人們與社會邊緣族群的接觸增加，將能降低他們所承受的社會歧視與偏見。實際上，現在大多數的美國人某程度上都算是肥胖一族，有高達四分之三的人其BMI屬於「過重」(overweight)或「肥胖」(obese)——先不論BMI本身的問題有多大，這點我稍後再說明。[5]無論如何，儘管我們胖子可謂隨處可見，我們被迫承受的肥胖恐懼卻絲毫未減。[6]

若把肥胖恐懼概念化成一件束身衣，將有助於我們思考——它威脅、警告人們不要再變胖，對於體型超過一定尺寸的人，它會帶來不適感，甚至疼痛。

它約束我們的自由、行動，以及我們占據空間的能力，即便這個世界早已反覆告訴女性，要安分守己，要縮小自己，那是我們的職責。我們甚至經常說服自己，穿上這件壓迫逼人的束身衣，是為了自己好——即使這和既有的經驗證據完全背道而馳。我們在後續章節就會看到，其實不斷減肥、不斷復胖所帶來的問題，遠比穩定維持肥胖狀態還要嚴重得多。

這件名為肥胖恐懼的束身衣，對我們，或可說是對所有人而言，都是有害的。由於它專挑巨大軀體的血肉下手，故提倡反恐肥(anti-fatphobia)的政治，勢必也得優先處理這類身體。在肥胖倡議者之間，以及人數較少但與前者高度重疊的肥胖研究社群之中，擁有這種身體的人會被稱呼是「超級肥子」（superfat）或「無限肥子」（infinifat）——這是Podcast節目「肥唇」（The Fat Lip）創辦人艾許・尼斯查克自創的詞彙；[7]有些人則會被稱呼為「小胖子」、「中胖子」、「大胖子」。[8]當然，日常語言大多數的概念，難免都會有點模糊、語焉不詳，而且會有一些介於灰色地帶，難以定義的個案。但總歸來說，我們基本上就是一群體型超過服飾產業定義的「正常尺寸」、很難找到夠大衣服穿的人（難度因人而異），有時候，我們甚至會難以把自己塞進社會預先規劃好的特定空間裡頭中。如果你從來沒碰過這些挑戰，那麼恕我直言——你可能並不胖，即便你個人在特定場合中「感覺很胖」或正在和你對自己的身體形象作戰。我之所以這麼說，是因為在本書中，胖不是一種感覺——而且我要再強調一次，胖不是一種羞辱，更不是一個問題，[9]單純就是一些身體的外型罷了。而且，胖並不可憐，也不需要換成「比較肉」、「比較壯」、「比較有曲線」這種委婉的用語。本書更不偏好使用那些高度病理化的用語，例如「過重」、「肥胖」；我只會在引用一些嚇人說法或真的無法避免時（像是要摘要各種科學研究文獻的時候），才會使用這些詞彙。[10]近期飽受部分醫學研究者青睞的「過重／肥胖族群」（persons with overweight/obesity）一語，更是不用提了，這種高高在上的累贅表述，彷彿以為不管後續貼上什麼汙名，只要改用「以人為本」的語言（person-first language）就變得比較好。

所以：我很胖。或許你也很胖。又或許，依照前述定義，你根本不胖。無論如何，我們都可以，也必須一起面對這個事實——共同困擾我們的，不是肥胖，而是肥胖恐懼。

• • •

肥胖恐懼可以被如此定義：它是個社會體制中的特徵，會不公允地將肥胖身體低等於苗條身體的次級存在——而且不僅是我們的健康次等，就連道德、性、智識程度，全都比較次等。肥胖恐懼某程度上是個經誤導的意識形態，是我們的文化對肥胖者所抱持的一系列錯誤信念與不實理論——我們必然不健康，甚至注定會因為太胖而喪命；我們應該要為自己的肥胖負責，因為我們品德敗劣、意志不堅、紀律不彰；我們沒有吸引力，而且惹人生厭；我們無知，而且愚蠢。[11]

在這種階層秩序中，肥胖身體不僅立於體重多寡的連續光譜上，同時也立於社會價值的連續光譜之上。而且愈胖的人，就愈容易受到肥胖恐懼的影響——在其他條件都相同之下。然而，其他條件終究並不相同，因為社會世界中存在著許許多多其他的不平等與不正義。所有的壓迫體制都會與其他的不平等體制相互交織，例如種族歧視、性別歧視、厭女情結、階級歧視、體能歧視、年齡歧視、同志恐懼／歧視、跨性別者恐懼／歧視——而肥胖恐懼，自然亦如是。[12]而且，正如肥胖倡議者凱特．哈定所說，肥胖恐懼還會特別優待「好胖子」——也就是會做出「健康」行徑（例如節食減肥）或會乖乖接受自己胖就是失敗的人；至於那些不安分、毫無歉意的胖子，可就沒那麼好過了。[13]按照肥胖恐懼的邏輯，你愈不聽話，就愈沒有講話的機會。

但我們必須發言。而我要先從點出肥胖恐懼在本質上的三大迷思開始，接著，我將再透過本書加以破除瓦解。

第一，認為肥胖恐懼純粹是出於個人對自己與他人偏見的觀點，完全大錯特錯。肥胖恐懼本身是個結構性現象，它將擁有肥胖身體的人劃分到另一個迥異的世界，設置各式各樣的物質、社會、體制性的挑戰，百般阻撓我們成長茁壯。就算全世界的人明天一覺醒來全都神奇地擺脫了這種肥胖恐懼心態，這個世界依然需要改變，甚至是被徹底顛覆，才可能真正適應肥胖的身體，並積極支持我們。不過，如果以為肥胖者在人際社交上所面臨的各種輕視與敵意和個人偏見無關，也是錯的。這種形式的偏見不僅會帶來傷害、造成孤立，若抱持這種心態的人正式是醫療、就業、教育等重要體制性福利與資源的把關者，其可能衍生的傷害更是不在話下。我們不應容許這些角色帶有恐懼肥胖的心態，因為這些都會攸關社會中最弱勢、最容易被壓迫族群的福祉。

第二，雖然如此稱呼，但對於踐行肥胖恐懼的人來說，肥胖恐懼並不可恨，也不可怕——他們甚至可能感受不到任何一絲敵意。（對於被動承受肥胖恐懼的人來說，體驗通常可就完全相反了。）確實，誠如本書後續章節所示，肥胖恐懼打從誕生之初，就帶有對肥胖身體的憎惡。此外，怕胖的情緒也不是很罕見，部分因為肥胖這個範疇本身就具有哲學家艾莉森・雷海德稱為「滲透性」（porousness）的特質——很多人都可能因為生命階段改變、體重升降起伏，因而踏入或離開這個類別。[14]不過，在彰顯肥胖恐懼的具體案例中，卻可能完全沒有任何顯而易見的「感覺」——或者套句哲學家的話，並不具有外顯的經驗現象（phenomenology）。乍看之下，都好像只是在提供正確的醫療建言、挑選最適合這項工作的人、客觀地評估學生的能力而已。[15]但實際上，肥胖恐懼在這些時刻卻會帶來許多常見的錯誤、疏忽與誤判，有些甚至可能會帶來深遠的後果，尤其是整體觀之的時候。

第三，也是最後一點：人們（包括進步派）的普遍預設是，肥胖恐懼遠遠不若其他的壓迫形式那樣重要（我在寫書時，我的手機和電腦都不認識「肥胖恐懼／fatphobia」這個詞，我甚至還得自己手動新增詞彙）。然而，正如本書後續章節所示，如果看不見其他壓迫是如何與肥胖恐懼相互交織的，我們就無法深刻地理解更廣為人知的偏見與歧視，包括種族主義／歧視、厭女情結、階級歧視、健全主義／殘障歧視，與跨性別者恐懼／歧視。肥胖恐懼是把力量強大的武器，會被用來壓迫與欺凌弱勢中的弱勢；此外，肥胖恐懼會攻擊人們最根本、最基本的面向，包括教育、勞動、健康，甚至是生育自由。如果我們關心正義，我們就不應該對肥胖恐懼掉以輕心。

• • •

現在，讓我來處理房間裡的大象吧：在我寫作的此時此刻，我並不是很胖。雖然我還是會被認為有點「小肥」，但就在我正式丟掉體重計、感受到這個寫書計畫的靈光前不久，我才剛減掉了約莫二十七公斤。（根據我上次確認，依照我的BMI來看，我應該還可以再減掉九公斤至二十五公斤不等——如果真的減掉二十五公斤，那個數字將會是我進入青春期之後的人生新低。）

但我並不認為這次減重是個成功的故事。因為我並未成功理解自己政治觀點的真正內涵，甚至沒有將其落實到生活之中。

不僅如此，我的身上還留下許多戰鬥的傷疤。我和這個身體狠狠地對戰過——字面意義與象徵意義都成立。我很怕冷，總是很疲倦，我的新陳代謝，就和許多曾經激烈節食減肥的人一樣，已經慢到不行。而且，在這次我徹底戒掉節食前，我一直都處於慢性飢餓的狀態。

許多作家都曾經書寫過自身承受肥胖恐懼攻擊的相關文字，或許是因為體型，或許是因為交織性的多重壓迫，他們的經歷遠比我所感受到的更為尖銳、深刻，這些文字價值非凡，全都是我寫作時的重要基礎。在這本書中，我希望能夠召喚出來自羅珊・蓋伊、琳達・蓋哈特、奧布莉・戈登、德蕭恩・L・哈里森、崔西・麥克米倫・卡頓、艾許・尼斯查克、琳蒂・韋斯特等人的聲音，並在這場持續壯大的眾聲合音中，加入我自己作為女性主義哲學家的聲音。在本書中，我也會挖掘我個人的生命經驗。我本人（跟很多人一樣）就是一個活生生的例子，可以彰顯我們的身體在一生中將可能經歷多麼劇烈、驚人的變化。人類的體重時有波動，可能會因為異常飲食或生病而短暫消瘦，但只要我們夠幸運（且享有足夠的特權），通常這些體重最終都還是會回到我們的身上。

等你讀到這些文字的時候，我百分百相信自己已經變胖，而且完全不覺得這有什麼問題。說實話，這只是讓我更像自己罷了：我的身體本來就會發胖。而我已經準備好了，我不會與之戰鬥，也不會轉身逃離這個世界。

CHAPTER 1

肥胖恐懼的束身衣
The Straitjacket of Fatphobia

三十八歲的珍・科蘭去看了腎臟科醫生，醫生開了減肥藥，並對她說：「妳要不要開始節食、運動？試著減掉一些體重。」雖然充滿疑慮，珍決定配合：「好吧，好。這我做得到。」珍有個五個月大的寶寶，醫生於是繼續建議：「帶寶寶出去走走，少吃鹽，不要吃零食，多吃點蔬菜。」[1]

珍說，她根本就不需要醫師建議——她早就「非常痛苦但非常精通」於減肥了。她早年曾經一次減掉五十二公斤左右——不是為了健康，而是為了好看。幾年前，她決定放棄對體重的執著，擁抱自己的身體。儘管在懷孕期間，她的婦產科醫生有點擔心患有高血壓的她尿蛋白含量很高，但她覺得自己很健壯強韌。她在第二孕期時應醫師要求臥床休息，並在第三十七週時引產，順利產下她的小女兒蘿斯。

但事情發展並未如婦產科醫生所願，在孕期結束後，珍的尿蛋白並未自行消失。所以醫師才建議她趕緊去找腎臟科醫師。

「如果我減肥，蛋白質就會消失嗎？」珍在門診時詢問腎臟科醫師，他回覆：「對，只要你減肥，蛋白質就會消失。四個月後回診。」

問題根本不在於她的體重：她得了骨髓癌。如果珍沒有懷疑這位醫生的建議，並在一個月後去看另一位醫生，癌症將繼續蹂躪她的身體，尿蛋白水平也只會繼續飆高。第二位腎臟科專家告訴她：「飲食或運動都無法讓尿中蛋白質變這麼高。」

所幸，珍的癌症（多發性骨髓瘤）及時發現，可以進行六個月的化療和類固醇治療。在我書寫本書時，珍的預後都很良好。

其他人可就沒那麼幸運了。蘿拉．費雪的妹妹簡來探望她時，蘿拉告訴五十九歲的妹妹，她看起來很棒。簡瘦了二十七公斤，但她沒有刻意減肥。過去幾個月以來，她一直非常痛苦，沒什麼胃口。她在停經後出血，骨盆疼痛不已，幾乎是哭著向婦產科醫師求助，結果醫師做完例行檢查後，卻只聳了聳肩。簡覺得自己像被看成一名「肥胖、愛抱怨的老女人」。她試著透過飲食控制（不吃乳製品、不吃麩質）、服用非處方藥物來解決自己的疼痛感。幾個月後，一名診所助理認定她可能對鴉片類藥物成癮。所幸，這次醫師要求她先抽血檢查。[2]

隔天一早，簡就接到電話，要她立刻去急診室報到。由於血鈣含量過高，她被送入重症加護病房接受檢查，最後核磁共振結果顯示，她肚中長了一顆巨大腫瘤，她的外科醫師甚至表示，過往從沒看過這麼大的子宮內膜腫瘤。她的骨盆滿是癌細胞，膀胱也未能倖免；就連比較遙遠的肺部也照出斑點。

簡只多活了六個月。接受化療期間，她的身子逐漸消瘦——身邊的人還不斷稱讚她減肥有方。

• • •

對於大多數人來說，肥胖恐懼的束身衣是創造壓力和不適感的根源。只要身體不適合某些嚴格標準，生活就會變得辛苦，而有些身體（包括我的）永遠都會張狂溢出，難以收束。跟束身衣一樣，肥胖恐懼也是個強大的社會標誌——它會告訴我們，哪些身體應該要被忽視、鄙視、虐待；它告訴我們，肥胖的身體不值得照顧，也不值得接受教育、就業和其他基本形式的自由和機會。

束身衣很早就開始收緊了。大家都知道胖小孩在學校很容易被嘲笑；體重似乎是校園霸凌最常見的基礎。[3]還記得某次，我們幾個同學圍成一圈坐在操場上吃午餐，有個小男生跑過來指著我們，漫然但果斷地一一點評：「瘦子」、「中等」、「胖子」。當我成為唯一的「胖子」女孩時，社會靜力（social static）在我耳邊嗡嗡作響。我的排名無疑最低，這不僅影響了我對自己的看法，也影響了同儕對我的看法。有人突然望向我便當盒裡頭的芒果，嫌惡地說：「芒果會讓妳變胖！」另一人則接話：「還會讓妳口臭！」

這種對待（以及任何其他形式的童年肥胖歧視）會讓體型壯碩的兒童出現憂鬱、焦慮、自卑和身體負面意象的風險提高。在一些極端案例中，甚至會提高出現自殺行為的風險。[4]

胖小孩也容易遭受老師的歧視與偏見——沒錯，老師。教育工作者經常表露他們對體型壯碩學生所抱持的體重負面刻板印象，認為他們邏輯推演的能力、體能表現、社交能力都會比較差。[5]我在十四歲時，曾有一名老師慈祥地拍拍我的肩膀，說我簡直像是間「紅磚屋」；我的胃感到一陣痙攣，彷彿看見了在他眼中那個笨重、呆板、愚蠢的自己。教育工作者經常認為，體重正常的孩子能力比較好，肥胖的孩子學業成績比較差。[6]雖然有些（混雜且不一致）的證據指出過重或肥胖學生在校的表現確實較差，但正如其他研究所示，或許這是因為身材被嘲笑的學生，在學校時多半會有些脫節，甚至可能根本不願去上課；[7]另一項研究也顯示，若控制住取笑身材的變項，學業表現上的差異會消失。[8]換言之，當教育工作者認為肥胖學生普遍表現較差，這不僅是在譴責被害人，而且這種看法完全奠基在「肥胖者不靈光」的錯誤、有害刻板印象之上。[9]

此外，即便學業表現相同，只要學生的體重增加，就會大幅影響人們對其的觀感。一項大型的貫時性研究就顯示，在五年級到八年級之間，儘管評分標準跟同學的考試成績都沒有改變，只要學生的ＢＭＩ變高，老師就會認為學生的能力下滑；[10]具體而言，當女孩變胖，老師就會認為她們的閱讀能力變差，而當男孩變胖，老師就會認為他們的數學能力下降——

有趣的是，這個看法完全和主流的性別刻板印象兩相呼應。

有些研究顯示，教育型的肥胖恐懼偏見對女生來說尤其顯著。過重或肥胖的成年女性普遍表示自己曾有被學校老師體重歧視的經驗——三分之一的受訪者表示至少有過一次這類事件，二〇％的受訪者則表示多於一次。[11]

在為本書查找資料時，有一項研究讓我格外惱火：如果女兒體型比較胖，九〇年代的父母比較不願意資助她去讀大學。[12]我真心感謝我父母從來沒有因為我的體重變化，而覺得我變笨、變懶，或變得不值得接受良好教育；實際上，他們既欣賞我有學問，也欣賞我胃口好。但很多女性可能沒有我這麼幸運。很多女性以為，擁有我們這種體型的自己根本不可能有所貢獻，因此她們未曾有機會發展自己的聲音與見解。就我來看，這不僅沉重，而且沉默——儘管顯少受人注意。

• • •

肥胖恐懼也是就業歧視的一大重要來源。大量研究顯示，即便履歷背景與資格相當，ＢＭＩ較高的求職者獲錄取的可能性較低。[13]人們普遍認為，肥胖者的工作能力較差。[14]有研究甚至顯示，肥胖歧視的影響力強到，就連你只是坐在胖子隔壁，都足以讓潛在雇主卻步：相較於坐在苗條女性身邊，本身體重正常的男性求職者如果坐在「肥胖」女性旁邊，他對雇主的吸引力就會顯著下降。換言之:「聘僱偏見已經從肥胖者本身,蔓延到其近身者身上」。[15]

有些研究顯示,肥胖女性格外容易受到這種偏見的影響。[16]二〇一六年,史都華·弗林特等人曾進行一項研究,他們虛構出多位性別與體重各異的求職者,並要求受試者依照其履歷與照片(來彰顯其體態),評估他們的就業機會。[17]這些求職者的學經歷都經過特別設計,相當符合他們所應徵的職位(包括行政助理、零售業務員、手工作業者、大學講師)。結果不管是男性或女性,受試者對每一個職缺挑出的最理想人選,全部是正常體重的男性,最不適任的人選則清一色是肥胖女性;[18]進一步的分析則顯示,受試者會各自根據求職者的性別與目測體重,判斷他們的適任程度。這顯示,肥胖歧視在聘僱過程中不僅相當普遍,而且比之肥胖男性,肥胖女性所受的歧視更甚。

我在麻省理工學院讀研究所的最後一年,要開始面試學術的職缺。我雖然也擔心一些基本的事情,例如:我的論文摘要夠不夠簡潔?我的研究分享夠不夠犀利?被問到教學計畫時,我的回答恰不恰當?但我同時也非常擔心自己的肥胖身體在整個求職過程中會變成什麼模樣。我的屁股太大,很難找到適合的專業套裝,只好把自己擠入一雙誇張的過膝長靴,那在新英格蘭通常只有冬天才會穿,也因此我幾乎每一場面試都得換成白雪皚皚的視訊背景。[19]我買來的靴子穿起來其實非常勉強,光是要把我的肥腫小腿塞進去都很吃力,有一天早上我甚至得十指緊扣靴筒，用力硬拉，才穿得進去。等我面試到最後一場時，手上已經貼滿OK繃。為了擠進靴子而穿上的緊身過膝長襪，嚴重阻礙血液循環，並在我的小腿上留下一圈深紅色的壓痕。我覺得十分荒謬——而且心靈受創。

實體飛去當地面試，狀況也不會比較好。我曾受雇主負擔，飛到南加州一間小型文理學院面試，也參觀校園。對於要在一月的炎熱陽光下，一邊和學校教職員「散步閒談」，一邊冒汗的自己，我感到極度的不自在。我擔心自己午餐與晚餐的選擇，思考如何才能讓自己看起來像是個生活型態健康、胃口適中的「好胖子」（最後我幾乎什麼都沒吃，也不敢叫客房服務，免得我的潛在雇主聽到什麼風聲——這不是不可能，畢竟學校會負擔所有求職者的住宿費用。）當我不太明智地表示自己喜歡騎馬，想藉機暗示自己體能還算活躍時，一名教授突然對當地的馬術協會開砲——他的重點一言以蔽之，大概是這樣：「那不過就是要讓肥胖的美國觀光客，把自己的美國肥屁股，放到那些又懶又肥的馬身上罷了。」等到另一名教授（同樣也是身形削瘦的白人男性）瞪了他一眼，他才驚覺失言，漲紅了臉。我在心中回嘴：「但我的肥屁股來自澳洲」，試著讓自己從這段對話中振作。但傷害已經造成。我也沒得到工作。

當然，沒得到雇用有很多原因，或許也不乏極其正當的理由。而且，我最後確實得到幾份很不錯的工作邀約，完全超出我本來的保守預期。儘管如此，我還是希望我從來不需要擔心自己的肥胖身體可能會削弱我所具備的哲學思辯能力，讓我看起來乏善可陳或不夠適任。

我還是希望及膝長靴的靴筒可以更寬（對，我知道有「給粗小腿」穿的寬筒靴，而且我也認真鑽研了很多不同款式。但這類靴子通常比較豔麗或粗獷，而且靴筒往往不夠高。）

更重要的是，許多胖子沒有我幸運，尤其可能沒那麼具出生優勢，而因肥胖歧視而被迫徹底失去工作機會。或許你以為這必然不合法，但實際上，在我書寫本書的當下，全美只有兩個州立法規範禁止基於體型所生的歧視——感謝，密西根州與華盛頓州。[20]根據美國、加拿大與幾個歐洲國家的全國性大型調查，被列為肥胖族群的人更容易失業。[21]BMI上升也與人生中在職時間比例下降相關，縱使已經控制了相關的社經地位與健康因子亦然。

此外，肥胖者在失業之後，要重新就業的難度也比較高；而肥胖女性再次是受到這些影響波及最甚的族群。[22]

除了勞動參與率較低之外，較胖的人所從事的職業別，往往社會地位較低；就技術職與管理職而言，「肥胖族群」的比例相當匱乏，但在行政職或服務職上，「肥胖」女性的比例卻明顯過高。[23]就算職業別相同，肥胖者的所得收入往往也比苗條者少很多。而肥胖女性，又再次不成比例地，成為受害最深的族群。根據二〇一八年一項運用尖端技術的研究顯示，平均而言，肥胖和八％－一〇％女性所受的工資懲罰相關，但男性卻只有二％左右[24]（其他研究則顯示，肥胖男性的工資完全不會受到任何懲罰，除非真的極度肥胖，幾乎所有男性工作者的薪資都會適度上漲）。[25]

令人不安的是，肥胖女性的薪資差距似乎只會隨著時間增長。根據克里斯蒂安．布朗與P．衛斯理．勞頓對兩份貫時性數據所做的分析，出生在一九六〇年代的肥胖者所承受的薪資差距，遠比出生於一九八〇年代的肥胖者來得小。收入最高的「肥胖」年輕女性所受到的工資懲罰尤其嚴重——高達二七％。[26]相較於其他年齡相仿的族群，二七％是收入最高肥胖男性所受懲罰的三倍以上，甚至是收入最低肥胖女性所受懲罰的五倍以上。[27]其他研究曾用美金來量化這種肥胖恐懼的現象，結果顯示，在美國，極胖女性每年會比「平均」體重的女性少賺一萬九千美元；此外，當女性體重增加十一公斤左右，年薪就可能減少高達一萬三千美元。[28]

布朗和勞頓表示：「這可能代表，至少對女性而言，日益增長的肥胖盛行率，並未使肥胖在職場中的影響作用正常化。」[29]這種說法顯然輕描淡寫了點——實際上，肥胖者所受到的輕視可說是前所未見。

•••

我們肥胖者只要出入公共場合，就很容易感受到肥胖恐懼這件束身衣的存在，即便我們只是在這世界中行走、過活，忙自己的事情。有時候，我們遭遇的是字面上意義的「無法容身」——我在哈佛當教學助理時才意識到這點，為了確保自己能坐到比較寬敞的固定桌椅座位，我當時總是提早四十五分鐘到教室，想到自己可能哪天得坐比較窄的位子，我就怕得要命。後來那天真的到來了——我和指導教授討論太久，來不及提早到——滿腹的焦慮感讓我幾乎要窒息。我用盡全力地把自身縮到最小，踉蹌著把自己擠進演講廳剩下的最後一個位子；發現自己擠進座位，恰巧足以容身時，我強忍著眼眶裡的淚水，滿是欣慰。直到現在，我都還是會做這種自己無法容身的惡夢。

我最近在別間學校，針對肥胖恐懼講了一堂客座課程。有些同學深有同感，但也有人對此嗤之以鼻，並在公開發言表示懷疑，認為肥胖恐懼根本不是什麼大問題。在討論課尾聲，有個同學開始分享他本人的健身計畫，並推廣精瘦蛋白質有多好，我忍不住出言提醒：現場的所有座位，都是固定式、狹窄的單人桌椅。會不會有人甚至沒有機會坐入教室裡頭，參與這場討論或對話？無論是教室、會議室、餐廳、戲院，還是體育場，眾所皆知，尋常空間的桌椅往往容不下肥胖者的身軀。最近好萊塢環球影城的瑪利歐賽車虛擬實境場館，就因為座位設計只坐得下腰圍小於四十吋者（略低於美國男性的平均腰圍）而飽受輿論抨擊。[30]

旅行對很多肥胖者來說也非常不便。巴士、火車、飛機上的座椅設計，全都沒有考量到我們的體型。坐飛機更慘。如果有肥胖的乘客被認為太占空間、會影響到其他乘客，他們經常會被強行帶去坐到走道最後方；其他人則可能得額外支付費用，多買一個座位，或者升級成頭等艙。如果你要求延長座位安全帶，往往會迎來空服人員和其他乘客的異樣眼光。有人甚至會刻意欺負坐在隔壁的肥胖乘客。有一次，大尺寸模特兒娜塔莉·哈格為了拍攝工作，登上從德克薩斯州飛往洛杉磯的航班時，注意到她鄰座的乘客重重地嘆了口氣，並給朋友發簡訊，開玩笑地說她這麼重，到時候飛機可能會飛不起來。他的朋友回覆：「希望她沒吃墨西哥菜。」鄰座乘客繼續揶揄：「我看她是吃了一個墨西哥人吧」。接著他繼續抱怨哈格把他擠到緊挨著窗戶，脖子上幾乎都壓出印痕了。

哈格決定質問這名男子的作為——這段影片後來在網路上瘋傳。起初，這名男子乖乖道歉；接著卻變本加厲，在鏡頭之外表示，他很擔心哈格無法履行坐在逃生口乘客的義務（為了坐在這個腿部空間比較寬敞的位置，她已經多付了錢）。正如哈格所說：「這就是胖子真實的日常生活。而且這不是只有在飛機上，是在巴士上、在雜貨店排隊、在演唱會中、在網路上，都會發生的事情。你可能根本沒打擾到任何人，只是乖乖待在自己的位置，但就是有人來找碴，要傷害你。」她補充：「你唯一能做的，就是知道自己沒有做錯任何事情，然後繼續前進。」[31]雖然在這個過程之中，大眾交通運輸中的肥胖恐懼依然會持續阻撓你。

•••

最能夠體現肥胖恐懼之處，莫過於健康醫療體系了。打從踏入診間的一刻，肥胖患者就得開始面臨重重阻礙取得公平、有效醫療照護的關卡。所有的醫療互動都從量體重為起點，不管後續的醫療服務是否真有必要知道我們的體重為何。此外，雖然所有病患都得要量體重，但對肥胖者而言，踏上體重計形同再次背負起一輩子無法逃離的體型汙名，格外使人驚恐。如果門診總是從體重展開，我們自然很容易遭遇非難，甚至是全面性的羞辱。這整件事情甚至已經被自動化了。記得有一次看診，我的患者紀錄畫面閃起紅色警示燈，警告我體重增加了；我登進這間診所的線上系統，想查詢我的患者紀錄，結果發現我的「外觀」欄位中只寫了三個字：「她很胖。」在成年之後，我已經很少感到這麼無地自容，或者說：如此遭到貶抑。

不過，大尺寸病患要面對的問題更為嚴峻。儘管體型龐大的病患可能真的需要知道自己的體重，才能夠判斷適當的藥物劑量，或者確定醫師囑咐的減重計畫是否確實奏效，但他們通常無法使用診間的體重計，甚至會被建議去找垃圾場或動物園的機器秤重。這實在是太汙辱人了。[32]許多醫療檢查儀器的座椅、血壓測量綁帶、檢查服、檢驗台，甚至針頭，都無法適用於非常肥胖的身體。有人會被醫護人員告知他們無法擠入MRI的機器，即使他們明明可以，而且還很有餘裕。[33]有人因為體型真的太大，無法使用標準規格的儀器，而必須跋山涉水，才能夠找到適合他們身體的儀器進行檢查，否則他們就只能直接跳過這項關鍵的診斷工具。[34]

眾所皆知，常見的緊急事後避孕藥「B計劃」（Plan B）對於體重超過七十公斤的女性來說效果比較差。就連被譽為解方的新一代事後避孕藥「艾拉」(Ella),也只建議體重低於八十八公斤的女性使用。[35]如果妳的體重超標,就避孕效果而言,妳可能會需要更多好運才行;接著還要看妳是住在美國哪一州,才能判斷終止妊娠上是否需要祝妳好運——畢竟在多布斯案(Dobbs)之後,各地已經開始推行極其苛刻的反墮胎法。[36]如果妳決定繼續懷孕,我還是祝妳好運,希望妳能獲得足夠的孕產護理。一些單位會拒收超過一定體重的孕婦,據說是因為我們屬於「高風險」患者;[37]此外,作為懷孕的肥胖女性,我們的需求經常被拒絕、被視而不見,有時候,醫療人員只會聳聳肩膀,不予作為。在我懷孕時,儘管我的血壓正常,也沒有其他風險因子,但還是有名婦產科醫師漫不經心地說:「哦,我有個預感,妳會得妊娠毒血症。」我在意的不是她的這股預感,而是她的表達方式——在看診尾聲順口一提,彷彿這種潛在的嚴重併發症完全不需要討論、擔心或額外監控。這還真是我這種人在懷孕期間會想要經歷的事(所幸預言完全沒有發生。)

這些態度只不過是反映出整個醫學界的不平等問題罷了。根據全面性的文獻回顧,肥胖患者尤其容易受到許多有害的刻板印象影響。醫護人員會認為我們好吃懶做、紀律不彰、意志薄弱、不太能遵守醫囑或自我護理建議。[38]根據調查,基層醫師比較難和肥胖病患建立融洽的關係,也比較難展現同理心——他們在診療時所使用的關懷、照護、肯定用語會顯著降低。[39]還有一項調查顯示,有很大一部分的護理人員「排斥」我們的身體,不想要碰到我們。[40]

報告顯示醫療人員較不尊重肥胖者，和我們相處的時間也顯著較低。[41]有一項研究要求基層醫療人員評估一名偏頭痛患者的醫療紀錄，患者除了體重不同之外（可能是肥胖、過重或「正常」體重），其他的病歷資料完全相同（研究之所以如此設計，是因為醫界普遍認為偏頭痛與體重無關）。醫療人員平均表示，他們打算減少三分之一的時間來照顧最重的病患（也就是「肥胖」者）。[42]在十三個指標中，醫療人員對於肥胖病患的負面態度高達十二項，從「這名病患讓我覺得浪費時間」、「我對這名病患的耐心多高」、「這名病患惱怒我的程度」，到「我想幫助這名病患的個人意願」。[43]有些醫師甚至會在處於「肥胖」邊緣的病患檔案上加注一些明顯帶有汙名的評價，例如「這個女人的生活很不快樂」，第二名患者「可能有毒癮」，第三名患者「患有潛在的憂鬱症」。有十幾名醫療人員都建議肥胖患者服用抗憂鬱藥物，但沒有提供其他資訊——這說來有點諷刺，因為許多這類藥物會導致體重增加。[44]

正如本章開頭的珍與簡的故事所示，肥胖恐懼的偏見可能會導致誤診，甚至可能連診斷都沒有。[45]除了這兩則故事之外，研究顯示，所謂「肥胖」女性接受某些癌症篩檢的可能性也顯著較低。[46]根據一項分析三百多份驗屍報告的研究，被歸類為過重的死者罹患未經診斷重疾的機率，包括肺癌、心內膜炎（一種心臟感染疾病），比一般死者高出一．六五倍。[47]正如健康與身體自愛倡議者潔斯．希姆斯所說，這代表「當一般病患會被送去進行電腦斷層掃描或核磁共振掃描等救命用的檢查與照護」時，承受相同症狀的肥胖患者卻往往會被告知要

「先回家減肥」。[48]又或者，我們肥胖者可能打從一開始就不會去求診，至少在情況變得危急之前不會去。根據一項二〇一六年的調查，約有四五%的女性（體型各異）表示，她們會等到體重比較輕，才去看醫生。[49]另一項調查也顯示，肥胖女性尤其會因為擔心要量體重、可能遭到肥胖羞辱，而不願意就診。[50]還有一項研究顯示，愈胖的女性，對於醫療保健體系的逃避愈高。[51]基於前述這些理由，肥胖恐懼確實可能殺人。

最後一項侮辱：我們肥胖者，就連死後，可能都無法捐贈大體，裨益科學所用。雖然一般捐贈標準是體重要低於八十公斤*，但這個標準並沒有什麼充分、合理的科學基礎。[52]看來，醫療人員不願意碰觸我們失控的身體，死後亦然。

• • •

本章所描述的這些醫療偏見，儘管苛刻，但至少對部分讀者來說並不是太陌生。較鮮為人知但值得重視的是，肥胖恐懼對於社會中最邊緣的族群所造成的傷害有多大。一方面因為壓迫與汙名會彼此結合，另一方面則因為有些邊緣化族群會需要特殊形式的醫療護理，而

* 編注：台灣現行的大體捐贈標準為：體重超過或低於（依身高計算的）標準體重五〇%者。標準體重——男性：（身高〔公分〕－八〇）×七〇%；女性：（身高〔公分〕－七〇）×六〇%。舉例，一六〇公分的女性，以此計算出的標準體重為五十四公斤，以此正負二十七公斤範圍內的大體才可進行捐贈。

這些往往是肥胖身體所不可得的。舉例來說，已有不少報導指出，部分跨性別者因為BMI而無法進行性別重置手術。二十五歲的跨性別男子納森就為了取得在英國布萊頓接受尖端手術的資格，採行嚴苛至極的急速節食法，好讓自己的BMI從三十八降到三十五。他完全不吃碳水化合物，每天運動將近三個小時，BMI也成功降到三十五・八——此時他察覺自己體重不再下降，因為他的肌肉開始增加。為了接受手術，他被要求在接下來十天之內再減掉兩公斤。[53]實在很難想像，這種為了滿足武斷標準而迅速減重的作為會讓他變得更健康（無論是術前還是術後）——尤其因為納森認為，此舉已使他進入飲食失調的階段。

納森後來才發現，如果他是別間診所的病人，他其實根本不需要減肥就可以手術——因為隔壁診所的BMI上限是四十。他回憶道：「如果我是去普利茅斯看診，我根本就不會被要求要減肥。」

雖然大家可能會說，BMI限制應是基於手術結果與恢復狀況的考量所設，但關於這點的證據其實非常有限，而且相互矛盾。部分研究確實發現，高BMI跟術中、術後的負面結果相關（例如術中出血、心房顫動、深部靜脈栓塞、肺栓塞），但研究者提醒，這跟其他研究結果相悖，而且發現「手術前後的結果跟高BMI之間無關聯」。[54]有個不爭的事實，許多肥胖患者會被允許接受一種特性的大型手術：減重手術。且估不論性別重置手術對於體重較重的患者可能帶來哪些潛在風險，顯然都應該要跟其他風險相提並論才對——剝奪跨性別者接受這類手術，往往會顯著降低生活品質，並增加心理健康風險，包括自殺傾向。[55]甚至，有時真正左右這個醫療決定的，常常是外科醫師自己的美感與符合順性別口味的審美標準——一名醫師就曾告訴一位想進行下體變性手術的患者說，除非他乖乖減重，否則將無法看起來「又大又……正常」。至少，就身體管控的一個面向，尺寸被視為珍貴資產。

對於肢體障礙的跨性別者來說，要運動或鍛鍊可能並非易事，因此他們要找到適合進行的治療往往更為艱辛。三十八歲的英國非二元跨性別者李・休姆，長期因膝蓋受傷與背痛所困，後來還又出現坐骨神經痛和關節炎等問題。儘管有這些不能運動的限制，他／她（they）還是被告知必須要減肥，才能夠進行變性手術。他／她哀嘆地說：「有時我真的覺得好絕望，永遠無法得到我所需要的東西」。

在美國，跨性別者也很常因為體重而遭拒絕執行性別重置手術。迄今，就此議題最為完整的研究發表於二〇二〇年，研究團隊蒐集了將近一千五百名曾於紐約大型醫院西奈山醫院求診，想要進行各種性別重置手術的患者；[56]其中，有超過四分之一的求診病患被歸類為肥胖，並有一四％的病患BMI高於三十三，換言之，不符合受術標準。[57]值得注意的是，在後續的追蹤門診中，沒有任何一名病患成功減到能夠符合受術標準的體重；有人甚至還因為體重增加而失去資格[58]——儘管，正如研究團隊所說，這群人本來應該是最有減肥動機的一群人。總而言之，這些嚴苛的體重規範，成為跨性別者試圖接受他們本就應得、人道的性別重置醫療服務過程中，被迫面臨的另一道關卡。[59]

很多肥胖患者（無論是順性別還是跨性別）也無法接受生殖技術，儘管酷兒和跨性別族群往往會需要利用這些技術增加家庭成員。試管嬰兒診所多半設有BMI標準，不過多數都相當恣意武斷，也沒有充分證據證明其必要性。[60]肥胖者想收養也經常受阻，因為人們時常假設我們無法成為好家長。[61]最近甚至有收容所拒絕讓一名肥胖女性領養一隻狗，他們懷疑她無法提供寵物足夠的運動——即便她說她可以，也願意這麼做。[62]

倘若我們真有了小孩，而他們變得和我們一樣胖——有鑒於肥胖基因的強大，此事很容易發生——我們更會被迫面臨排山倒海的抨擊。人們會假設，我們自己吃得不健康，給小孩吃得也不健康，若他們遭到霸凌，全都是我們差勁飲食選擇所造成的。近期的研究顯示，就算家長本身苗條，他們也會因為養出胖小孩而遭到指責與羞辱。[63]

我們已經可以看到，肥胖恐懼是一種普遍存在且極度有害的壓迫形式，不單純只是有人個性惡劣或有人喜愛人身攻擊的問題；肥胖恐懼是一種物質性、結構性、體制性的現象。此外，正如哲學家馬德琳・沃德（Madeline Ward，以G. M. Eller為筆名）所述，肥胖恐懼是系統性的，因為它對我們生活的影響很容易就能從一個面向，快速蔓延到其他面向：

> 肥胖歧視很早就會開始，而且終生難以擺脫。童年時期的傷害往往會引起、強化後續

所受的傷害。青少年時期自尊心下降，可能會導致體重增加或憂鬱症，進而影響成功的機會。肥胖可能讓青少年進不了頂尖的學校，進而導致未來所得下降。此外，肥胖者的日常生活滿是傷害，不僅必須承受鋪天蓋地的明顯歧視，還有「各種小事緊咬著你不放」——無法容身的飛機座椅、無法容身的遊樂設施、無法容身的洗手間，以及必須光顧大尺碼專賣店才能買到容得下自身的衣服。在肥胖者的生命中，這一切的傷害全都緊密相連，無所不在。[64]

肥胖恐懼確實擁有足以毀滅，甚至結束生命的力量。正如這項研究所說，「因為體重而在求職時遭拒、在求學時不利、在求醫時遭邊緣化，在平時遭同儕排擠或攻擊——這些全都可能對生活品質帶來深遠的負面影響」。[65]又或者，正如身為跨性別、黑人的肥胖倡議者德蕭恩・L・哈里森所言，肥胖無異於另一種形式的「醜陋」（Ugliness），將會「決定誰能工作，而誰不能；誰能被愛，而誰不能；誰能死亡，而誰不能；誰能吃飯，而誰不能；誰有房子居住，而誰沒有。」[66]

對於本章所描繪的肥胖恐懼束身衣，我們應該要作何解釋？你可能理所當然地認為，畢竟事實很明顯：胖子就是不如瘦子健康。肥胖恐懼不過就是這個事實不幸但合理的副產品。不過，正如下一章所示，事情沒有那麼簡單——肥胖與健康之間的關係實際上相當錯綜複雜。更有甚者，我也將在下一章指出，認為胖子比較不健康的信念，其實更常是一種假關心真挑釁，只是要用來支配、羞辱我們的手段，根本不是出於對我們福祉的真摯關心。

CHAPTER 2 減肥成本 Shrinking Costs

我讀大學的最後一年過得很辛苦，各方面都是。我和長期同居的男友分手，首次展開獨居生活，為了付房租，課餘還兼了兩份打工。（但我也必須坦承，儘管我希望自己能早點經濟獨立，但我一直都享有特權，擁有一個得以依靠的中產階級家庭）。大四時我非常努力讀書，想要實現去美國讀哲學所的夢想。當時應該是我人生中最忙碌的時期，一邊寫畢業論文，一邊準備學校申請，一邊備考GRE。

因此，我都吃一些有飽足感、快速又便宜的東西——義大利麵、麵包、麥片。我的體重暴增，上臂爬滿肥胖紋。我因為感到難堪，之後有好幾年都沒穿過短袖或無袖的上衣，直到那些紋路最終從觸目驚心的紫色，褪成乳白色的小鋸齒為止。好幾年的夏天，我都穿著七分袖，汗流浹背。

那年到了年底時，我感覺很糟——疲憊、疼痛、焦慮，而且我的腳還開始出現電麻感。在向谷歌大神問診了一個小時後，我堅信自己一定是得了糖尿病神經病變。我走到地方藥局，買了台糖尿病針刺檢測儀，拿針刺進食指，擠出一滴飽滿的血珠，提心吊膽地測血糖。結果我的血糖非常正常，而且至今依然。（真正讓我腳發麻的罪魁禍首？是因為我穿了一雙不合腳的鞋子走了太遠的路。）但我在那一次罕見地因為羞愧、恐懼、慌張而如此不適。下一次出現同樣的感受，已經是十五年後，我當時懷著女兒，正在等待妊娠糖尿病檢測結果出爐。那一天我狂刷醫院網站首頁，次數之多，醫院搞不好以為是被駭或系統當機了。這兩次檢測的經驗感覺都不只是單純的醫學檢查，而像是要對我整個人的人格做出評價。最後確認平安無事時，我之所以落淚，不只是因為如釋重負，更是因為覺得自己彷彿獲得了緩刑宣告，暫時逃過了一場注定而駭人的劫難。

某程度來說，這種恐懼感不完全是無的放矢。我的家族確實有第二型糖尿病的病史，所以如果哪天我真的經診斷罹患糖尿病，我也不會太意外。但另一方面，我現在也很清楚知道，我這種高強度焦慮感反映出來的，其實是一種對此疾病的強烈汙名，儘管每十個美國人就有一人患有這種疾病。這股恐懼感並不只是出於擔心自己生病、不健康或身有殘疾（有時這種歧視身障的想法也是大有問題），更是因為害怕被人認為——這一切全是自作自受，因為我太胖了。糖尿病固然是個需要正視的醫療狀態，必須審慎地治療與控制，但這股恐懼感卻更常被轉化為一種武器，用以攻擊我們這些身材體型比較魁梧的人。

本章中，我想要檢視一些因為肥胖恐懼，而引起的一般性與特定健康恐慌。我們必須找到一種溝通方式，既能夠認識到肥胖與健康之間的複雜關係，又能夠看見肥胖身軀也可以很健康，而不是一味地認為胖子必須要健康才有存在的價值。一邊是我們的福祉，另一邊則是我們獲得適當、同理的醫療照護資源的機會，二者之間不容易取得平衡。

• • •

二〇〇五年，美國疾病管制局（CDC，以下簡稱美國疾管局）資深科學家凱薩琳・M・弗利格爾發表一項極具指標意義的研究，顯示與肥胖相關的死亡率其實遠比大眾心中所認知的還要低得多。在弗利格爾的研究中，「輕度肥胖」者（BMI三十到三十五）與所謂正常體重者（BMI十八・五到二十五）相比，死亡率在統計上沒有顯著較高。[1]此外，「過重」者（BMI二十五到三十）的死亡率反而是顯著較低。輕度肥胖以上的人（BMI高於三十五）死亡率會提高，但體重過低者（BMI低於十八・五）的死亡率同樣也會增加。[2]（本書我只在不可避免時，才使用BMI作為分級參考。順帶一提，我自己曾一度屬於BMI超過四十的「重度肥胖」；這個類別有時會被稱為「病態性肥胖」，是個汙名化程度極高的稱呼。）

這份研究相當嚴謹，和過往研究結果也一致；後續研究也陸續證實了這個發現。[3]弗利格爾是位備受尊敬的科學家，這項研究不僅獲得美國疾管局頂尖研究獎項的肯認，在此之後也成為疾管局建議的重要基準。儘管如此，她的研究依然被其他推動反肥胖議程的研究者破壞殆盡。

誠然，弗利格爾不是唯一研究這個題目的科學家，而且部分的研究結果還彼此矛盾——例如，就在前一年，由阿里．H．莫克達德所領導的美國疾管局研究團隊就宣稱，肥胖造成了大量的「超額」死亡人數——即高於預期平均壽命所推估的死亡人數（莫克達德所推估的肥胖致死人數為每年三十八萬五千人，但根據弗利格爾的估計，BMI高於三十五的「過重」與「肥胖」死亡人數，卻合計不到二萬六千人）。[4]然而，正如社會學家阿比蓋兒．C．薩蓋所述，相較於弗利格爾極其嚴謹的研究，莫克達德的研究卻問題重重——後者所使用的數據無法充分代表美國的人口特質；並未依照性別、抽菸與否、年齡變項相應調整；逕自假設過重與肥胖人口的死亡是基於「飲食控制不佳、缺乏運動」，卻缺乏證明；而且，莫克達德的研究並未納入所有「正常體重」人口的資料，而是只看正常體重偏重的族群（而根據弗利格爾的研究結果可推知，正常偏重人口的死亡率可能會比正常偏瘦人口來得低）。[5]該研究的數據全是個案自陳，但眾所皆知，自我回報的數據並不可靠。[6]更有甚者，莫克達德的初步估計存在基本的計算錯誤：在研究結果發表後，還得再下修二萬人。最後，美國疾管局官方認可的是弗利格爾的研究成果，而非莫克達德的。[7]

不過，有鑒於社會大眾對肥胖健康風險的普遍想像，不難想見，媒體對於這兩份結果矛盾的研究態度截然不同。根據薩蓋的新聞報導分析，媒體普遍認為弗利格爾的研究成果相當可疑——具體來說，有七五％提及莫克達德研究的報導會強調，其研究成果與過往文獻一致，但在提及弗利格爾研究的報導中，卻只有一〇％提及這點，儘管她的研究成果跟大量流行病學研究的證據相符。相反地，報導莫克達德研究的新聞中，只有三％認為成果出人意料之外，但卻有超過三分之一的報導，認為弗利格爾的研究成果很讓人訝異。最後，有超過三成的報導引用了質疑弗利格爾研究結果的其他研究者意見，但沒有任何一篇報導莫克達德研究的新聞中這麼做。[8]正如《肥胖迷思》一書作者保羅．坎伯斯所說，在疫情期間的媒體報導也有類似現象，會誇大新冠肺炎對於肥胖者所造成的健康風險，儘管風險根本就只有略微升高。如果只看新聞標題，大概不會有人猜得到，就現在我寫作的當下來說，作為一名男性的風險，可能遠比作為一名「嚴重肥胖」的人還要大——更有甚者，大概也不會有人猜得到，相較於所謂正常體重的人，「過重」者的新冠肺炎風險反而還稍微低一些。[9]

美國疾管局這兩份相悖研究所經歷的差別待遇，部分跟哈佛大學公共衛生學院的教授華特．威利特有關。曾經寫過幾本飲食控制書籍的威利特，在弗利格爾的研究問世後就持續發動攻擊。他不僅在新聞稿中對她的發現嗤之以鼻，稱其「非常天真、充滿嚴重瑕疵，且極具誤導性」[10]，他還籌組了一場為期一日的研討會，極力詆毀她的相關研究發現，並且全程對媒體網路直播。在科學界中，這些都是相當不尋常的舉動。但威利特深感肥胖理應會帶來諸多危險，感到義憤填膺：「凱西・弗利格爾根本就不懂。」（弗利格爾出言糾正：「我叫凱薩琳。」[11]）弗利格爾後續進行了統合分析，進一步支持了她的發現，但威利特依然猛烈抨擊：「這個研究完全就是垃圾，沒有任何人應該看，浪費時間。」[12]哈佛大學公共衛生學院的學生提到，有些教授甚至還會取笑弗利格爾本人的體重。[13]

於是我們發現，媒體與研究者經常誇大肥胖的致死性。[14]就這個主題而言，目前最為嚴謹、可靠、可重複驗證的研究結果都顯示，肥胖與死亡率之間的關係是個U形曲線，也就是過胖或過瘦都跟早逝正相關——而且不必然具有因果關係。[15]若與所謂的正常體重相比，「輕度肥胖」跟死亡率上升沒有相關；而「過重」反而跟較低死亡率顯著相關。儘管如此，社會大眾依然廣泛認為，肥胖是致命的。

・・・

所以說，增重並不若我們想像的等同於死刑。[16]而體重也遠不如我們想像的好控制。根據既有數據，儘管很多人能在短期內透過飲食控制減肥，能夠繼續維持體重的人卻少之又少。

加州大學洛杉磯分校的研究團隊曾進行一項重要的統合分析，本來是為了證實節食能幫助人長期減重，但團隊成員珍妮特・富山表示：「我們發現，證據呈現的完全是反方向。」也就是說：節食根本沒有用。研究團隊總共分析了三十一份長期的飲食控制研究——幾乎囊括了既有追蹤個案二至五年不等的所有追蹤型調查，可謂為迄今此類主題中，最全面、嚴謹的統合分析。[17]領導本研究團隊的崔西．曼恩，如此摘要他們的分析成果：「不管節食幾次，人們一開始通常都能成功減重五%到一〇%，但很快就會反彈。我們發現，絕大多數的人都會復胖，而且還會增重。」只有少數參與個案可以維持體重，大多數人都徹底復胖。在四至五年之間，許多人（約三分之一到三分之二的個案）增加的體重甚至比減掉的還多。[18]節食非但不能幫助人們減肥，還可能適得其反。富山表示：「好幾份研究更顯示，節食實際上是預測未來體重增加的穩定因子。」[19]

就健康的角度而言，節食之所以不妥還有另一個理由。減重不只是難以維持，而且這種在減重與必然增重之間的反覆循環——也就是所謂的「溜溜球效應」，會對人體造成很大的負擔，並帶來許多健康問題：心血管疾病與中風[20]、代謝異常狀況[21]、免疫功能惡化[22]，而且，沒錯，甚至還會造成糖尿病。[23]因此，曼恩認為，就大多數參與研究的個案來說，當初根本就不要節食可能還比較好，如果當初沒有節食，體重就不會出現劇烈變化，整體的健康狀態也會比較理想。「節食無法有效地治療肥胖症。」曼恩最後如此總結：「節食的好處太少，潛在危害卻太大，完全是弊大於利。」[24]基於上述我們可以稱為是「減肥成本」的理由，就算有個瘦子的整體身體狀況比另一位胖子健康，這也不代表那位胖子減肥之後，她本人就會變健康。[25]

曼恩的研究團隊於二〇〇七年發表這份統合分析，而後續的其他研究也進一步支持這個發現。在二〇二〇年的另一份統合分析中，研究者總共分析了一百二十一種不同節食方法（例如低脂、低碳水化合物等等）的實驗結果，總計受試者將近二萬二千人。研究結果發現，到了十二個月時，絕大多數的節食方法對於心血管相關健康指標（血壓、低密度脂蛋白膽固醇、C反應性蛋白）都沒有顯著的影響。只有兩種方法出現顯著差異：一好，一壞。好消息是：在十二個月的追蹤檢查中，遵循地中海飲食者（重視魚、堅果、綠色蔬菜、橄欖油）的低密度脂蛋白膽固醇（壞膽固醇）顯著下降。壞消息是：有些節食方法（低脂與溫和的宏量營養素法），反而會顯著降低高密度脂蛋白膽固醇（好膽固醇）。研究團隊最後總結，上述這些節食方法的「減肥與改善心血管危險因子的效果，在十二個月後基本上就消失了。」受試者平均降低的體重甚至不到五磅（約二公斤）。[26]

既有研究也顯示，儘管運動曾一度被認為是控制體重的關鍵，但就減肥而言，運動可說是令人訝異地沒用（不過，運動確實能讓人變得更健康，且運動對維持體重所扮演的重要性可能也比較大）。[27] 這可能有部分是因為人們會高估自己燃燒的卡路里，另一部分則是因為，運動會增加飢餓感。「運動無法戰勝亂吃」這句口號，現在可確實是名符其實（姑不論「亂吃」代表什麼意思）。

曼恩曾在二〇一八年時受訪，說明這份二〇〇七年指標性研究的後續。團隊在二〇一三年時，會經納入了其他較為晚近的研究，並重做分析；但最終的分析結果並沒有改變。[28]「結果很明顯。」曼恩表示：「努力節食的人沒有獲得什麼好處，而沒有節食的人似乎也沒有因為不努力而受到什麼傷害。總而言之，復胖應該是節食相當典型的長期反應，而不是特例。」[29]

曼恩後來也持續研究為何人們會復胖。而意志力並非解答——儘管意志力與體重相關指標不是完全無關，但充其量也只是次要因子，僅占總人口體重變化中的一％至四％。（相較之下，意志力是預測其他努力成果的一個有力指標，例如SAT成績。）[30]真正會影響復胖的因子似乎相當多：由於進食種類受限，節食可能會提高食欲；人體可能會根據遺傳因子，預設一個自然的「定點」體重（諷刺的是，這個定點體重可能會因為節食而提高）。[31]此外，嚴格限制熱量有個可預期的長期後果，就是會讓人們的新陳代謝變慢。[32]一項針對減肥實境節目《減肥達人》*參賽者的研究就發現，在他們激烈減肥後的幾年間，參賽者每天所燃燒的卡路里急遽下降，平均下降三成。大多數人不但都復胖了，還有人變得比以前更胖；少數沒有胖回來的人，則必須比過往加倍努力，才有辦法維持現在的體型。[33]這個結果大大挑戰了時下流行的「卡路里攝取／消耗」（calories in–calories out）觀念，即《減肥達人》與其他節食與健身計畫的基本假設。

* 編注：節目原文名 *The Biggest Loser* 本身即有雙關意味。

總而言之：多數胖子都無法透過節食減重，至少長遠來看如此。而且，同樣重要的一點是，節食所造成的溜溜球效應對於身體健康的傷害似乎很大。

• • •

即使如此，你大概還是會想知道：那第二型糖尿病呢？就算肥胖和不健康之間的關係並不若大眾想像的簡單，難道糖尿病不是個顯而易見的例外嗎？

至今，二者之間的關係仍然複雜，但有一點值得強調：我們到現在都還不知道這種慢性疾病出現的原因，也還不知道最佳的治療方式為何。當身體無法產生足夠的胰島素，或正常產生但卻對胰島素不敏感時（這種狀況被稱為「胰島素阻抗」），會使人體細胞無法順利吸收葡萄糖，導致血液中的糖分濃度變高，進而帶來所謂的糖尿病。（第二型糖尿病的患者會同時發生這兩種相互關聯的狀況；第一型糖尿病的患者，主要是因為胰臟中負責製造胰島素的細胞，因自體免疫遭到破壞，以至於體內的胰島素不足或缺乏。）[34]舉例來說，有份探討糖尿病潛在病因的研究，會經發現了一個相當詭異的相關：每天使用漱口水至少兩次的人，在後續三年內罹患糖尿病或前期糖尿病的機率高了五五%。[35]（前期糖尿病是指體內血糖濃度變高，但還沒有高到確診糖尿病的程度）。[36]即便已經控制住多種可能的干擾因子，包括飲食習慣、口腔衛生、睡眠困擾、藥物使用、空腹血糖值、收入、教育等等，漱口水與糖尿病的相關性依然存在。研究人員認為，漱口水可能會破壞口腔中有助於形成一氧化氮的「好」細菌，而一氧化氮是體內有助於調節胰島素的化學物質。不過，直到我寫作本書的當下，看來還要一段時日，人們才可能夠真正搞懂箇中原因。除了漱口水外，也曾有研究發現，有喝咖啡習慣的人罹患第二型糖尿病的機率顯著較低；但這點同樣也有待釐清。[37]

如果以BMI來看，至少大多數（甚至全部）的第二型糖尿病患者，都會被歸至過重或肥胖的類別，這點無庸置疑。[38]換言之，體重和第二型糖尿病之間，確實是高度相關無誤。但根據部分研究，近年來有個頗受關注的假設是，體重增加並非導致第二型糖尿病的原因，相反地，是血液中胰島素過高（即發展為第二型糖尿病的典型症狀）會促使體重增加；[39]而其他肥胖者在新陳代謝上則很正常。[40]

不過，姑且先不論因果關係，難道減肥真的不會改善第二型糖尿病患者的健康狀況嗎？畢竟，甫經診斷患有前期糖尿病的人，最常獲得的醫囑就是減肥。確實，通常減肥能在短期內改善患者的血糖，並減輕其他症狀，但就長期效果而言，既有的醫學證據一樣有些微妙。根據一項名為「與糖尿病共存計畫」（以下簡稱「Look AHEAD」）的著名研究，研究團隊共追蹤了五千多位年紀介於四十五至七十六歲、屬於過重或肥胖的第二型糖尿病患者，隨機分配為兩組，其中一組遵行典型的「糖尿病支持及教育治療模式」（英文縮寫為DSE，以下簡稱對照組）；另一組則採行「生活型態密集介入組」（英文縮寫ILI，以下簡稱介入組），接受全方位的體重控制行為輔導，以及其他種種介入措施，包括膳食計畫安排、提供免費代餐，遵循低熱量、低脂肪飲食模式，紀錄每日飲食紀錄，而且每週至少必須進行一百七十五分鐘強度中等的運動（如果達成，目標會持續提高）。「Look AHEAD是迄今規模最大、時間最長，針對生活方式密集介入模式的隨機臨床試驗。」研究者指出：「本試驗將能告訴我們寶貴資訊，即促成並維持臨床顯著降低體重（使體重至少下降五％）的可行性究竟為何。」[41]

結果呢？相較於許多其他研究，介入組的體重在一年之內平均下降了八．五％，對照組則下降不到一％。許多介入組的受試者都成功維持體重，沒有復胖超過一半，受試八年後，整組體重依然平均下降五％（而對照組減輕體重僅略高於二％）；換言之，體重二百磅（約九十公斤）的人如果採行這種密集生活方式介入模式，最後平均可以減掉十磅（約四．五公斤）。此外，相較於對照組，介入組在八年後的體重依然比起始體重低了五％甚至一〇％。[42]然而，雖然相比之下，介入組體重下降較多，但其心血管疾病的發病率或死亡率並沒有顯著降低——而由於後者才是本次試驗的主要目標結果，研究團隊在十年之後，基於倫理因素要求終止試驗，並展開終止後需續行的「無效分析」——聽來相當慘烈。[43]

這些結果讓人失望透頂，難以置信。大家費盡千辛萬苦，努力節食運動了近十年之久，許多人也確實克服了挑戰，透過嚴格、高介入的手段瘦了下來，並維持部分體重。儘管在試驗早期，相較於對照組，介入組確實出現正面效益——一些人失禁、睡眠呼吸中止、憂鬱症的狀況有所好轉，受試者自我回報的生活品質也顯著改善。[44]（不過，究竟這些效果是來自體重減輕本身，還是來自飲食習慣改善、運動，或者這些因子之間的特定排列組合，至今仍不得而之；至於這些早期效果是否會持續存在，也仍然懸而未解。）無論如何，若就第二型糖尿病對患者構成最嚴重風險（心血管疾病的發病率與死亡率）而論，兩組之間在統計上並沒有顯著差異。[45]

二〇一六年，由拉斯穆斯．庫斯塔－拉穆森等人所發表的研究，進一步證實了上述發現。為了掌握減重對於過重與肥胖的第二型糖尿病患者長期發病率和死亡率的影響，研究團隊想檢驗這個假設——在醫師監督下、有意識地減重，將能延長患者的壽命，並降低罹患心血管疾病的風險——是否正確。研究團隊先以六年為期，每三個月一次監督四百多名丹麥糖尿病患者的ＢＭＩ數據與減重意圖；後續的十三年間，研究團隊會定期追蹤所有患者的資料。研究總長將近二十年之久。而令研究團隊大感意外的是，他們不僅發現減重（無論意圖如何）無法預測良好的預後，甚至證實了減重是個會提升整體死亡率的獨立風險因子。[46]根據研究結果，團隊發現「體重變化和整體死亡率之間存在一種Ｖ形的相關性曲線，這代表維持穩定體重的人預後其實最為理想。」（同理可知，大幅減重和大幅增重都很有問題）。最後，他們得出的結論是：「就這群過重、罹患第二型糖尿病的受試者而言，前六年經醫師監督、成功的減重介入治療，和降低後續十三年整體死亡率或心血管疾病發病／死亡率之間，二者無相關性。」[47]

當然，如同前述的臨床研究中，必然存在異例。更廣一點的數據也是如此——根據美國「國家體重控制登記計畫」的自我回報數據，確實有人透過節食和運動減去大量體重，也確實有人成功維持體重，沒有復胖太多。[48]我們當然也不能排除，確實有人可能從這些減重作為中獲得顯著的醫療效益。我的重點是，正因為這些異例是「異」例，所以它們不是提供個人健康建議或公共政策介入的良好基礎。

面對這些頹喪的研究成果，你可能會想知道——不管有沒有糖尿病，如果想要降低罹患心血管疾病的機率與其他主要死亡因子，究竟哪些事情真的有幫助？許多研究都顯示運動確實有益，而且運動的效果是獨立的，跟減重無關。有一項統合分析在回顧了十四份第二型糖尿病患者相關研究後發現，有氧運動與重量訓練會降低血液中A1C血紅蛋白的含量（這是血糖控制的基本數值），且「其降低程度應可降低糖尿病相關併發症的風險」，儘管人們本身體重並未顯著下降。[49]另一項回顧了十幾份針對一般民眾（意即不是只看第二型糖尿病患者）研究的統合分析則顯示，相較於「正常體重」的健壯民眾，不健壯的人（無論BMI多少）死亡風險都會升至兩倍。研究團隊在結論指出，「過重和肥胖者和正常體重者的死亡風險差不多」，並且進一步補充道：「要降低死亡風險，研究者、臨床醫學、公衛部門應該要重視身體活動及運動相關的介入措施，而非追求減重。」[50]

無獨有偶，有一項荷蘭鹿特丹的研究，曾針對五千多名年紀大於五十五歲的受試者，根據其BMI和身體活動量高低分組後，進行平均長達十年的追蹤調查。雖然相較於體重正常、低活動量的人，屬於過重和肥胖且低活動量的人罹患心血管疾病的風險更高，但高活動量的人卻沒有這種現象。同樣都是高活動量的人，過重與肥胖者罹患心血管疾病的風險，沒有比正常體重者來得高。[51]另一項針對二萬二千多名、年齡三十至六十四歲美國民眾的研究甚至發現，比起維持正常BMI，維持高活動量更能夠大幅降低心血管疾病的風險。[52]

總而言之，就健康風險而言，現在已有相對可觀的證據顯示，真正的關鍵在於體適能，而非肥胖體態；而且維持體適能本身就足以減緩與肥胖相關的大多數（甚至全部）健康風險。即使如此，許多人依然錯誤地相信，肥胖才是萬惡淵藪。

• • •

在肥胖倡議圈中有句老話——「相關不是因果」。就算平均而言，胖子比瘦子不健康（例如，胖子更容易罹患第二型糖尿病），這不代表體重增加本身會導致健康惡化。舉例來說，雄性禿和心臟病有高度相關，但這並不代表雄性禿是造成心臟病的原因（反之亦然）；實際上，真正造成雄性禿與心臟病的，是第三個中介或「干擾」變項——高睪固酮。[53]同樣地，儘管肥胖和某類疾病之間存在相關性，不代表前者導致後者，可能單純是因為——以運動為例——缺乏運動既會帶來該健康問題，同時也造成較高的體重。

這些觀念都很重要，也廣為人所接受。不過，確實也有很多科學上的相關性彰顯出一些似是而非的因果關係，例如，吸菸顯然確實會導致肺癌，而鴉片類藥物顯然有成癮性。有鑒於肥胖與疾病之間確實存在相關性，我們何不乾脆認為肥胖會導致疾病？[54]

我們現在得知，理由還不少，而且全都是對這層相關性所做的替代性解釋。第一，已有理由相信，我們這些「大尺寸」的胖子更容易受到強烈社會壓力的驅使而節食，進而承受更多溜溜球效應所帶來的負面健康影響。第二，已有研究者指出，體重增加並非造成糖尿病的原因；相反地，可能是早期糖尿病的發展（例如胰島素阻抗）造成患者的體重增加。[55]儘管還需要更多研究才有辦法充分評估，但這個假設確實符合以下發現——單純透過抽脂手術去除體內脂肪，並無法改善空腹血糖、胰島素數值、胰島素敏感性等健康指標。相反地，雖然有些令人困惑，但胃繞道手術（縮胃手術）可以在患者的體重大幅下降之前，就改善特定健康數值的表現，例如第二型糖尿病患者的血糖控制。[56]有些研究者推測，這可能是跟腸道激素釋放出現變化所致；[57]其他研究則認為，造成變化的不是手術本身，而是伴隨手術而來的極端熱量限制——對於選擇不做手術的人來說，當然不是個可堪忍受的長久之計。這種手術充斥著滿滿的風險與缺陷，我們後文會再提到。[58]

在討論健康和體重之間關係時，或許最嚴重的副作用，就是汙名。正如本書第一章所示，肥胖者時常面臨社會汙名的挑戰，而目前已有充分證據顯示，這些偏見會對健康產生不利的影響。有一項研究，曾將肥胖者分成兩類，有一類人展現出強烈、內化的肥胖恐懼（例如，因為自己的體重，認為自己好吃懶做或沒有吸引力），稱為「高內化肥胖汙名」組；沒有這類自我傾向者，則歸至「低內化肥胖汙名」組。受試者年齡、種族、性別全都相同下，高內化汙名組的受試者出現代謝症候群（包括一系列風險因子，如高血壓、高血糖、異常膽固醇水平、高腰圍等）的機率比低內化組高出三倍；同樣地，「高內化體重偏見」組三酸甘油酯數值過高的機率，也是低內化組的六倍。[59]對此，領導研究團隊的蕾貝卡．珀爾表示：「人們常以為羞辱或汙名能夠刺激肥胖者減重、變健康，但我們發現，完全是反效果。」[60]而且，正如醫療記者與作家維吉妮亞．索爾－史密斯所說，考量這批新興研究的發現，肥胖汙名所帶來的壓力會讓身體發炎並提高皮質醇濃度，而這二者都有害健康。[61]

此外，同前所述，汙名不僅會讓肥胖者避免求醫，還會讓我們在真正求醫時無法得到適當的照護；例如，肥胖的患者接受子宮頸癌、乳癌、直腸癌篩檢的機率就特別低。[62]這些發現很重要，必須謹記在心，尤其適合用來回應一些常見被引用的數據，例如，體重增加和發展癌症之間有所相關（當然，包括前述這三種癌症）。[63]當然，我們不應該小覷體重增加對於癌症發展的可能作用，但我們確實無法清楚判斷，究竟是肥胖本身造成影響，還是未接受癌症早期篩檢或早期治療造成影響。[64]更有甚者，儘管體重超標和癌症的發展具相關性，但過重及肥胖癌症患者的生存率，反而比瘦患者要高。這個現象被稱為「肥胖悖論」（obesity paradox），但有部分研究者認為這種稱呼有謬誤，因為脂肪在某些情況下確實有助於保護患者不至於因罹患重症而「過度消瘦」。[65]

肥胖汙名對健康的影響還不只如此。研究顯示，肥胖羞辱的經驗會導致人們逃避運動，[66]而我們已知，絕大多數研究都指出，運動對於健康的正面效益明確。[67]會想逃避其實也很合理，索爾－史密斯就指出，如果你已經預期自己在健身房、游泳池，或單純只是在公共場合散步時，都可能會被騷擾或歧視，你去從事那些運動、鍛鍊的可能性自然比較低。也因此她認為：「在肥胖研究中，肥胖恐懼永遠都是X變項」——我們經常只對體重與健康之間的關係做出簡化而且帶有偏誤的假設，而未能看見潛藏在背後的真正變項。[68]根據一項調查了超過二萬一千名過重或肥胖者的研究，自陳遭受肥胖汙名的人，罹患動脈硬化、高膽固醇、心臟病、心臟相關疾病、胃潰瘍、糖尿病的機率顯著提高，即便控制了BMI、身體活動量與其他社經人口變項，依然如此。該項研究的結論指出：「這些因為感知到肥胖歧視而增添的健康風險，亟需公共衛生政策的介入，避免肥胖歧視，並降低肥胖所背負的社經負擔。」[69]另一項研究也發現，在一萬四千名長者中，自陳曾經遭到肥胖歧視的人，不論本身的BMI數值高低，其整體死亡率就會顯著提高六〇％。[70]看來，真正致命的是肥胖歧視，而非肥胖本身。

總而言之，就體重和健康之間的關係而論，目前所知的下列因果機制似乎都言之成理：（箭頭表示可能的因果關係）

- 體重增加↓體重的溜溜球效應（因為肥胖者受到的節食壓力）↓健康狀況惡化
- 健康狀況惡化（例如，出現早期糖尿病徵兆）↓體重增加[71]
- 體重增加↓遭受肥胖汙名↓壓力提高↓健康狀況惡化
- 體重增加↓遭受肥胖汙名↓遭受醫學上肥胖恐懼↓健康狀況惡化
- 體重增加↓遭受肥胖汙名↓運動可及性降低↓健康狀況惡化（有時，還會進一步增加體重）

而在上述這些路徑中，我們甚至還沒有開始討論其他會左右健康狀況的社會性因素，包括階級歧視與種族主義所共構的系統性致胖環境——我們將在後續章節繼續討論。

究竟肥胖本身是否也是個獨立的致病風險因子？如果是，它的貢獻程度和其他風險因子相較之下，又是如何？——至今為止，在流行病學與醫學研究社群內部，這些都還是眾說紛紜的熱議題目。有人基於孟德爾隨機化分析方法[72]與動物實驗結果，[73]持肯定見解；也有人根據布拉德福德・希爾準則與臨床試驗結果，主張高胰島素血症與發炎反應是更重要的干擾因子，進而持反對見解。[74]無論最終定調為何，以下是我們確實已知，而且真正應該作為對話核心基礎的事情：肥胖的健康風險經常被過度誇大；人體對於刻意的體重變化相當抗拒，至少長遠來看是如此；就目前所知，還沒有一種可靠、安全、合乎倫理的方法能讓肥胖者變瘦，無論是個人層次還是群體層次；就整體健康表現來說，體適能的重要性至少不亞於肥胖；最後，姑且先不論肥胖本身的風險究竟為何，肥胖歧視都會嚴重戕害肥胖者的健康。所以說，縱使肥胖者真的只因為本身胖，就面臨較大的健康風險──究竟這和目前圍繞、談論、評論我們體態的公共論述，有何關係？[75]我們還是值得被支持、同理，並獲得適當的醫療保健資源；我們還是值得被視為一個「人」，不是失敗的人類，更不只是個會走路、能說話，壓在醫療體系背上的沉重負擔；我們仍然值得被用細緻、符合人性的觀點看待，而不只是瘦子用來霸凌、貶低我們存在的冰冷統計數字。作為一名倫理哲學家，我確信這些陳述沒有問題──實際上，不管對誰，我想這都再理所當然不過才對。

• • •

我承認，本來我不太想寫這一章。不知道為何，我總感覺這章有些隔靴搔癢。然而，既然「肥胖者不健康」這點總是討論時的起手式，我怎麼還覺得沒切中要點呢？

或許問題就在這裡──我懷疑，許多人雖然表面上提出健康作為質疑，但實際上他們根本不在乎健康。在為我們貼上「不健康」的標籤時，他們真正想說，或至少想暗示的，其實是別的：我們胖子沒意志力、噁心、懶惰、隨便、愚蠢；胖子注定就是不健康、不快樂；而且胖子自己所造成的不堪，應該要自己承擔。

在討論肥胖身體的相關論述中，「不健康」的標籤宛如一支狗哨——與哲學家珍妮佛．索爾對「內城」（inner city）、「都市貧民」（urban poor）提出看法如出一徹，這類語彙帶有滿滿的種族意涵。[76]我們有些人以為「不健康」純然是字面上的意思，於是就想方設法地要證明：胖子未必不健康、多數胖子透過節食與運動減肥不僅無效，還會適得其反、很多胖子很健康，很多瘦子不健康，以貌取人不僅錯誤，而且充滿歧視云云。然而，對於努力在肥胖恐懼下咬牙苦撐的人來說，上述努力都只是白費工夫。對他們來說，既然「不健康」一語會使人聯想到各式各樣的負面刻板印象——具體而言，胖子道德沉淪、美感低落、智識短下等等——這些負面聯想，才正是本書後續章節要極力揭穿與破除的對象。

討論肥胖議題時，每當「不健康」一詞出現，難免就會有許多人對著這只狗哨做出反應，朝著胖子大聲叫囂、咄咄逼人。這層含義實在昭然若揭，許多時候「不健康」一語儼然已是「肥胖」的同義字。想像某日，你那位愛對人品頭論足的阿姨告訴你，她剛剛遇見你的兒時玩伴卡姆，然後語帶輕蔑地說：「他們看起來不太健康。」在滿多狀況下，你或許都能合理推斷阿姨實際上是在暗示，卡姆變胖了。[77]另一個值得注意的點，許多時候所謂的「健康食品」，常常就只是被認為有助減肥的食品。

因此，在許多討論肥胖的情境下，像是「這樣不健康」或「我只是擔心你的健康」之類的評論，其實並不真的代表肥胖體態更容易不健康、罹患疾病或早死。他們想說的，或至少想暗示的，是肥胖者不值得被照顧，也無法照顧自己。正如作家克勞蒂亞．寇特斯所說，在討論這場流行病時，「健康」成為用來對付肥胖者的武器——肥胖恐懼的福音說，你不健康都是你的錯，所以你不值得關心和同情。我們抱持著一種根深柢固的文化迷思，將健康與良善勾連，並且將健康不佳（例如肥胖、有慢性疾病或身有殘疾）視為是品行不良或做出錯誤選擇的下場。[78]

當健康被以這種方式武器化，對於那些「不健康」或無法從事特定健康行為的胖子來說，格外有殺傷力。以患有脂肪水腫的琳達．蓋哈特為例，根據估計，儘管有超過一〇%的女性罹患脂肪性水腫，但人們對於這種會導致疼痛、皮下脂肪結塊沉積（尤其是下半身）的疾病卻所知甚少。[79]這個疾病大大限制了蓋哈特的行動能力，也讓時下最流行的「快樂運動」成為泡影。說明白一點：雖然「每種體型都健康」活動確實創造許多正面效益，強調人們不用減肥也可以很健康，並且推廣快樂而非痛苦或懲罰性的運動型態。然而，這個框架往往忽略像蓋哈特這樣患有肥胖相關慢性疾病的族群。蓋哈特曾經和維吉妮亞．索爾－史密斯展開一次觸動人心的對話：

對我個人來說，罹患慢性疾病而無法成為一個「好胖子」讓我覺得丟臉，我的腿又重、又腫、又痛，連走久一點都沒辦法。大家現在會說：「嗯，反正無論體型如何，你都可以很健康啊，去做一些健康的事情就好。」但你知道的，有些人真的做不到。[80]

不健康不應該感到羞恥。一個人健康與否，絕對不該成為他們被同理、友善對待、尊重的先決條件——有鑒於患者所可能面臨的物質、生理、心理、各種社會及經濟侷限，負責改良不健康者生活狀況的醫療從業人員尤如是。

但健康並不只是武器；健康更是一顆煙幕彈。實際上，早在醫界對於所謂的肥胖流行病學產生一定擔憂之前，人們對於肥胖的恐懼，以及肥胖所引發的種種厭惡感就已經問世。我們之所以憎惡肥胖，並不是因為我們發現它會不健康。總歸來說，人們之所以決定認為肥胖不健康，是因為隨著歷史發展，人們對於肥胖愈感厭惡——接下來，我們將要來探究其箇中原因。

CHAPTER

3

金星逆行

Venus in Retrograde

維倫多夫的維納斯是世界上現存最古老的藝術品之一。這尊由石灰岩製成的肥胖女性雕像，歷史可以上溯到約二萬五千年前的舊石器時代，她的雙乳沉重下垂，腹部渾圓，大腿粗壯。[1]她美麗，無臉、全身上下無一處有稜角。

雖然維倫多夫的維納斯名氣格外響亮，但她不是唯一。在歐洲與亞洲各地，都能找到至少上百件這個時期遺留下來的相似小型雕塑。[2]（以遠古人類的飲食來說也太多了吧）。由於年代太過久遠，我們至今無法確定含義為何——它們可能是象徵生殖的符碼、信仰對象、玩偶、籌碼、墜飾品、真實女性形象、理想女性的描繪——甚至可能是昔日的色情作品[3]。但無論如何，它們與諸多其他歷史證據在在顯示，在人類史上，肥胖普遍不會被認為是個問題。

古埃及的生育男神哈匹（Hapy），多以肥胖、小腹下垂與胸膛豐滿的形象出現；這個形象與法老阿肯那頓（西元前一三五〇年左右掌權的應該是法老圖坦卡門的父親）的描述相當類似，這顯示，肥胖不僅與生育、生殖相關聯，也是繁榮的象徵。[4]許多希臘化時期（約可上溯至西元前一世紀）的埃及雕像形象也示，當地人民普遍相信肥胖與富裕之間存在正面關聯。[5]

雖然希伯來聖經明確地譴責暴食（gluttony）行為，但卻鮮少如此攻擊肥胖體態。[6]古希臘哲學家柏拉圖和亞里斯多德也一樣，儘管兩人對於人類暴食的惡習與傾向有諸多想法（詳如後文所述），但肥胖體態卻很少承受類似批評，反而輕易地就被認可。[7]正如歷史學家蘇珊・E・希爾所說：

食物學者指出，古代人很少將「貪食」與「肥胖」劃上等號，而且這不只是因為古代人沒有熱量、身體新陳代謝、食物營養成分的觀念。古代人之所以認為二者有所不同，是因為任何人都可能做出暴食的行徑，而肥胖者並不必然暴食。[8]

當時人們已經普遍知道，大量攝取特定食物會讓體態變得豐腴（畢竟眾所皆知，根據《申命記》第三十一章的不祥預言，神的應許之地流淌著「奶與蜜」，人們將「吃得飽足，身體肥胖」，並偏向別神，事奉祂們）[9]，即便如此，「肥胖身軀在古代往往帶有財富、富足、豪華等正面意象」，而非天怒人怨的嫌惡存在。[10]

早年的基督教作家因深受希臘化猶太教哲學家亞歷山大的斐羅影響，開始將暴食視為七宗罪之一；但綜觀整個中世紀，肥胖身體依然不太受到關切。[11]同時期的中國（大約十世紀），人們甚至開始祀奉擁有圓滾大肚、笑口常開的布袋和尚，肩上荷著布袋，裡頭裝滿要送給兒童的糖飴。迄今在中國、日本、韓國、越南都能看見祂的身影，人稱「笑彌勒」或「胖彌勒」[12]——雖然這稱號有些誤導性*。

儘管現在肥胖恐懼已經蔓延世界各地，包含東亞在內，但仍有部分地區依然鍾愛肥胖體態，甚至會透過「餵食催肥」（leblouh）的方式來控管身形。這個習俗迄今在非洲茅利塔尼亞國內部分地區與其他零星區域依然盛行，由於認為女性出嫁前要愈胖愈好，為確保她們體態豐腴肥滿，會要求女性每日至少要攝取一萬五千大卡的熱量，[13]強迫餵食的殘酷行徑也時有所聞。[14]對於撒哈拉民族來說，「過重」身體最為理想，男女皆然。[15]

總之，胖子是個自古以來就存在的族群。而且長期以來，胖子在很多歷史時代或地區中，不是飽受推崇，就是被視為與常人無異的中性特徵。那麼，肥胖究竟是從何時、自何地，又為什麼會失寵呢？

• • •

* 編注：彌勒尊佛是自五代十國之後，因相傳布袋和尚為彌勒佛轉世，才自中國開始有了現今圓胖笑臉的塑像形象。

在十六世紀和十七世紀的歐洲，阿爾布雷希特．杜勒、拉斐爾，當然，還有保羅．彼得．魯本斯等畫家的作品中，對相對肥滿女體的崇拜幾乎達到了藝術的巔峰。[16]正如社會學家莎賓娜．史特林斯在《恐懼黑體：肥胖恐懼的種族起源》一書中的解釋，在當時歐洲的審美標準下，白人女性必須多肉、肥潤，當然還是要「比例勻稱」。[17]巴洛克時期畫家最為著稱的，莫過於豐滿女性的臀部、乳房與脂肪肉團（甚至還有橘皮組織），以及魯本斯口中那「雪白」的膚色。[18]

諷刺的是，雖然魯本斯鍾愛豐滿肥腴的女性，他本人卻一直嚴格控制飲食，除了要讓自己身心靈都能奉獻於繪畫外，也是為了避免變胖。[19]一六四〇年代時，法國哲學大家勒內．笛卡兒也曾在信中建議人們應該忌口，踐行「良好飲食控管，只攝取能輕鬆清淨血液、淨暢身體的飲食。」[20]到了十七世紀，讚揚纖瘦體型的意識形態逐漸在某些社群中萌芽，但那時被認為要維持輕盈體態的是男性，而非女性，因為這種體型開始被連結到思緒敏捷、智慧、理性的特質。[21]這些觀念雖然在一些社群中頗具影響力，卻尚未成為社會中的常態：很多人並不認同這種苗條理想與粗淡飲食的邏輯，認為這些行徑形同是拒斥身心充盈的生活方式。[22]在此之後不久，十八世紀早期，為了治療咖啡館問世後而大幅增加的痛風、消化不良、體重上升等現象，英國醫師喬治．謙恩提出了一套營養飲食控制理論，引起大眾的熱烈興趣。[23]謙恩的「療法」包括飲用大量牛奶，酪農業的朋友如果有意，搞不好可以試著讓這個療法重出江湖。

十八世紀中葉，隨著橫跨大西洋的奴隸交易在法國、英國蓬勃發展，黑人與肥胖之間的連結也開始被拉了出來。史特林斯指出，法國博物學家喬治路易．勒克萊爾的著作，在此時發揮了關鍵的影響力。以「布豐伯爵」自稱的勒克萊爾，在一七四九年出版了《自然通史》一書，他為解釋人類種族差異所提出的理論，滋養了當時尚在起步的種族垃圾科學（junk science of race）。布豐認為，除了膚色之外，種族外貌差異上最重要的特徵，莫過於體型與身形的不同。他駁斥時下認為非洲人「貧乏、矮小」的刻板印象，主張雖然「摩爾人」（Moors）可能符合這種描述，但一般的非洲黑人（les nègres）「高大、豐滿、單純、愚蠢。」[24]他將這些特質歸因於他們所居住的肥沃土地，並將他們所謂的肥滿與懶惰、遲鈍加以連結——既然理性被認為是專屬於削瘦白人男性的特質，而白男人被視為是卓越人類的標準與典範，自然會導出這種結論。當時的其他思想家也曾認為，非洲人之所以肥胖，是因為當地的氣候炎熱，而這種氣候會鼓勵身體儲存「過量」的脂肪。[25]

法國著名理性主義者德尼．狄德羅的著作中，更是充斥著對肥胖黑人身體所抱持的蔑視和厭惡之情。他於一七五一年初次出版的《百科全書》中，就有一段如此描繪非洲人：

所有黑人中最不為人尊敬者，就是班巴拉族（Bambaras）；他們骯髒不潔，以及他們臉上從鼻子到耳朵的偌大疤痕，更使他們面相醜惡。他們懶散、酗酒、暴食，偷竊成性。[26]

狄德羅的這段描述，比布豐的影響力還要更為廣泛。值得注意，兩人都從未真正造訪過非洲的這些地區。

一百年後的法國博物學家朱利安・喬瑟夫・維雷同樣沒去過，儘管他一手造就了對於所謂「霍騰托人」（Hottentot），特別是對霍騰托女性的詆毀與他者化。在一八三七年所出版的《黑人種族自然史》一書中，維雷曾斷言道，「黑人多半性格溫順、身強體健，但遲緩，且非常懶惰」。他在討論中特別凸顯「霍騰托」（恰當的稱呼是科伊桑人〔Khoisan〕）*女性所擁有的「肥碩下肢與翹凸肚腹」，[27]認為因為懷孕或經常久坐，導致體內肥液堆積在她們的胃部、胸部、後臀。根據史特林斯的簡略摘錄，維雷曾對她們做出相當去人性化的描繪：「霍騰托女人的臀部……跟那些四足生物很像，有時肥大無比，宛如家畜，得用小型推車才能載。」[28]

這股對肥胖所抱持的新興憎惡感並非從天而降，而是因應當時的資本主義暴利所運用的意識形態工具，也就是奴隸制度。史特林斯認為，正是因為把肥胖塑造為一種黑人獨有的特徵，致使社會將肥胖身軀建構為有些「他者」、怪誕，甚至是畸形的存在。換言之，並不是肥胖身體先被汙名化，黑人身體才與之相連；相反地，黑人身體是先跟肥胖相連，接著肥胖才被汙名化。正如史特林斯所說：「種族主義科學文獻至少自十八世紀，就開始宣揚肥胖很

『野蠻』、很『黑』……對肥胖的恐懼『早就已經』帶有種族主義的成分。」[29]這種肥胖恐懼，後續不僅成了為蓬勃發展的奴隸貿易積極辯護與正當化的理由，同時也使美國的白人基督新教徒，能夠將自己與那些受其殘酷奴役的族群區分開來。到了十九世紀末，苗條，特別是在美國白人女性之間，儼然已經成為社會地位和「文明」的表彰。[30]

這些社會變遷，在科伊桑女性薩爾杰．巴特曼（又常被稱為莎哈．巴特曼）所遭受的殘忍與剝削經歷上，尤為明顯。巴特曼起初約是在一八〇六年左右，為了取悅海軍醫院裡受傷、垂死的士兵，而被安排展示她「巨怪一般」的身體；她後續被送往英國與法國，四處展覽。換言之，巴特曼成為世上最古早怪胎秀中的秀場明星。（有趣的是，在她之後，下一個被迫承受這種恥辱命運的人，是一名據載體重超過三百多公斤的肥胖白人男性丹尼爾．蘭伯特，廣受當時民眾歡迎。[31]）在一八一〇年至一八一一年間，巴特曼被冠上「霍騰托維納斯」的名號在倫敦巡迴展出，備受矚目。正如史特林斯所述，（巴特曼）既怪誕奇異又充滿異國風情，全然就是個具有特殊種族身分的性愛標本；基於這些理由，觀眾入場觀賞，既可以欣賞她的身形比例，尤其是她的臀部，如果額外付費，還能夠體驗觸摸她的感官愉悅。儘管當時英國就已相當流行能夠誇大臀部的裙擺，但據聞，她渾身上下與臀部所溢滿的肥肉依然蔚

＊ 編注：霍騰托人一詞歷史上被歐洲人用來指稱南非的土著，現今普遍認為具冒犯性。現今以科伊桑人代指不會說班圖語的南部非洲原住民。

為奇觀。她的身形被認為「與倫敦女性的標準截然不同」，也與倫敦淑女「修長削瘦的線條」迥異[32]……她身上「過多」的脂肪，被視為是原始、野性的標誌。[33]

不過，也有觀眾覺得大失所望，他們離場時忿然抱怨，她看起來就只是個普通女人罷了。[34]

• • •

讓我們將鏡頭轉換到一百年後。在「苗條」成為理想的審美標準後，美國的醫療機構也總算跟上。在當時，健康保險尚屬創新概念，分析人員還在試圖判斷具有不同人口特徵者的患病與死亡風險為何；而他們發現，就統計上來說，平均體重對身高比，比值過高或過低，死亡風險都會提高，這個結果大致和弗萊格爾的研究發現一致。不幸的是，早年所開發的計算表格主要都是依據白人男性的身體數值，因為絕大多數的薪資勞動者都是白人男性。醫師很快就開始利用這些表格來治療個別病患，儘管醫療用途從來就不是這些表格被設計出來的目的。某程度上，這些表格是被用來證成拒絕診治「過重」患者的正當性，因為醫生擔心保險公司會因為患者的肥胖而拒絕給付。[35]

即便在數十年後的今日，肥胖恐懼的驅力並不總是科學研究和經濟計算——憎惡始終是個強勁要角。一九六一年，雖然哈佛大學知名的生理學家安賽．基斯曾允許《時代》雜誌報導，「肥胖」並不必然會導致心血管疾病，但根據他的著作，肥胖不僅「醜陋」、「噁心」，而且「道德淪喪，使人作嘔」。我們肥胖者「笨手笨腳」，我們的身體甚至「連傢俱都容不下」（可憐的沙發！）誠如史特林斯所述，「根據這些描繪，我們實在很難相信（基斯）投入這個領域，全然是出於對體重與健康關係的醫學發現，而與他認為肥胖傷風敗俗、應該根除的個人見解無關。」[36]

基斯正是身體質量指數（BMI）的發明者——到了一九八〇年代，BMI已經正式取代了大都會人壽保險所依據的計算表格。基斯主要的參考依據，是十九世紀比利時天文學家及數學家阿道夫．凱特勒所做的計算，凱特勒對於所謂的「平均人」（l'homme moyen）特別感興趣，他認為，平均人即是理想存在——這其實就是典型的混淆了實然面和應然面。[37]由於凱特勒的「平均」人與「理想」人模型，清一色都是歐洲白人，因此他的計算成果最後經證實並不適合作為父母與時興的優生倡議行動（包括系統性地為有色人種和殘障人士結紮）的依據，似乎就也不令人意外。[38]

雖然不知基斯是否早已知悉這個不光彩的背景故事，至少他在一九七二年所發表的重要論文中不僅並未透露出任何跡象，反而和他的共同作者，稱呼凱特勒為「人體測量學和統計學的偉大先驅」。[39]他們收集了來自世界各地的五組男性樣本（雖非全部，但主要是白人），並將凱特勒所開發的指數改為身體質量指數，計算樣本體重（公斤）除以身高（公尺）的平方後的數值。[40]基斯與研究團隊最後做出了個相對保守的結論：「本文證實，身體質量指數雖然不完全令人滿意，但至少跟任何其餘反映肥胖程度的身體指數一樣好。」[41]但與其他指數相形之下，BMI的優點就是相當簡單。[42]後續的發展，則都是歷史了——在一九九八年某日，數百萬名美國人在一夕之間都成了「過重」者，因為標準BMI從二十八下降至二十五。為什麼？部分原因，是要提升全美對肥胖抱持的警戒程度，另一部分原因，則是因為二十五這個數字對醫生和患者來說好記。

總而言之，BMI本就源於白人中心主義，甚至可謂為源於種族主義；它從來就不是為了評估個人健康設計的；儘管我們極其看重它，但BMI終究是個武斷且粗糙的指數。其一眾所皆知的錯誤，就是BMI會將肌肉健壯的人（包括運動員）歸類為過重或肥胖者，儘管他們的體脂肪率極低。更重要的是，BMI這個駭人指數會被用在我們社會中最飽受壓迫的群體之一身上，也就是黑人女性——數據顯示，在美國的人口次群體中，黑人女性的平均BMI是最高的。這部分是因為相較於白人，她們（和黑人男性）身體的肌肉重量與骨密度都比較高；相較於其他族群，她們在BMI較高之下所受到的健康影響往往也比較小。[43]諷刺的是，正如前文所述，被歸類為BMI過高族群此事本身所創造的汙名，反而可能對健康帶來有害的影響。

•
•
•

二〇一三年，美國對「肥胖流行病」（obesity epidemic）的道德恐慌來到巔峰，美國醫學學會正式宣布肥胖是一種疾病——此一聲明徹底無視其召集的委員會所提出的意見，批評衡量肥胖所依憑的標準本身，也就是BMI是個錯誤百出、過於簡化的數值。[44]在這個文化性的時刻，黑人女性的面貌——或更精準一點來說，黑人女性的身體，再次充滿恥辱。莎賓娜．史特林斯指出，二〇一三年，在一篇題為《肥胖殺死的美國人比我們所想的還要多》的CNN報導中，搭配的首圖正是一名肥胖的黑人女性，她腰間掛著的捲尺，則是由一名白人女醫師纖細仁善的雙手拿著。這篇報導引用了一份當時甫發表的研究，宣稱肥胖所致的黑人女性死亡人數，遠比國內其他人口多。儘管這個發現跟諸多文獻（無論是之前還是之後）都相互矛盾，但其他文獻所受到的媒體關注卻明顯少得多。[45]

實際上，不管多健康，在這個厭胖、厭女又有種族歧視的世界中，黑人女性只要現身，就會立刻引來各種厭惡、非難、詆毀。網壇球后賽雷納．威廉絲（台灣多稱她為小威廉斯），儘管已是美國史上最偉大的運動員之一，在她輝煌的網球生涯中，卻還是經常因為她的健壯肌肉與比一般網球女將更壯碩的「厚片」體格遭到訕笑。丹麥籍的白人球員卡洛琳．瓦芝妮雅琪甚至曾在一場表演賽中模仿小威廉絲的身材——她忽將球塞入胸前與臀部，隱約地和霍騰托維納斯的怪誕形象遙相呼應。[46]她所遭受的這種嘲弄譏諷顯然跟擔心身體健康無關，畢竟說小威廉絲是世界最身強體壯的人也不為過。[47]

像是嘻哈女星麗珠這樣身材極度肥胖的黑人女性所引起的公眾恐慌，更是有過之而無不及，不管她們的運動能力或體能表現多強都一樣。在二〇二〇年初因《減肥達人》節目走紅的吉莉安·邁可斯就曾抱怨道：「不要哪天她得了糖尿病，到時可沒這麼棒了。」此番言論，完全就是網路鄉民在質疑我們「美化肥胖」時會假惺惺舉出的老掉牙健康疑慮。[48]（「期待哪一天看你被截肢！」人們對著我們吶喊，彷彿憂心忡忡。）

同樣地，我們實在很難將這種批評視為是在「擔心」麗珠的身體健康，因為她體力驚人，能夠在現場直播演唱會上勁歌熱舞、表演長笛長達數小時——這可是許多瘦子夢寐以求也難以企及的高難度壯舉。

除此之外，人們對於黑人女性的其他健康處境明顯漠然許多——就拿孕產婦死亡率為例，黑人女性在懷孕、分娩、產後死亡的機率高達白人女性的三至四倍。[49]如果我們真的這麼關心黑人女性的健康，怎麼會至今還沒有出現大規模挑戰這種糟糕處境的社會聲浪？

BMI不是唯一一項以白人為中心、充滿種族歧視、促成肥胖恐懼的武斷標準。在過去一百年間幾經變遷的社會審美標準也應該要被納入分析。在歐美文化中，一九一〇年代推崇豐滿、玲瓏有致的「吉布森女孩」（Gibson girls），一九二〇年代則鍾情於身形苗條、帶點「男孩子氣」的飛來波女子（flappers）；一九五〇年代的偏好有稍圓潤一些，一九六〇年代開始獨鍾嬌小又瘦骨嶙峋的身形，一九八〇年代，削瘦蒼白的「海洛因時尚」（heroin chic）當道，到了一九九〇年代，「瘦」已經變得前所未有的「流行」。不過，上述變遷基本上大同小異——在步入二十世紀之後，大抵來說，歐美主流的審美標準就已經不再推崇與讚賞肥胖的女性身體了。前述審美標準之所以出現細微的變化，可能因為各時代受歡迎的明星不同：一九五〇年代有瑪麗蓮．夢露，一九六〇年代有崔姬，一九九〇年代則有凱特．摩絲。有別於廣為流傳的錯誤印象，夢露的身材實際上非常纖細；[50]金．卡戴珊為了穿上夢露當年的禮服出席二〇二二年大都會藝術博物館慈善晚宴，她甚至得激烈減肥，在三週內快速減掉七．二公斤才塞得進去。[51]

卡戴珊的例子彰顯了一件事情：近代的不管哪個年代，時尚不是關乎體態肥胖與否，苗條身形一直都是理想，重點在於脂肪要分配在對的地方。這讓我們更容易被物化、被控制，我們的錢也更容易被拿走。時下熱門的巴西提臀手術，就是透過自體抽脂手術，把腹部、下臂或大腿的脂肪轉移到上臀，打造更圓潤性感的臀型。近年來，愈來愈多人進行口內取脂手術（手術切除臉頰內部的脂肪墊），創造精緻小臉；於此同時，也有人反其道而行，固定在臉部注射脂肪，透過澎潤飽滿的臉頰打造年輕感。

這種重視脂肪分布的流行趨勢帶來了有害的「文化挪用」現象，甚至是赤裸裸的種族歧視。二〇一四年，卡戴珊為雜誌拍攝封面，她背面全裸，手上拿著一瓶香檳，豐沛氣泡向上噴射，劃出一條曲線，越過她的頭部，最後輕巧落入安穩放在她傲人豐臀上的高腳玻璃杯中；這張封面照片所搭配的標題是：「炸翻網路吧」（Break The Internet）。作家布魯．特拉斯瑪當時就評論，這張照片讓人想起的不是別人，正是薩爾杰．巴特曼——所謂的霍騰托維納斯。儘管卡戴珊未必有意，但這張照片卻「深深浸入了過去幾世紀以來」在全美各地蔓延的「種族主義、壓迫、厭女」流行病中。[52]

雖然眾所皆知，卡戴珊在種族議題上一向有些曖昧，但她此處卻明確呈現出某種「黑人性」。與此同時，也有白人的女性明確地透過黑人女性為自己眾星拱月，作為視覺對比，地位高下立現。麥莉．希拉在二〇一三年MTV音樂錄影帶大獎上的表演，找來大批的黑人女舞者伴舞。社會學家崔西．麥克米倫．卡頓指出：「希拉可不只是找了群黑人女性舞群，她找來的是身形格外豐滿渾圓的黑人女性。在表演中，她熱切地打了一名舞者的屁股，露出想把它放在餅乾上一口吃掉的模樣。」麥克米倫．卡頓認為，希拉是希望能夠以這場挑逗性十足的表演，突破自己在觀眾心中天真無邪的形象，此舉卻是建立在把肥胖黑人女性身體定義為性偏差的種族主義轉喻之上。由於「自古以來對黑人女性的描繪，就經常是以肥胖、非常規的身體作為核心」，因此希拉雖以「玩弄黑人女性身體作為一種（黃色）笑話，來挑戰觀眾對自己的認知，卻全然未動搖大眾對黑人女性身體的既有認知。這一場舞一方面推崇性愛自由，一方面卻延續了一種女性身體階序，使白人女性從中獲益。」[53]自歐美文化中出現肥胖恐懼以降，白人女性確實就持續從這種身體秩序，以及與黑人女性清楚劃界的手段中獲益。就許多面向來說，這點始終都是——現在也是——肥胖恐懼當初會誕生並存續至今的理由。

確實，雖然也有很多其他文化，過往未必具有反黑人的歷史淵源，今日卻依然極度恐懼肥胖；但這也沒有真的挑戰史特林斯的主張，即肥胖恐懼是反黑人種族主義的產物——事實證明，肥胖恐懼很大程度上屬於西方出口的舶來品，而非不同社會各自發展的產物。恐懼肥胖的態度與對纖細身體的偏好，往往會隨著西方傳播媒體（例如雜誌、電視節目）一同傳入；通常在西方傳媒出現後不久，民眾（特別是年輕女性）飲食失調的狀況就會急劇增加。[54]

• • •

雖然當初所特別凸顯出來的是黑人女性的身體，她們至今在美國也持續承受肥胖恐懼的攻擊，但長久以來，肥胖的黑人男性與他們的身體也一直是這個體制下的受害者。誠如德蕭恩・L・哈里森所言，居於反肥胖核心的反黑人傾向，甚至可能使人喪命。[55]二〇一四年八月，當密蘇里州佛格森的白人員警達倫・威爾遜感受到黑人青年麥可・布朗帶來的威脅時，他決定開槍射殺布朗。事發之後，威爾遜更以布朗的體型為由為自己的行為辯駁：「我只能說，抓住他時，我簡直就像是個抓著霍克・霍肯*的五歲小孩。」他用了「惡魔」一語描述布朗，

* 編注：Hulk Hogan，美國職業摔角手。

更說：「感覺他好像壯到可以一路跑過槍林彈雨，好像我根本不在那裡，在他前面我什麼都不是。」[56]

實際上，兩人的體型差異根本沒有這麼多——威爾遜身高一百九十三公分、體重約九十五公斤，而布朗身高一百九十五公分，體重約一百三十公斤；[57]遑論威爾遜身上配有一把致命武器，布朗可沒有。不過，威爾遜沒有因為這起謀殺案被定罪，甚至沒有被起訴，跟絕大多數捲入類似事件的其他警察一樣。

員警丹尼爾・潘塔里歐也不例外。在布朗遭槍殺幾週前，潘塔里歐於紐約史泰登島違法以鎖喉方式將黑人艾瑞克・加納壓制在地，後者最終遭到勒斃。現場影片顯示，壓制過程中加納曾呼救高達十一次——「我無法呼吸」。潘塔里歐在審判中的辯駁基本上是主張，加納這麼胖，無論如何都會死，就連「熊抱」這種完全出於善意的動作可能都會要他的命。潘塔里歐的律師提到加納時，總用「病態肥胖」和「定時炸彈」來形容他。[58]

於是，這就成為肥胖黑人身體的命運：要嘛令人心生畏怖，要嘛過度脆弱；要嘛構成他人的威脅，要嘛構成自己的威脅；而不管是哪一種，他們都注定會死。哈里森寫道，此言雖然不假——因為身高一百八十八公分、體重一百七十九公斤的艾瑞克・加納，確實有氣喘、糖尿病、心臟病的毛病，然而，在遇上潘塔里歐與其他在場協助逮捕的警察之前，他沒死。也就是說，不管辯護律師、大陪審團、法醫師、其他醫師與媒體再怎麼樣把加納描繪成一頭難以被馴服的野獸，真正奪走他氣息與生命的，終究還是員警那隻勒住他脖子的手。[59]

難道有些白人真的是因為太在乎肥胖黑人的健康，以至於不惜殺死他們，再聳肩離開嗎？會不會比較合理的解釋是——此事打從一開始，就與健康無關，全是因為反黑人，所以肥胖身體才會如此不斷地遭到貶抑與汙名化。

・・・

肥胖恐懼不只是生於種族主義，它還會延續種族主義的存在。肥胖恐懼讓特權白人菁英得以一邊相信自己比其他族群優越，一邊否認自己有種族與階級歧視。在左派內部尤其如此，由於現在完全不見容這類歧視的存在，因此一旦暴露出任何偏見，就算只是自己內心出現類似想法，也會瞬間引來罪惡感、羞恥感與自我審查。結果就是如保羅・坎伯斯所言，肥胖恐懼將成為下列這些偏執仇恨的替代品（與抒發管道）：

> 正因為美國人對階級議題如此壓抑，這股（相對）富裕者對（相對）貧窮者所產生的厭惡感，勢必得投射到其他顯眼的特徵上。一八五三年的英國上層階級對於自己會憎惡都市無產階級一事，可以毫無自覺；但（近代）美國抱持自由主義者的白人上層階級，光是想像高敏感度的自己，如果今天在看到一位下層階級的墨西哥裔美國女性走進沃爾

瑪超市時，心中莫名浮現一股憎惡感——這將會是多麼可怕的事情。不過，如果今天是看到一個胖女人——噢不，應該說「肥胖」，啊，應該說是「病態肥胖」更適當——如果今天是看到一個病態肥胖的女人走進沃爾瑪超市……嗯，那就不一樣了。[60]

這個女人的貧窮與非白人身分，正如坎伯斯所說，會被視為是個「無關緊要的巧合」。但事實並非如此，肥胖本身是個極強的階級和種族標誌。因此，每當我們奚落、嘲笑或對著肥胖乾瞪眼時，我們形同是在不知不覺中表達自己的階級與種族歧視。坎伯斯就寫道：「苗條上層階級對肥胖下層階級的憎惡感，與死亡率統計無關，與瘦子看到胖子時油然而生的道德優越感有關。」[61]

由於我們實在太想奚落肥胖者，甚至為這種論述創造了新的素材。我必須羞恥地承認，「沃爾瑪人類」（People of Walmart）這個網站在我的圈子之間（主要是白人、左派、自由主義者或進步派）曾一度相當熱門。[62]這個網站當然沒有明示使用者要特別去厭惡、訕笑或嘲弄窮人、黑人、膚色較深或殘障者的身體。根本不需要。光是上傳許多肥胖、衣著不雅或滑稽的路人照片，例如被衣服擠出來的肥肉、屁股縫或「副乳」，就能輕易地產生視覺上的厭惡感。瀏覽網站的人被邀請加入，共同輕視這些被視為是醜陋人類代表的人，捏造、汙衊、攻擊為他們想像出來的性格與健康狀況。這些假裝是對美國消費主義的評論，其實也是在發洩種族與階級歧視，只是披著一件較能為人所接受的外衣——肥胖恐懼。

如果真要挑惕晚近資本主義下的消費主義現象，或許更應該針對為求變瘦不計代價的人——尤以白人菁英為主。我們一窩蜂地購入要價不菲的派樂騰飛輪車，還加入了定價過高的蔬食訂餐服務（對，「我們」——為了減肥，在疫情初期這兩樣東西我都買了，真是丟臉）。這些商品被視為是對我們身體與所謂健康的投資，接著成為地位的象徵，我們甚至可能因為這種極致的消費主義，覺得自己很盡責、很上進，竟然願意花這樣的錢。

於是，節食、健身與所謂的「健康產業」（wellness industry）從這種恐懼肥胖的階序中賺取相當優渥的利潤，這種階序獨尊特定的理想身形，但對於大多數人來說，我們所身處的社會環境如此熱量無虞，所謂的理想身形可說是遙不可及。女性主義學者艾咪．埃德曼．法雷爾曾於《肥胖羞辱》一書中提到，在十九世紀晚期之前，唯有特權階級——就經濟與健康面向而言——才可能變胖。工業化和都市化徹底改變了美國日常生活的各種面向，身體也不例外。進入二十世紀後，隨著富足人口漸增、生活型態趨於靜態，農業技術與交通系統的革新（故食物變得更為充足、相對可負擔），而醫療條件也逐漸改善——上述變遷代表，有愈來愈多人有條件變胖，並維持豐腴體態。肥胖體態此時成為富裕與貧窮之間的分野，只不過現在超標體重的意義已不若過往數百年那樣，代表崇高尊榮的社會地位，而是代表一個無法自我控制、理智遭到肥胖擊潰與支配的失敗者。由於「胖」和「瘦」的意涵出現變化，當社經地位提升，人們往往就會期待擁有更苗條的身材，即使這個期待並未成真。[63]

在過去一百年中，維持苗條身材變得愈來愈困難，同時也變得愈來愈有價值。這可不是偶然。實際上，這個現象完美演繹了何謂「愈難得即愈好」謬論——不論真正效益或可取性為何，愈難以達成的事情，常被認為是愈值得讚揚的事情。[64]輕易可得的事情，往往會遭到輕賤，而且愈認真努力的人（會費力準備「健康」飲食或力行極限體能訓練等）就愈容易這樣想，他們也更願意花重本強調這些事情的重要性。

作為人類，我們實在太愛建構起一套能讓自己感到優越的階級秩序，而正是這種傾向，使得與種族主義交織的肥胖恐懼得以存在。

CHAPTER

4

道德淪喪的肥胖
Demoralizing Fatness

我以前總覺得節食是種美德，飢餓似乎是品性良善的佐證。愈否定自己，我對自己身體和道德的感覺就愈好。這種關聯性很模糊，也未受檢驗——影響力卻絲毫不減。

我青少女時期經常吃得很少，有時甚至會什麼都不吃。大學畢業後，也就是我從澳洲搬到美國讀研究所的九個月前，我決定嘗試「適度」的節食——低碳水化合物飲食法（簡稱「低醣飲食」）。我吃了數不盡的雞蛋、綠色葉菜、芹菜、杏仁，還強迫自己吃肉，儘管我沒有特別愛吃肉，而且窮學生如我，根本也不太能負擔。雖然感覺狂吃肉好像不太對，但我跟自己說：肥胖更糟。這就只是我為了變瘦，在生活上所做的道德妥協。

雖然低醣、多肉的飲食很成功（注意，我說「成功」），但配上每天超過一小時的運動，我的體重不可避免地回升了。此次低碳飲食只不過是我未來眾多節食經驗的開端。我現在已經快要想不出來還有什麼東西是沒被我忌口過（或至少嚴格限制）的——我曾經從不吃麵包、不吃義大利麵、不吃米，到不吃麵粉、不吃一切麵粉製品、一切穀類與澱粉製品、馬鈴薯、地瓜、一切根莖類、豆科類、豆子、玉米，不吃加工肉品、所有肉類、植物性人造肉，不吃白糖、所有糖類、代糖與甜味劑（包括有熱量的蜂蜜、楓糖漿等，也包括無熱量的甜葉菊、蔗糖素等）、除了莓果之外的一切帶甜味食物——到最後，連莓果都出局了。

除了低醣，我還試過低脂、低GI（glycemic index，升糖指數）減肥法——比較常見的委婉稱呼是「飲食法」。我也試過有點奇怪的「香格里拉飲食法」，每天要空腹喝三次無調味的油（不僅聽起來噁心，實際執行起來也真的噁心，而且對我完全沒效）。我還試過生酮飲食、原始人飲食法、邁阿密飲食法、阿金飲食法、三十天全食療法（我試過很多次）、OMAD飲食法（也就是「一日一餐」的斷食法）、間歇性斷食法（後來變成只有斷，沒有歇了）。我已長期不吃麩質，以蔬食為主，更曾一度吃全素。我變得愈來愈會飲食控制，但也愈來愈不擅長透過節食真的瘦下來。

二〇二二年一月，我在《紐約時報》上寫了一篇專欄文章，討論節食和慢性飢餓所帶來的道德傷害，[1]很多人寫信給我。約有一半的來信感謝我寫出這些內容，還有些人想告訴我，他們決定要和節食文化分手。剩下的人則想和我分享他們近期嘗試的節食方法，並建議（或者說是堅持）要我也試試看。[2]

各位，我幾乎每一種方法都試過了。

如同許多其他長期節食者，我已長期只吃固定幾樣「能」吃的東西，也就是我在節食期間吃了也不會有罪惡感的食物，例如：新鮮杏桃加椰子油（味道有點像白巧克力）、地瓜配酪梨（吃起來還不錯）、紅椒配奶油乳酪，以及起司，美好的起司。（我的嗜脂魂很貪心。）

為什麼我們在節食時會覺得自己品行端正，或至少自我感覺較好？為什麼食物和肥胖會帶來巨大的罪惡感？

當然，有部分理由是因為，食物在人類史上多數時候都屬於稀缺的資源。若有人太放縱，吃了超過其應有部分的食物，自然是茲事體大；但在今日，飢餓和糧食不穩定的嚴重問題，卻是因猖獗的資本主義、新自由主義與糧食分配不均所致，可不只是因為有人吃太多、有人就會沒東西吃這麼簡單。[3]

此外，我認為人類對「縱情享樂」不是很放心。多數主要宗教都曾針對飲食借力使力，利用嚴格的飲食規範（可能是限制進食的類型、分量、時間，也可能全都設下禁忌），鼓勵與強化信眾的奉獻精神。此外，跟戒色斷性的規範有點類似，人性深處似乎存在一股想要恪守成規的渴望，彷彿只要能夠抵抗自己與食欲帶來的誘惑，我們就能相信自己真的是比動物高級的存在。我們有時候也會打破常規（並產生刺激感受），證明自己畢竟是動物，難免有七情六欲——儘管本來就是如此。

在英語俗諺中，用來表示品嘗屈服滋味的「吃烏鴉」（eating crow）或表示坦承錯誤的「吞謙虛派」（eating humble pie）等用語，可遠遠不止是譬喻。[4]我記得小時候（大概四、五歲左右），我曾因為犯了點小錯，感到很愧疚。我決定逼自己吃掉一點點工人留在我家廚房流理台上的補土，以彌補我的過錯。我後來告訴父母（他們是非常溫柔、關愛、寬大、不懲罰小孩的人）這件事，他們嚇壞了——而且感到非常困惑。但我就只是跟許多人一樣，本能地把我吃的東西與我的道德位置相互連結，我心中隱約覺得，吃不好的東西就像在悔過和贖罪（好險那次吃補土，身體沒出什麼事）。

隨著年齡漸長，許多人還是繼續如此自我懲罰：或許只吃「好」食物、或許完全不吃，又或者，會乾脆吃到讓自己不舒服再去催吐。這條路繼續往下走，在前方向我們招手的，就是健康食品癡迷症（orthorexia nervosa）、厭食症與暴食症。我們覺得自己不潔、感到焦慮，並試著透過控制我們吃或不吃的東西，來改善這種自我道德感。而我們想要贖的罪，可能是我們的肥胖、我們的身體、我們想吃東西的欲望。

也難怪我們會感覺很差，因為這種認為肥胖是個道德問題的想法，可說無所不在。我們會不斷地接收到這個訊息——打開新聞媒體，會看到各種探討「肥胖流行病」危言聳聽的報導；點開社群平台，會陷入一片關於肥胖小孩的道德恐慌之中；[5]就連和自己的親朋好友互動，也會碰到有人好意擔心、假意提醒，或者直接大肆批評。在這些或其他族繁不及備載的時刻中，肥胖身體都會被說成是道德問題，而肥胖的人則成了道德意義上的失敗者。在此過程中，我們被描繪為懶惰、骯髒、意志力薄弱、貪婪、邋遢、自私的人——幾乎所有關鍵、重要的美德，我們都沒有。

實證研究已經肯認了肥胖恐懼確實是一種道德主義（moralism）——而且並不公正。肥胖者總被看得比苗條者更罪孽深重，即便所做所為完全相同：有研究顯示，在一個虛構的懲戒案件中，相較於「平均體重」的人，被描述為「肥胖」的人會受到更嚴厲的紀律處分。[6]另一項更晚近的研究結果則顯示，類似效果只會在所謂的肥胖女性身上出現——在一個虛構的審判案件中，若被告是肥胖女性，被判決有罪的機率就會顯著提高。[7]

在許多肥胖者的親身經歷分享中，都能看到身處這種道德主義下所承受的壓力。以我們之前提過的琳達．蓋哈特為例，這位患有脂肪性水腫的女性曾經表示：

> 人們常會覺得……（你的身體）就是你道德水準的例證。如果你的身體很胖，代表你一定做了些不道德的事情，才會變成這樣。這個想法也深植於我們的醫療體系之中，好像你只要做了對的事情、走了對的路、吃了對的食物、從事對的運動，只要你能做到這些正確的事情，你就會成為苗條而理想的人。
>
> 我們大多數人心中都存有這種想像。只要看到瘦子，我們就會假設，他們必然做對了什麼；只要看到胖子，我們就會認為，他們必然做錯了什麼，而且他們應該要有所作為，趕快矯正，他們的行為需要改變。[8]

在現今世俗道德的哲學框架中，通常你會需要證明一些人會對他人造成傷害，才足以證明他們缺乏倫理價值——差不多等同於道德低落的意思。而批評肥胖的人很快地就提出了這樣的主張。人們普遍認為，我們肥胖一族會為醫療體系帶來龐大的負擔，而既然肥胖本來就是咎由自取（要嘛是吃太多，要嘛是運動不夠），因此肥胖者的道德自然大有問題。現在，是時候檢驗這種常見且吸引多數人的思路了。

姑且先不論這種想法多不人道，或多常會以不人道的方式表達（像是「無頭胖子」〔headless fatties〕的出現＊[9]——這整套思考邏輯本身根本就不成立。因為不發胖本身不是什麼道德義務。

• • •

哲學家很常會提到「應該蘊含能夠」（ought implies can）的原則——唯有當你能夠做到某事，你才有做它的道德義務；換言之，你沒有義務去做你做不到的事情。按照這個原則推演，如果有人要達成某件事情難如登天，要求他必須做到就會顯得毫無意義，而且不合理。如此來說，既然長遠來看，絕大多數的肥胖者都無法透過節食和運動的方法瘦下來，這個事實蘊含一個極其深遠的道德意涵：我們不應該因為沒去做一件幾乎不可能的事情，而遭到責難。

「應該蘊含能夠」原則當然會有一些例外狀況；在追求具有價值或理想結果的過程中，

試圖達到一些難如登天的標準，有機會讓我們更靠近目標。例如，讓一個用功讀書的學生以考滿分作為目標，可能是個好主意，即便這個結果並不容易達到。不過我們已經知道，減重不適用這招：節食通常只會適得其反，隨著時間拉長，我們只會變得更胖，部分因為節食會嚴重地減緩代謝速率。運動的減重效果可能還更差（雖然運動無疑能讓大多數人變健康）。儘管還有其他更可靠的減肥「療法」（例如藥物或手術），但這些選項往往帶有高昂的成本、風險、副作用。而我們不可能只憑道德之名，就要求人們接受或服用可能嚴重降低生活水準的減重手術或減肥藥物。

現在我們已經可以看到這種假設「人有不發胖義務」思路的首要缺陷——我們至今不知道要如何以可信、安全、不激烈的方法讓肥胖者瘦身，更不知道我們可以如何從頭預防人們變胖。肥胖的遺傳基因基礎相當強，根據估計，肥胖的遺傳力（heritability）高達〇．七，這代表人口族群中有至少七成的體重變異，可能都跟遺傳有關。[10]如果這樣沒什麼概念，我們可以跟身高做比較——人類身高的遺傳力約為〇．七九，只比體重高一點點。[11]曾有針對同卵雙胞胎的研究顯示，即便被不同人領養，雙胞胎的體重始終都是跟親生父母比較一致，其BMI指數跟實際照顧他們的養父母之間完全沒有關聯性。[12]有一張圖表就曾列出了目前已

＊ 編注：指西方報導中經常在拍攝肥胖族群時，只拍頭部以下的現象，作用類似在臉部打馬賽克，反映視肥胖為羞恥的汙名化現象，尤其報導內容通常為負面批評。

知的各種相互獨立、會使人變胖的眾多基因，其中一些效果非常強，只要帶有這種基因，他們的BMI指數幾乎是必然會落入「肥胖」那一類。[13]

更有甚者，實證研究顯示，曾經歷童年創傷（包括曾遭身體虐待、霸凌、性侵害）的成年人，變胖的機率比較高。[14] 作家羅珊・蓋伊赤裸尖刺地描述了她在十二歲時遭受一群青少年殘酷輪暴的經歷：「可以分成之前和之後。我變胖之前，我變胖之後。我被強暴之前，我被強暴之後。」[15]在事發之後，她形容自己「很噁心，因為我讓自己遭遇噁心的事。我不再是個好女孩，我會下地獄。」[16]*

深陷恥辱與恐懼的蓋伊轉向食物——既是尋求慰藉，也是要讓她的身體成為一座無法穿透的「堡壘」，以抵禦她所承受的攻擊。[17]她寫道：

> 我對於事發之後的記憶零星而片段，但我確實清楚記得我不停地吃啊吃，好幫助我遺忘，好讓我的身體變得巨大無比，再也不會被人擊碎。我記得當我孤單或悲傷或甚至快樂的時候，吃東西帶給我那些無言的安慰。[18]

還有更多：

> 我既孤單又害怕，而食物帶給我立即的滿足。在我需要安慰而且不懂得向愛我的人求助時，食物帶給我慰藉。食物很美味，讓我感覺好過一些。食物是我伸手可及的事物。[19]

有時候，我們塞滿嘴巴是為了不必說話；當我們吞下苦楚，言語也將隨之吞下。

儘管蓋伊的經驗震懾人心，也很重要，但我們也不能錯誤地推論每個肥胖者都曾經受過創傷——就像我們不應該單從外在體態推斷人們的健康狀況一樣。人們變胖的原因百百種，許多常見疾病與健康狀況、患有特定殘疾和心理疾病、服用一些常見重要的藥物（包括避孕藥、抗憂鬱藥）、懷孕、壓力、新陳代謝、賀爾蒙變化（包括多囊性卵巢症候群），都是致胖的原因。也可能沒什麼特殊原因，還是變胖。[20]一些人（例如我），就是容易胖。

像珍妮特．S，體重一百五十八公斤的她，在一九七五年時同意參與一場為期三個月、共有三十名受試者的研究，以換取免費的減重手術。研究人員精確計算出維持她既有體重所需的卡路里數，依照這個數字讓她進食。結果不到兩週，她的體重就上升了將近五．五公斤，幾乎是一天就增加半公斤。珍妮特自己並不驚訝，因為相較於她平常的飲食，研究人員要她

＊ 譯注：此處譯文參考羅珊．蓋伊《飢餓》木馬文化繁體中譯本。

吃掉的食物量「大得驚人」。[21]

此外，有人變胖的部分原因，可能跟現在或小時候能取得的食物與資源有關。比方說，在吃不飽、糧食不穩定或食物選擇極其有限的狀況下所長大的貧困兒童，他們會想要在情況允許時好好飽食一頓，或者他們成年後的飲食偏好會受到兒時限制的影響，似乎全是人之常情。人們熱愛的食物，往往都是自己最為熟悉的味道。[22]在我們長大之後，最能夠撫慰心靈的食物，多半帶有緬懷的感受。

當然，就社會平等的角度而言，每個人都應當要能享有取得新鮮食物（跟其他資源）的管道，也應該要能夠選擇適合自己身體的運動方式。不過，這並未改變以下這個事實：在一定程度上，許多人的體重都是他們所「身處」的周遭社會環境影響下的產物。特別是像美國這種國家，境內不僅充斥所謂的「食物沙漠」（food deserts），許多地方就連要走路或從事其他類型的運動，也非常不方便。對於應然面抱持理想主義是一回事，但在這種社會現實中，還對個人選擇抱持這種空想與大道理，那可是另一回事。

更重要的是，正如肥胖倡議者及學者瑪奎斯．梅賽德斯所說，像「食物沙漠」這種語彙很容易使人忘記一件事情——這些環境與特徵並不是自然的產物，而是因為特定族群對其他族群的特定作為所致。是因為居於宰制地位的白人對貧窮與其他膚色族群的所作所為，我們才會生活在這樣一個充滿剝削與壓迫社會關係的世界中。

這種表面上擔憂「食物沙漠」的論述，可能只是成為更強烈的肥胖恐懼所披著的面具或遮羞布。梅賽德斯如此寫道：

公衛界如此熱中探討「食物沙漠」的另一大主因，就是對於肥胖族群的徹底鄙夷態度。「食物沙漠」一向和公衛長期關心的「肥胖率」緊密關聯。「食物沙漠」其實只是致力於推動「肥胖防治」的人，再次把肥胖與道德化的有害食物加以連結的手段。「食品沙漠」的典型特徵是「過度加工」食品太多、新鮮「健康」食物太少，它很糟糕，是因為這種環境的壞食物太多、好食物太少。由於生活在「食物沙漠」中的人都很胖，而多數公衛意見都認為肥胖很糟糕，所以「食物沙漠」很糟糕，因為會讓人變胖。[23]

不過，正如梅賽德斯後續論證所示，其實「完全不需要妖魔化肥胖或賦予飲食好或壞的道德評價，依然可以討論食物的分配正義與掠奪性食品產業」。要倡議食物正義，還有很多更好的理由，例如：每個人都應當要有取得想吃食物的適當管道，包括一系列新鮮的食物以及耐放的儲糧。我們不應該把這些食物理解為體態控制或道德地位的來源，而應該要將其視為人類生存必須的重要資源——以及所有人都應能享有的權利。[24]

同樣地，美國的貧窮、黑人與其他深膚色社區所面臨的健康不平等處境極鉅，已是無庸置疑的事實，而我們之所以應該關心這點，不是因為它會讓這些人變得更胖，而正是因為他們面臨的健康不平等極鉅。[25]體重充其量只是個代理變項，點出我們可以且應該直接關心的健康議題為何而已。但繞著食物和肥胖打轉的道德主義卻往往掩蓋住這種機會，甚至帶來嚴重誤導、自視甚高的干預措施，例如，限制食物券可以買的食物類型。[26]

我想起自己在讀研究所時，參與過一場提倡在地食材的活動。主辦單位高度推崇在地食材，對於費用成本與可取得性的問題，則輕描淡寫地帶過。現場有一名廚師強硬地表示，貧窮者根本不應該吃麥當勞，要吃自家烹調的豆子才對。我的朋友拿起麥克風回應。她的家中持續資助一個生活貧困的家庭，最近她為了要確認新的轉帳方式是否正常，轉了十塊美金給他們；結果那家人向她道謝，並說這樣當天晚上，大家就有錢去吃熱狗了。正如我的朋友所說，有時候，處境窘困之人想要吃的，就是那些讓人感到熟悉、感到療癒，而且高鹽、高糖、高澱粉、高脂肪的食物。無論乾燥的豆子有多便宜、營養價值多高，這些需要自己浸泡、自己烹煮的豆子，實在不是最好的替代方案；更遑論整個準備過程需要多少資源——要有時間、有知識、有勞力、有烹調設備、有乾淨的自來水，而這些正是美國與其他國家中許多人無法公平享用的資源。

重點是有時候，若你就真的只是想吃根熱狗，沒有別的東西能夠替代（這是根據我自身經驗的發言。）

總而言之，既然減肥如此困難，要求人們必須對變胖或維持肥胖負責，實在強人所難。肥胖在絕大多數的情況下，都是無法自主選擇的。

但話又說回來，就算發胖和維持肥胖真的是取決於我們好了——也就是說，純粹是我們個人的選擇——究竟這哪裡不道德？別人胖不胖，究竟關我們什麼事情？

人們可能會氣急敗壞地說：既然胖子會給醫療健保體系，乃至於整個社會帶來這麼大的負擔，還有人主動選擇變成胖子，這當然就關我們的事。不過，雖然這種想法很普遍，它的立論基礎卻不穩固。其一，正如前述，肥胖與某些健康不良後果之間就算有相關性，也不代表二者之間有因果關係。雖然說，確實已有研究顯示，肥胖者死亡的平均年齡比所謂正常體重者再早個幾年（分別是八十歲與八十四歲）。欸，這豈不是代表我們胖子最後帶給醫療體系的負擔其實更低嗎？畢竟，就算我們活著的時候耗費比較多醫療成本，死後顯然就不需要了。[27] 雖然這項研究是在荷蘭做的，目前還不確定此研究成果能否適用於美國脈絡，畢竟美國的醫療健保成本正在不斷飆高，然而，這些成本應該是個要被正視、解決的當務之急，而不該只是在提出反肥胖的主張時，看也不看就丟出來的生活現實。

現在，我們將迎來這種「人有不發胖義務」假設的第二個缺陷——就算在某程度上，肥胖真的是某些人能夠自主控制的事情，就既有的實證資料，我們並不知道這到底會不會對醫療健保體系帶來負擔。

再者，就算肥胖（我再強調一次，只是對某些人、就某程度上來說）真的是件可控的事情，且就算這還真的會造成醫療健保體系的成本，類比論證也會告訴我們，這根本不是什麼道德問題。人類本來就會做出各種利弊權衡，判斷自己要如何充實人生，又要如何追尋自己的欲望、奇想、快樂，而這些全都是以甘冒重大的健康危險甚至是死亡風險作為代價，例如，雖然可能會重傷或死亡，還是有人固定去低空跳傘；例如，雖然會有高山症、墜落、凍傷的風險，還是有人志在攻頂聖母峰；例如，即便有車禍、起火的風險，還是有人會飆車；[28]又例如——借用哲學家A．W．伊頓的舉例，就算可能致癌，卻還是有人刻意曬黑。[29]只要採取了合理的預防措施，例如使用正確裝備、不增加他人危險，我們通常就不會刻意譴責或羞辱這些人。我們認為他們有權利選擇自己的生活方式，如果真的碰到問題，也應該得到人道、適當的醫療服務，我們甚至普遍認為，他們有權利選擇承擔會早死的風險。而且，我們認為他們有權利擁有這些權利。

現在想像一下，如果有人「活著就是要吃」——甘冒風險、愉悅、舒適、豐盛地吃——結果最後胖了非常非常多。接著，雖然有爭議，但讓我們再假設，這個人後來確實因此而面臨一些健康風險。這樣類比之後，我們就可以開始思考，究竟為何肥胖者就有道德義務要選擇別的生活方式？批評肥胖的人至少應該要好好解釋，如果他們不反對前述那些追求刺激、冒險的人，肥胖的人哪裡不同？我猜測，這些批評者無法提出什麼有力論據，只能含糊地把那些人描繪成苗條所以一定很「健康」的形象——在這個脈絡下，「健康」代表強壯、精瘦、肌肉健壯、四肢健全。

這彰顯了「不發胖道德義務」論點的第三個主要缺陷——我們通常認為，苗條身體能夠承擔相同或甚至更多風險。有人可能會進一步論證，我們本來就沒有任何必須用特定方法照料自己或健康的道德義務。[30]我個人並不支持這種觀點：如果有真的很輕鬆、不費力的預防或治療性健康方法，也真的能夠確實避免惡果發生，我會偏向於主張人們確實有責任，甚至是有道德義務要接受這些方法；最好的例子，莫過於繫安全帶或戴安全帽的措施。實際上，這又更加凸顯了一件事情：我的主張甚至還談不上是有些令人懷疑的自由放任主義。[31]而且我們應該也都會同意，在面對重大侵害時，每個人都有道德義務要做一些小小的健康之舉，這不只是為了自保，也是為了顧全其他人——接種新冠肺炎疫苗，或疫情嚴重時在室內戴口罩，就是顯而易見的例子。[32]

然而，不發胖的道德義務跟前述這些義務很不一樣——我們已經看到，它不僅不切實際，而且如我所說，它的健康益處也仍有爭議。維持肥胖根本不會傷害到其他人（也並不如某些公衛狂熱分子所說的：「肥胖流行病」具有「社會傳染性」）。[33]甚至，姑且先不論這些主張究竟如何，我認為人們大可以選擇讓自己胖一點，讓自己快樂地吃、放膽地吃、舒服地吃——人們一直以來都在進行這種權衡與選擇，而且他們也完全有權利這麼做，以活出自己的個體性、豐富性、複雜性。[34]伊頓就曾論及類似的主張：「現代生活，尤其是現代都市生活，都是圍繞著這種權衡建立起來的。多數時候，這些權衡都不會遭受到任何的醜化、汙名化、歧視或其他負面社會影響」——唯獨肥胖。[35]

我在此處所點出的道德主義，過往遭受批評時多半是躲在「健康主義」（healthism）的庇護之後：在當代英美文化中，健康主義儼然已被視為最高的道德價值，而非僅是眾多美德中的一項，但它卻也未必就會構成個人健康的道德命令。[36]（這絕不代表我們每個人都應該要竭盡己能變健康，因為也有其他與之競爭的價值，例如攝取所謂「不健康」食物所可能創造的歡愉與社群感）。不過，真正值得深思的，是為何這種主張總是集中於肥胖、吸毒、抽菸這些已經被高度道德化的身體狀態和行為，而非其他？因此，與其說健康主義是種普遍的道德迷思，還不如將它視為是一種意識形態武器，用在已被汙名化和他者化的族群身上。

等等，抽菸？我們如此羞辱吸菸者，不也是為了他們好嗎？自公衛界長期提倡反菸、禁菸以來，吸菸率確實已經因此干預與種種其他因素而大幅下降。不過，我一方面不清楚，到底是應該要羞辱吸菸者，還是要持續對他們進行風險教育才對——畢竟，人們往往是因為社會壓力與身體脆弱性而產生這種強烈成癮性的[37]（相形之下，我們近年更常用病理模式來看待其他成癮「疾病」，例如酗酒，而非將之道德化為一件可恥的事情。）另一方面，就某意義上來說，戒菸確實做得到，儘管困難——卻沒有任何人可能直接戒「吃」，並維持太久。（我會這麼說，是因為我本人年輕時就開始抽菸，菸癮很大，要戒掉非常不容易。但跟減肥不同，我最終成功戒了菸，因為我的經濟條件足以讓我用尼古丁貼片來緩解我的強烈癮頭。）吸菸的健康危害不僅比肥胖的來得大，也更有證據支持。最後，二手菸和三手菸確實會對其他人造成真正的風險，還很容易引起年輕人群起仿效，認為抽菸是種「很酷」的行為。所以說，肥胖和抽菸幾乎無法相提並論。

總結一下我在本章的主張：肥胖對我們來說基本上不可控，故「不發胖的道德義務」可能根本毫無意義可言。就算身體重量真的可控，肥胖可能也不會對醫療體系帶來什麼負擔。實際上，就算肥胖真的會造成負擔，既然我們都能夠容忍人們做出其他明顯會增加疾病、受傷和死亡風險的選擇，為何為了大快朵頤、享受美食與共享珍品佳餚的愉悅感受而選擇變胖一些，就變得大逆不道呢？我認為，真正的答案並非出於理性；而是源於人類心理的一系列謬誤。

• • •

二〇〇五年，塔莉亞·惠特利與強納森·海特曾進行一項研究，他們對一群易受催眠暗示的受試者進行催眠，讓他們在讀到特定隨機字詞（例如「常」、「拿」）時，會突然心生厭惡。[38]接著，實驗者會請他們閱讀一段描述人們做出背德之舉的小短文，例如：

國會議員亞諾．帕克斯頓經常發表演講，抨擊貪汙腐敗的問題，也提倡競選經費有待改革。但他只是在企圖掩蓋他本人（即將拿／常收受）菸草遊說團體和其他特殊利益集團的賄賂，要推動他們偏好的立法。[39]

當受試者閱讀的故事版本中出現的字詞，和先前經催眠暗示的字詞相符（因此在讀到時，會心生厭惡）——他們往往就會更加嚴厲地批判這個背德之舉。

就連人為施加的厭惡感，也可能提高我們道德評判的強度。[40]

還不只如此。在後續實驗中，研究團隊又加上了一段小故事作為控制組，文中虛構道，一名叫做丹的學生會代表在開會時，會嘗試「拿」或「常」挑選大家都有興趣的主題來討論。這個行為顯然很好，甚至值得稱讚的。儘管如此，當受試者讀到與催眠暗示相符字詞的故事版本並產生厭惡感後，往往就會對丹的無辜行為加以譴責。有受試者表示：「他好像在打什麼算盤。」也有受試者說，丹感覺是個「譁眾取寵的勢利小人」。其他受試者認為丹的行為「感覺怪怪的，很噁心」，很多人還堅定地表示：「我不知道（哪裡不對），但就是不對勁」。[41]

這些效果讓研究團隊感到非常驚訝（不要忘記，此時已經透過道德中性的短文作為控制組）。實驗結果顯示，這些效果不但非常穩定，而且好幾種方法都能引出這種效果，包括：讓受試者聞到臭味、讓他們坐在一張噁心的桌子前（灰塵滿布，旁邊還緊鄰一個滿出來的垃圾桶）、讓他們想起令人作嘔的生理經驗、讓他們看噁心的短片（骯髒不堪的廁所）。值得注意的是，誘發出別的負面情緒——悲傷，並不會產生這些效果；換言之，一般性的負面情緒並不是這些反應的動力。[42]

結論很明顯：第一，人們經常把自己本能上的反感誤認成道德上的反感，這將使他們更嚴厲地譴責背德之舉，甚至連中性的行為也會變得大有問題。第二，當這種狀況發生時，人們會開始找理由正當化自己的道德不適感，並合理化自己已經做出的道德審判結果。

由此來看，人們會對肥胖者抱持著大量反感、噁心等負面評價，似乎就可見一斑。二〇一〇年，一項調查美國與澳洲民眾態度的研究就顯示，「對肥胖身體反感」是出現這些恐懼肥胖評價的最強預測指標。[43]實際上，肥胖者在最讓人反感的社會群體中可是名列前茅：我們胖子與政治人物、無家者齊名，抽菸者與吸毒者的排名則緊追在後。[44]

如果人們經常發自內心地認為肥胖者惹人生厭，我們的身體自然就很容易被貼上道德標籤，即便我們沒有踰矩。肥胖的人將不再只是人，肥胖的身體也不再只是身體，相反地，我們將會成為道德崩壞的存在，而我們的身體則成為道德問題，亟需解方——殘忍也好，假意關心或出於好意也罷。於是，胖子所引起的道德恐慌成為醫療體系的負擔，在此同時，社會大眾普遍對瘦子所承擔的其他健康風險充耳不聞。我們也可以想想，人們有時會批評不加掩飾、不躲藏自我（即在公共場合出現）的肥胖者是在「美化肥胖」——連這種罪過都要無中生有，明顯是出於必須合理化自我厭惡感的需求。

這就是為什麼即便肥胖倡議運動已經問世，社會大眾的這些反應與疑慮仍會繼續存在。厭惡感是一種特別具有黏性的情緒，一旦對某個對象產生厭惡感，通常很難消除。厭惡感會玷汙、蔓延、滲透整個對象。假設有人非常討厭某種食物——或許之前吃過生病——通常他很快就會對該種食物產生討厭的聯想，而且會持續很久（也因此，厭惡是唯一會「一次」就受到制約的情緒。）[45]更重要的，厭惡感很容易習得，而且社會傳染性極高：當有人對特定對象展現出高度的厭惡感，其他目睹的人多少也會沾染上這種感受。[46]就演化而言，這種機制還滿合理的，畢竟這種社會傳染性在以前可以協助人類避開一些髒汙不潔的食物與病原體。

更有甚者，厭惡感雖然會強烈地促使我們避免和討厭對象密切互動，卻又同時會產生一種想要從遠處觀看它的著迷感受。厭惡感可能讓討厭對象變得誘人，甚至閃閃發光，帶有一絲淫色的誘惑力。[47]簡而言之，厭惡感讓我們感到好奇。只要看看在Facebook上，當有人問說要不要看噁心照片時（例如赤裸未處理的傷口或瘀青），大家都是什麼反應就知道了——總是會有一小群人摩拳擦掌，想要接受挑戰。像是《沉重人生》這種極度剝削、主打超級肥胖身體的真人實境節目得以風行，或許有部分原因與此機制有關。

最後，厭惡感是一種社會排斥的情緒。如果有人被認定是無可救藥地噁心，套用社會學家奧蘭多．帕特森的概念，他們可能就會被貼上「社會性死亡」的標籤——被認為不容於許多一般社會關係的範疇，包括友誼與親密關係，也包括公共論述與特權、專業的場合。[48]因此，肥胖者不僅在醫療場域，也會在教育、就業、約會、社會生活中遭遇頻繁的歧視和偏見，也就不足為奇了。

厭惡和社會排斥之間的連結，解釋了人們為何願意採取極端的手段，只為了不要被身邊的人厭惡。於是我們不斷節食、減肥，即便證據已經顯示，長遠來看根本徒勞。於是我們除了要縮小自己的身體，追求融入之外，我們也要透過咬牙奮鬥，博取道德肯認，無論最後成敗。我們努力要成為「好胖子」。我們努力不被迴避、不被羞辱、不被譴責。就社會接納程度而言，我們飢腸轆轆，就連殘羹剩飯也不惜入口。

CHAPTER

5

差強人意
Something to Be Desired

記得第一次有男孩評論我的身體是我五年級的時候，我應該已經十歲。那是一堂體育課，傑克沒頭沒尾地說了一句：「胖小凱特——琳」。[1]大家一陣竊笑，我則呆若木雞，備感恥辱。你或許不會太驚訝，而且多數時候這點也不重要——我當時體重很一般，甚至連「肉肉的」都談不上。然而，在這句話出現之後，我的目光猛然轉向自己——在此之前，我多半只看著球、同學或地平線（多數是這個）。那個瞬間，我透過傑克帶著輕蔑、厭惡的鏡片，看到了我自己。我感覺自己體型龐大，社會地位卻變得渺小。（注意他用了「小」這個意思完全相反的字，還用了假暱稱的延長形式——「凱特」其實已是我的全名。）

我成了取笑的對象。隨著我的年歲與體型逐漸成長，這件事情將成為日常。

還有一件事至今我仍記憶猶新。我十六歲時，因為學校合併，我進入一所過去是男校的學校讀書，當時全校有數百名男學生，只有三個女生（我之所以入學，是因為這樣我才能取得國際文憑，不會只有澳洲地方高中的畢業證書）。我後來和一位叫基蘭的男孩熟起來，他常常在晚上打電話給我，我們總是天南地北地聊，講很久的電話，即便白天我們在學校時已經黏在一起一整天。我聽說他喜歡我（就是那種喜歡）。一天晚上，他——也是沒頭沒尾地——說要對我的吸引力評分。以一到十分為級距，他最後給了我七分。我很驚訝他的慷慨給分，好奇地問：「為什麼是七分？」他得意地說：「這個嘛，妳的眼睛和頭髮都很漂亮，不過身材有些差強人意。」掛掉電話後許久，這句話所帶給我的刺痛感絲毫沒有減弱，持續地在我的腦海中徘徊。我脫衣洗澡時聽到了，當晚嘗試入睡時也聽到了，在我轉頭望著鏡子中的自己，試著用他看待我的眼光審視自己時，也聽到了同樣的聲音。

這個直白評價幾個月後依然存在。一天晚上，我、基蘭和另外一個朋友約翰一起坐在一間小披薩店裡頭，打發辯論練習前的空檔。他們如常地點餐、進食，但我什麼都沒點。「她吃得比較少」，約翰向服務生解釋。我默默在心中糾正他——我是什麼都沒吃。我在學校常常整天不吃東西，我會避免經過餐廳，以避免被人看見我（現在是個稍微「過重」的青少女）吃任何東西，感到羞恥。我每天回到家才會吃飯，通常熱量只有幾百卡。我的父母很擔心，所以我不會讓他們知道我節食有多激烈，經常偷偷把晚餐倒掉或拿去餵狗，假裝我正常吃過飯。

於是，我學會只靠極少量的食物，就能正常（或說勉強）度日。當時的我寧願餓肚子，也不願意冒險變胖。有時我也寧願挨餓，以享受減重所帶來的輕鬆感。此外，或許因為我的飢餓感源源不絕，因此我並未發展出完全的飲食失調疾病，但為了減肥，我還是付出不小的代價。我和很多人一樣，非常恐懼自己因為太胖而在性事上遭到拒絕，所以，只要能讓自己變瘦，我幾乎無所不用其極。這正是「性的肥胖恐懼」(sexual fatphobia)——而它所傷甚鉅。

• • •

一句小小評論，一句小小調侃，說我身材「還有些差強人意」的那句話，多年下來依然餘音繞樑，未能消散。它也和其他更駭人的事情合流——例如，我的置物櫃被塗鴉「胖婊子」等語，甚至塗滿腥臭的魚油，以彰顯並強化我所帶來的嗅覺厭惡感——這些舉動不僅讓我沒安全感，更讓我不時陷入渴求男性正面關注的絕望之中。我高中畢業時，全體畢業生的最後一次集會頒發了幾個自以為詼諧的學生獎項，例如「最可能成功犯下白領犯罪獎」、「最可能未婚生子獎」等等。而我全程坐立難安，安撫自己迎接這段金句的到來：「最可能必須花錢買春獎，獲獎的是——凱特・曼恩！」這句話的笑點在於，我有多麼讓人性致缺缺。笑點就是我的身體。而現場爆出一陣哄堂大笑。

現在回想起來，我終於理解，我高中之所以會遭遇到種種敵意對待，或許涉及複雜的理由。我的成績頂尖，講話直率，而且我的外貌分明乏人問津，怎麼還能在別間學校交到大家認為相當「炙手可熱」的男友？(我的同學曾經這樣評價：「他一定是只看臉、不看身材的那種人。」）當時充斥了羨慕、嫉妒（甚至吸引）、輕蔑、厭惡的情緒。有一天晚上，基蘭在電話中得知了我的新戀情後，直接掛斷電話，從此之後基本上再也沒有和我說過半句話。

一位諮商師在大概十五年後跟我說「他們一定很怕妳」，直覺地同情了那些認為我侵門踏戶的男生。他試圖向我解釋，某意義上來說，那些故意否定、騷擾、霸凌的行徑，都不是衝著我來的，而是為了他們自己與內心中的不安全感。但這顯然是種殘忍的安慰。同前所述，你的身體就是以你為形貌的擬人塑像，當它起火，你本人也會隨之燃燒。[2]而我的身體，雖然只是如其所是的存在，卻因而成為我的罩門，並成為厭女情結的「入口」。我的肥胖不僅讓我成為目標，此事本身也讓厭女情結得以趁隙而入，讓我深感困擾——而儘管我很想否認，它確實得逞了。

這就是厭女情結的運作方式：運用任何一種等級制度來貶低女性。我們重視知識——說她們笨、蠢、無知。我們重視理性——說她們瘋癲、歇斯底里。我們重視穩重——說她們幼稚、沒擔當。我們看重道德——叫她們壞女人。我們看重曼妙身材——喊她胖子，或者暗示、明示她是個醜女。我們看重性吸引力——將她描繪為沒人要的人。儘管實際上，豐腴身形不僅被認為很有性吸引力，甚至是一種普遍的性愛偏好——至少就色情片來說是如此。[3]這點也呼應了前述的論點：我們並不是天生討厭肥胖身體，才降低它們的階序與地位。相反地，我們之所以不喜歡肥胖身體，是因為與反黑人種族歧視交織的肥胖恐懼審美階序問世了，這種樣態的身體在今日才逐漸變得低等。[4]

這種「貶抑女性」（down girl）的作為之多，幾乎沒有任何一位女性可能倖免。妳不必很胖，甚至不必胖，也可能會被說是「胖子」——這本身就是一種強烈厭女的貶抑形式。澳洲首位女總理茱莉亞・吉拉德身材苗條、光鮮亮麗，卻依然在承受殘忍的厭女攻擊時，被無恥迎合全國酸民的女作家吉曼・基爾取笑屁股太大。[5]早在得知基爾排斥跨性別者的政治觀點之前，我就已經無法原諒她了。[6]就性別陣營的姐妹情誼而言，有些所謂的女性主義者就是叛徒無誤。

但這一切都不應該讓我們對於有些胖（尤其是非常胖）的人，會僅因其體型與身形而被針對、被騷擾一事，視而不見。這種騷擾可能會持續開展，並剝奪他們存在於公共場合的權利。

奧布莉・戈登在她的第一本書《那些我們談論脂肪時沒有談的事情》中，曾提及某次她在下班回家路上，被陌生人騷擾的經歷。「不好意思——」那名陌生女子對著她大喊：「妳夠肥了嗎？」她仔細打量戈登的身軀，目光上下游走、似笑非笑地，接著廣徵現場其他人一同參與：「大家看到沒？看看這個婊子多胖！」（所幸其他人全拒絕加入。不過，他們也並未出言為戈登辯護或用其他方法幫助她。）「妳怎麼會讓自己變這樣呢？妳該不會聽不到我說話吧？快給我個答案啊。」

想當然耳，戈登當下感到極大的壓力與不安感（每當出現這類騷擾事件，身體暴力威脅往往如影隨形)。但這起事件並未隨著時間流逝而消散:事發當晚,她不得安寧,無法成眠;事發隔日,她無法出門,只能在家工作;甚至在事發後續許久,她都一直無法正常度日。「長達幾個月的時間,我都無法思考這個陌生人對我所說的話——但我能感覺到。我無時無刻都記得她。羞恥感就像是在我身體內的水球,飽滿而脆弱。」[7]

當有人被或明或暗地告知自己沒有性吸引力——尤其不只是對某人沒有,而是對所有人都沒有——這種時候,感到羞辱是非常自然的反應。這形同把你標舉為一種瑕疵品,不值得碰、不值得性欲求,基本上就是不值得愛。正如作家琳蒂．韋斯特所說:「否認某人享有(性)價值的作為,是種極其惡毒的情感暴力,也是我們的文化經常粗暴且刻意使用的手段,要繼續讓邊緣群體被噤聲與邊緣化。」[8]

戈登還曾提及另外一起街頭騷擾事件。一日深夜,一名在人行道看到她的年長男子尾隨她。他對她說:「沒人會愛妳,看來是不會有。」他又大聲重複了兩次,以示強調:「沒人會愛妳。」他愈靠愈近,面部表情猙獰。她倉皇逃離現場。這起事件帶給戈登的不只是羞恥感或恥辱感,更重要的是,對方這種野蠻、無端的攻擊行徑,令她深感恐懼。[9]

• • •

因為高中的經驗,我本來並不太擔心沒人愛。種種因素使然,我有很長一段時間都受到充足的保護——我還只不過是個「小胖」，我的家庭充滿關愛，當時的男友很貼心，也很尊重我。不過，隨著時間流逝，尤其是在我與男友分手之後，這些騷擾經驗開始困擾我。我變得極度恐懼，會不會沒有其他的男人要我？要獲得其他男性對我的愛似乎變得難以想像。

於是，我在大學時展開了一段飢渴，甚至有點危險的放縱時期。我到處上夜店、參加派對；為了緩解我的社交焦慮，也讓手有事忙，我開始抽菸。我回到連續幾天不吃東西的狀態，快速瘦了下來（雖然很快就復胖）。我開始服用安非他命、搖頭丸等派對藥物，某方面來說也是想要幫助減肥。我常常喝多。當時接近我的男性，只要長得還算不錯，基本上我是來者不拒。

儘管這些行為本身不是真的有什麼問題，但對於傾向秩序、舒適感、安全感的我來說，這些卻使我感到空虛、焦慮、沮喪。更重要的是，這些行為讓我特別容易遭到他人的性掠奪。

這個論點需要細緻處理。當塔拉娜．柏克所發起的#MeToo運動於二〇一七年突然掀起社會關注時，人們往往傾向去檢視在道德上最為直截了當的案例——男對女的性騷擾或性侵事件；於是，在此定義之下，女性本人不會有邀請、同意或自願參與的可能。

我認為這種聚焦方式很可以理解——總得要從哪裡開始才行。而通常最簡單明瞭的焦慮，往往就是最能激起社會支持的點。（問題比較大的地方在於，我們時常傾向關心富裕、白人，某程度上享有特權的好萊塢女演員，而這完全與柏克最初要以最脆弱的黑膚、棕膚女孩為中心的觀點背道而馳。）

不過，掠奪的樣態也可能更為複雜，當事人可能有所參與，甚至可能邀請對方展開一些根本不該展開的行為。我記得有一天晚上，我跟著一個叫做尼克的男人回家，他大我十四歲。嗯，現在想想，他可能大我更多歲——我當時十九歲，而他看起來大概三十三歲。我們經常光顧同一間酒吧，一次喝酒時，他說我有一張天使臉龐，接著把我的下巴拉過去吻他。稍晚我就發現，他那些俗氣、值得被揶揄的搭訕台詞，只不過是換了一種不同但更具體的方式評論我的身材而已。他告訴朋友，他覺得我看起來像是「小艾爾薇拉」（Elvira），只是「更結實」且「奶更大」（根本就不像）。我的猶太人血統則經常讓澳洲白人男性覺得我帶有一點異國情調，認為我體內一定流著「西班牙的血液」，或者堅持我和我的猶太友人諾雅一定是姐妹（儘管她又高又瘦，跟我完全相反。）

回到他家時，尼克又稱讚了一次我的臉。「那你也喜歡我的身體嗎？」我問他，渴望獲得肯定。他遲疑了，接著說：「我喜歡妳這麼有自信。」我脆弱的信心瞬間蒸發殆盡。我想過是否要直接離開，但當時我感覺那個時機已經過了，我衣服都脫掉了，而在那一刻，他的年長與滿滿的自信令我恐懼。光是想到要先找藉口、想辦法自己回家，我就覺得不可能、累人，甚至可能無用——我知道他會想盡辦法把我留下來，也許不管怎樣我終究得留下來過夜。最後我做了我感覺必須要做的事情，沒有離開。[10]

上述這種類型的糟糕性愛經驗——道德上糟糕，歡愉面也糟糕——在我們的文化中隨處可見。女性不僅會在拒絕或缺乏積極同意的時候不獲重視，就連我們自己真正想要說「不」的時候，都會基於社會與性的義務感而說「好」。而我們在這個極度羞辱、貶低我們身體的世界中，有時卻還是會對於男性的關注感到極度的匱乏與渴望。

重要的是，不要把這點跟以下這個歷久不衰的迷思搞混：肥胖女性不可能被性侵，因為我們對於這種關切陶醉得很。這個謊言會帶來極其龐大且清晰可見的傷害。二〇一七年，在一起加拿大的性侵案件中，法官就認定十七歲的被害人可能享受著四十九歲被告男性對她的性愛追求，因為他很英俊，而她「有點過重」（但法官承認，被害人確實「臉很漂亮」，賜予了她肥胖女人會得到的最諷刺稱讚）。本案法官尚－保羅．布勞恩揣想，畢竟這是被害人首次被性誘的經歷，她一定至少也覺得「有點受寵若驚」。[11]近年研究顯示，當遭男性性脅迫的女性被描繪胖子，受試者對加害人的同情程度會較高，負面觀感會較低，而且會為他的犯行設定更多減刑因子。[12]

實際上，肥胖女性不僅會被性侵，有證據甚至顯示，相較於苗條女性，這些事情更有可能發生在我們身上。[13]然而，系統性地詆毀與貶損特定身體（肥胖者、跨性別者、非白人、肢體障礙者），只會讓某些族群更容易受到額外傷害。我們可能會因為感覺自己沒有權利拒絕，或以為這樣就已經很好了，因而同意一些我們根本不想要的性愛或浪漫關係。如果你入不敷出，任何到手的支票你可能都會願意兌現——無論它們有多來路不明，也不管其現金價值有多低。[14]

• • •

我們時常不知不覺地，用同一種未言明的固定模式操作性愛：他有欲望，於是索求；她或者同意，或者拒絕。在這種描繪中，他永遠都是追求的人，是主動的人，是欲望的主體。她是欲望的客體——被動、被欲望，因而才吸引人。總是男人要女人；男人上女人；女人被上；他上她。

正如哲學家奎爾・庫克拉所言：這種描繪真是大錯特錯。它不僅有性別歧視，很異性戀霸權，而且徹底忽略了性愛探詢可能有更好的做法：透過持續對話——而且應補充的一點，不是只有涉及同意與否的雙方需要對話，情投意合的雙方同樣需要。[15]

這種描繪也忽略了一件事情：女人不總是引人遐想，我們的性欲甚至總是遭到男性與整個社會的唾棄與貶低。以街邊調戲（catalling）的動態來思考：每當有男性在街邊隨意地調戲女性，無論是對她吹口哨，還是衝著她喊「辣喔」，他不是單純向她表達她無意承受的粗俗稱讚而已；他實際上是在發表他的評判，他的認可標章，他的恩賜。他自我定位為有權利主導廣大女性同胞性價值與社會價值的人。她的本分，就是要讓自己變得有吸引力，要取悅他，要撫慰他，要服務他。而他的評判，就算是正面的，也總是隨心所欲。如果她忽略或拒絕他，他可能馬上翻臉，徹底否定她，罵她是「婊子」、「性冷感」，或者「又胖又醜」——如果條件允許。

換言之，街邊調戲實際上是種監控，根本不是真正的讚美。街邊調戲也可能轉為訕笑否定或扭曲讚美，這些都應該是女性主義理論在討論性化與物化（sexual objectification）時應該要鄭重看待之事。

奇怪的是，相關文獻中卻鮮少提及我們所經歷的這種物化方式——不是被塑造成美豔亮眼之物，而是被貶為黯淡、失色、玷汙之物。[16] 以哲學家瑪莎．納思邦為例，她提出了七種物化人的方法（根據她的定義，物化就是把人視為一種物體的作為），大略包含：

1. 把人們視為達到自己目的之工具；
2. 否認人們的自主性，認為他們欠缺自決的能力；
3. 否認人們的主體性，認為他們的經驗（如果有）不值得被重視；
4. 視其為惰性——欠缺能動性，甚至缺乏活動力；
5. 視其為可侵犯——是可以被砸爛、打碎、闖入的東西；
6. 視其為財產——是可以被擁有、購買、出售等的東西；
7. 視其為可替代——是可以和其他同類或不同類物品互相汰換的東西。[17]

納思邦的清單與她後續的討論明顯沒有注意到，物化多半還涉及要對他人進行比較，並將其排序、分級。[18]物化遠遠不只是把為人視為可替代（可與其他同類事物互換）的東西而已，物化實際上會強化一種愛評斷、愛比較、愛依照無聊特質把人分類的傾向。而體重——這種可變、線性、擁有無限分級的變項，就成為這種行徑的有力（但有害）的基礎。在我們之中，有人獲得讚揚，有人徹底出局，有人則被棄如敝屣。

因此，當部分直男對我們品頭論足，那不只是在為個別女性的外貌評分，而是在對我們進行比較與分級。這種舉動也就是哲學家雷・蘭頓替納思邦的清單新增的物化方法：將其化約為身體部位。[19]記得我以前有位男同學曾經帶著一股輕挑的權利感（entitlement）宣稱，如果艾咪的臉長在布魯克的頭上，就是完美的女孩了。他自信滿滿地告訴我們，那樣才是十分。

許多直男也抱持一股強烈的權利感，認為自己有資格擁有「火辣」的妻子和女友——高度符合他們身處環境中審美標準的性伴侶。一言以蔽之，這些男人不是只對他自己覺得有吸引力的人有興趣，他也關心（甚至可說是「更」關心）其他男人會如何評價他所選擇的伴侶——而體重往往會是眾多因素中的一大考量。無論排名高低與否，女性永遠都深受這種社會安排所害——不管是否定我們的渣男，還是認為女性一旦變老、下垂或身材走樣就沒價值的渣男，全都一樣。在查蒂・史密斯的小說《論美貌》中，白人藝術史教授霍華德在和黑人妻子琪琪結褵二十多年後出軌，琪琪屢次和他對質，並怒不可抑地吼罵他對情婦的選擇：「一個可以裝在我口袋裡的瘦小白女人……光是我的腿就比那個女人重。你要讓鎮上所有人怎麼看我？你娶了一名肥胖的黑賤貨，再跟那個該死的白人小妖精跑了？」[20]霍華德咕噥幾聲，接著她終於逼迫他把話說出口：「我只能說，我當年娶的是個纖細的黑女人。」琪琪尖聲回道：「該死！霍華德，你現在是要告我違約嗎？因為沒有警語告訴你商品會變大？」[21]實際上，在婚前協議中禁止妻子體重增加的條款並非前所未聞。這些醜惡設定透過節食減肥、美容及所謂健康產業的形式，進一步鞏固了整個晚近資本主義的發展；[22]這種揉合了厭女情結、年齡歧視、肥胖恐懼的有毒組合物，往往是要我們盡心盡力地自我監管，以避免陷入失去美貌、失去男人、失去生命力的恥辱之中。

當然，肥胖男性也難逃肥胖恐懼的壓迫，尤其如果他們還帶有其他社會邊緣地位，例如是黑人、跨性別者、酷兒或有生理障礙，正如德蕭恩．L．哈里森所說。[23]對於肥胖男體的非難往往基於一點：肥胖常被歸類為陰柔特質，因此肥胖男性很可能會被認為不夠陽剛，進而被認為不適合作為談戀愛的對象。最近肥胖黑人歌劇表演家利米．普利安姆的經歷就是如此，儘管他才華橫溢，但他在二十多歲時就因為遭到體型羞辱而退出歌劇圈，十多年來不曾再開口唱歌——在家裡或教堂亦然。退出歌劇圈後，他先後擔任過保全與討債員。現年四十七歲的他，近日終於在睽違多年後於卡內基音樂廳重新復出。在一段感人的採訪中，他回憶道：「我是唯一一個長得像我這個樣子的人……總是有種格格不入的孤立感受。一些業內人士……很難接受看到黑人男性擔綱愛情戲的男主角。」對於肥胖男性或展現不同陽剛氣質的男性來說更是如此。正如普利安姆所說：「人們總覺得可以取笑他人的體型，彷彿我們不值得擁有這份工作。他們會說『你先減掉二十公斤再聯繫我，到時候再讓你試鏡』。」根據他的回憶，不只一位導演這樣對他說。[24]

儘管如此，女孩、女人和其他的邊緣化性別族群，依然是最可能遭受性肥胖恐懼及其相關暴力的對象。以下這些事實與現象，都能夠作為印證：二〇一四年，在Google搜索「我女兒算過重嗎？」的家長是搜尋「我兒子算過重嗎？」家長的兩倍，儘管男孩落入過重範疇的機率稍微大一些（搜尋女兒醜不醜的家長，也是兒子的三倍。到底Google要如何回答這個問題還是個謎）。[25]在異性戀伴侶關係中，高達九成「肥胖」女性，曾因體重、身材遭到男性伴侶的霸凌或貶損；但性別對調過來的情況，至少就傳聞軼事而言，似乎不那麼常聽到。[26]「老爸身材」（dad bods）被視為性感，但「老媽身材」則不是如此。又或者，年輕人之間流行起「負重比賽」（hogging）或「烤豬比賽」（big roast）的惡毒遊戲，比賽誰能和最胖或最重的女人上床——包括過去我教了十年書的康乃爾大學，也沒能倖免於這種文化。[27]

人們普遍認為胖女人會「很好得手」——因為人們再次假設，胖女人會對於任何男性的關注都心存感激；這種「專挑胖妹」的負重比賽文化，實際上源於異性戀男性對胖女人所抱持的矛盾心態。他們可能真的希望和我們上床，同時又認為我們的性價值微乎其微，甚至可能根本沒有價值，因此不願意認真對待我們，遑論要公開承認我們作為真正的女友。正如作家漢娜．布蘭克所言：「覺得妳是否值得『上』，跟覺得妳地位是否夠高，配著上他們的自我形象，是兩回事。」[28]我們胖女人是廉價又好吃的零食，但不是正餐，換言之：和我們的性愛，就是垃圾食物。在大快朵頤之後，他們會把包裝丟掉、把碎屑拍掉，心滿意足，卻又莫名隱約感到厭惡——對自己，也對我們。[29]

我至今依然羞恥於自己會被這樣對待，而且還經常是被年長男性如此對待；我在高中之後，一直渴望獲得年長男性的認可。當時的我發現，其實我不需要花錢買春——正好相反。但我在青春期最後的性關係很危險、很剝削，而且令人不滿。我不覺得自己值得獲得更好的，直到我在二十幾歲時瘦了很多的時期，以及直到我幸運遇見無論如何都對我好的男人——即便在我徹底復胖的時期，還是小小復胖的現在，都是如此。這個男人叫做丹尼爾，現在是我的丈夫。

• • •

異性戀男性會惡意對待吸引自己的肥胖女性，並非出於偶然：畢竟，如果他對這種傾向抱持開放態度，甚至公開顯露出這種態度，他很可能會遭到其他人（包括女性）的羞辱、蔑視、貶低。這正是男性被肥胖恐懼厭惡影響的方式。如前所述，這種厭惡感不僅限於肥胖女性，也會蔓延到肥胖女性身旁的男性身上。[30]在埃琳娜．費蘭特著名的那不勒斯四部曲的最後一本小說《失落之子》中，主人翁埃琳娜（小名為「萊農」）單戀聰明但窩囊的小流氓尼諾整整十年，尼諾是個花花公子，四處留情，卻又不願負責。他傲慢、粗魯，自私的無可救藥。但萊農瘋狂愛上尼諾，她為了他離開自己的丈夫，為他生下了孩子伊瑪，並且同居。儘管尼諾不斷犯錯、持續不忠，但真正打擊他在萊農心目中形象的事情，是他竟然和又肥又醜，毫無吸引力的僕人西爾瓦娜做愛。當萊農走進浴室撞見兩人，她看到的是如下的景象：

> 尼諾除了一件汗衫，全身赤裸，他削瘦細長的雙腿敞開，赤腳。西爾瓦娜前傾著身體，雙手壓在水槽上，她寬大的內褲垂在膝蓋處，深色的罩衫則被往上拉到腰間。他捧著她龐大的肚腹，一面伸手抓住她從工作服與胸罩旁垂下的巨大乳房，同時奮力地用自己平坦的腹部撞向她碩大肥滿的臀部。[31]

萊農帶著嬰兒伊瑪逃離了公寓，她「發現我沒有眼淚，我沒有痛苦，卻被恐懼震懾」，她繼續說道：

> 這個將自己高漲性欲插入熟齡女子體內的男人，真的是我的尼諾嗎？那是個為我打

掃、購物、做飯，甚至替我照顧孩子的女人；那是個為生存而奮鬥、身材魁梧、疲憊不堪的女人，完全迥異於他帶去吃飯的那些有教養、優雅的女性啊！[32]

她總算意識到：原來這才是真正的他。在此之前，尼諾在萊農的眼中一向純潔高尚，真正讓他被貼上「異類」和「醜陋」標籤的，不是他的風流倜儻或性剝削行為，而是因為他選擇了一個又胖又老的勞工階級女性作為性伴侶。[33]厭惡感大獲全勝。萊農感到滿腹噁心，感覺好像「看到兩隻蜥蜴在交配」。[34]接著，她對於「那個胖女人與削瘦尼諾做愛的荒謬畫面」深感震驚。[35]最後，萊農的厭惡感與恐懼感消退，被憤怒和仇恨取代：「我恨尼諾，直到那一刻之前，我從未恨過任何人。」[36]她可能不曾想過——就算有，她可能也不在乎——尼諾很可能在性侵西爾瓦娜。

• • •

我們肥胖的女孩和女人，得要盡力滿足那些會對我們品頭論足、會嫌棄我們的男孩和男人。一旦失敗，我們就會成為「差強人意」的存在。但對我來說，萊農的描繪所彰顯的，是另一個同樣讓我感到痛苦的事情：就延續性方面的肥胖恐懼這點而已，女性本身也是箇中翹楚。她們不僅可能內化它，還可能可以將其當成武器，用來管控或確保自身排名高於其他女性。

在我的生命中，只要有傑克，就會有吉兒——吉兒是小學時大我一屆的學姊，她告訴我，聽說另一間學校有個叫馬克的男生喜歡我（就是那種喜歡）；接著，在我半信半疑之時，吉兒帶著殘酷的微笑告訴我，因為馬克喜歡女生「有點肉」。

事後，她才用一種百般無聊地口氣承認，馬克完全是個虛構人物。他不僅沒有喜歡我，甚至根本不存在。

吉兒為何要編出這號人物？純粹因為她想鬧我，並想和她眾多男性友人之間創造一點共同的笑話。竟然會有男生喜歡這個模樣的我，顯然是件好笑的事。

只要有會稱呼我為「小艾爾薇拉」的尼克，就會有阿姨（我的親阿姨）會在全家人面前說我「看起來很兇，也很『胸』」。而且當她看到我的臉垮下來，還笑著說：「別生氣，我也是啊」。這位阿姨有時甚至會建議我採取激烈手段減肥——讓胸部與其他部位都瘦一點。我當時非常生氣；至今也依然氣憤難平。

只要有基蘭，就會有一位坎蒂絲——坎蒂絲是和我一起進男校讀書的女生，因為我有點胖，所以她事先警告所有她的男性友人不准喜歡我（在任何意義上）。她甚至無意遮掩，連客氣都懶。在我們入學的前一天，她邀請我到她家過夜，彰顯我們之間那段從未真正存在的友誼。剛好，一位就讀該男校的朋友打電話到家裡找她（當時是一九九〇年代），她跟對方說她和我在一起。「凱特是什麼樣的人？」我相信他在話筒內一定是這樣問，因為坎蒂絲開始形容我——她說我是她見過最聰明的人，彷彿吞下了整本字典一般（我覺得有點難為情，開始臉紅，同時意識到她的描繪對我完全沒有幫助。）坎蒂絲接著斜眼看了我的身材一眼：「然後她有點……嗯你知道的。雖然沒到瑪德琳．戴維斯的程度，不過……總之是的。」瑪德琳．戴維斯是我們學校最胖的女生。我羞愧到無地自容。我最近終於發現，我之所以感到羞愧，是因為我不僅沒能為她發聲，甚至沒能為自己發聲。

女孩和女人會習得要密切注意男孩和男人對我們的欲求，其實不奇怪。討好男性可能賦予我們一點小小的力量。厭女情結獨尊「好女人」和「酷女孩」，同時懲罰其他人（當然，厭女定義下的「好」或「酷」是種危險的貨幣）。這也可能阻礙女性之間的團結。如我所說，厭女情結能夠輕易和肥胖恐懼完美結盟：肥胖恐懼在女孩與女人之間，建構出一套現成標準，可以無限制地將女孩和女人分級，接著利用體型、胸部大小、腰臀比等特權標誌將此標準複雜化。

有些肥胖倡議者認為，肥胖恐懼的宗旨是消滅胖子，且鄙夷肥胖身體的普遍態度在本質上無異於種族滅絕。儘管我無法否認這個可能性，但我並不認為肥胖恐懼的目標永遠是如此。如果我們胖子不存在，瘦子不就少了很多能讓自己感到優越的比較對象？

後來坎蒂絲對我說，她中年的父親曾經對我的身材發表意見。根據她的模仿，他約莫是上下打量著我，說：「她很迷人」。對此，坎蒂絲評論道：「我覺得不舒服。他想要妳欸，凱特。

真噁。」

我在少女時期就得應付許多目光在我身上游移（或表現更露骨）的年長男性，坎蒂絲的父親不是唯一一個。很多人在了解我的高中經歷後，常問我一個自帶答案的問題：為什麼我沒有離開？為什麼我要在男校度過整整兩年的悲慘時光？我大可以向全心全意愛我的父母求助，告訴他們我的經歷，他們就會有所作為。我確實可以，他們也確實會行動。對於這個為何不離開的問題，我有個簡短的答案：我嚇呆了，而且我很固執。但真正的理由在我前一所學校的音樂老師那雙龐大、沉重、恣意游走的手。我不想回去；我做不到；而我沒有適切的話語表達我不行的理由。他後來突然離職；說不定有其他學生發聲了，儘管我保持沉默。但他的氣味依然無所不在，瀰漫了整個校園。就連現在，只要想到他，我就彷彿能夠聞到他的鬍後水氣味——在樓梯間，在走廊，在角落，持續不散。

我後來曾將此事透露給一位我信賴的男老師。我說，我沒辦法向任何人講，也哀求他千萬不要通報。「沒有人會相信我。」我悶悶不樂地說：「我不是漂亮女生。誰會想要我？沒有人。」雖然我對他說不出「醜」或「胖」等詞語，但那才是我真正的意思。[37]

這個追求安全校園的女孩，後來卻步入一個更加惡劣的求學環境。到十四歲時，我已經出於本能習得一個重要的社會知識——我作為一個肥胖女孩，不僅不值得別人的性欲，也不值得相信。

CHAPTER
6
不足為奇
Small Wonder

我在十八歲讀大一時陷入熱戀——深深愛上了哲學。而廣為人知的，哲學是門起源於想知道（wonder）的學科（正如柏拉圖筆下的蘇格拉底所言：「想知道是哲學家的感受。哲學始於想知道。」）[1]儘管我當時很愛哲學（現在亦然），但它並不總是愛我，甚至不願承認我是它的實踐者。不管是參與哲學研討會，或者單純在自己系上走動，我常常被認為是秘書、雜工，或只是名學生（儘管已經快四十歲）。我學術生涯早年參與專業工作坊時，一名資深男性大佬上下打量我說：「妳看起來不像哲學家。」有一次，我在大會演講前和一名老師聊天，他赫然發現我是講者後，覺得應該要為他的震驚和困惑反應道歉。雖然可能沒幫助，但當時我已經懷孕七個月，比平時更胖——那是我一生中為數不多的幾次，不僅覺得自己有權利，而且有義務要為了寶寶固定吃飽。

我面帶微笑走上講台，但渾身發抖。我不僅感到難為情，也覺得自己像個冒牌者。實際上，這正是被貼上「冒牌者症候群」標籤的問題所在：當有人確實被當成冒牌者對待，與其說這是一種心理狀態，不如說這只是精準反映社會現實而已。

而哲學界裡的社會現實，呃，不是太好。我們並不多元。[2]哲學界至今都是人文領域中，白人男性主導程度最高的學門（歷史學界次之）。[3]直到最近，美國哲學界的專任教職員，都還是只有一七%為女性。[4]我們哲學界，跟多元性最低的「科學、科技、工程、數學」（Science, Technology, Engineering, and Mathematics，簡稱STEM）領域不相上下，包括「純」數學與物理界。[5]我們普遍存在性騷擾和種族主義的問題。[6]在我看來，我們愈來愈恐跨性別者，愈來愈階級歧視，愈來愈健全主義；[7]而且，我們也深刻地、系統性地恐懼肥胖。

寫作本書之際，我不時會思索：我對自己肥胖身體的厭惡，究竟是從哪裡學來的？當然，是從文化學來的——從上百萬計的書本、電影與電視節目學到，從那些取笑我的男孩身上學到，從那些和我過夜卻明示暗示我的身材有問題的男人身上學到，更會從那些再製這套階序的女孩與女人身上學到，她們會審視、管制、貶損肥胖（包括我的肥胖，她們自己的肥胖，也包括其他人的肥胖）。正如本書所示，從醫師診間、街頭路人，到網路上種種可怕的言論，肥胖恐懼無處不在。

但以我與許多其他人而言，並不只如此。作為一名哲學家，我逐漸意識到哲學中的肥胖恐懼對我帶來很深刻的影響。哲學再次隱微、含蓄地表達：肥胖身體不僅是個道德問題，是個性的問題，更是智識低落的表徵。這種訊息所帶來的影響，已經遠遠超過了哲學與哲學界的範疇。哲學家既會反映智識文化，也會影響智識文化。不論好壞、公允與否，我們哲學家都被視為人文學科的先鋒、學識權威的代表。因此，重新檢驗我自己所屬領域的肥胖恐懼，將能夠作為一種透鏡，或說是支放大鏡，能讓我們看到更大更廣的東西——我們理解思想的方式，是建立於認為肥胖身體比較劣等，甚至較為愚笨的觀點之上。

•••

素以重視推論與理性為特徵的哲學，隱隱地將這些特質視為專屬於削瘦、富裕、白人男性所有，而他們正是主導這門學科的主要族群。宣稱哲學界普遍缺乏肥胖體態的哲學家並不在少數。[8]我們會讚揚論說文鏗鏘有力、結實緊湊，會批評散文「軟綿綿」、詞藻華麗（同時影射它太過陰柔），似乎也不足為奇。[9]就形上學（我們對世界的看法）來說，我們更會因為自己對素樸嚴厲的偏愛而沾沾自喜，正如二十世紀哲學家奎因的形容——宛如「荒漠景觀」。[10]那麼在普遍想像中，肥胖身體除了是過度、鋪張、多餘之外，還能是什麼？[11]

奎因在一九四八年寫道，哲學在辨認物體時應該愈化繁為簡愈好，特別是在計算或考量不同實體的時候。他駁斥認為除了實存（exist）物體之外，還可能有其他潛存（subsist）物體的想法。他筆下所描繪的形上學圖像，充斥著明顯的蔑視之情：「（如此）人口過剩的宇宙在很多面向來說都不討人喜愛。它冒犯了我們這些熱愛荒漠景觀者的美感，而這還不是最糟的。

（這種）充斥可能性的貧民窟是失序元素的滋生地。」在這種「貧民窟」中，真正算數的可能元素為何？「舉例來說，門外可能出現一名肥胖男子，也可能出現一名禿頭男子。他們是一個可能男性，還是兩個可能男性？我們要如何決定？到底門口有幾位可能男性？出現瘦子比出現胖子的可能性來得大嗎？」[12]（而在奎因的世界中，女性似乎並不存在）。

為了創造一種戲劇性效果，奎因顯然某程度上是刻意地引援這種高度階級化、高度肥胖恐懼的譬喻——胖男是否比瘦男占據更多空間，即便只是「可能」出現？[13]這也是為何奎因會成為哲學界的時尚大師與開創者。他不僅反對「臃腫的宇宙」及其「雜亂的虛華」[14]，他更邀請讀者一同鄙夷與蔑視——有時候，這比起理性論證更為有效。正如本書所示，厭惡感是極易散布的一種情緒。在眾多道德感受中，厭惡感是最引人注目的，它會滲透、玷汙、緊緊黏在（多少值得厭惡的）物體之上。

因此，作為一名肥胖的哲學家，我一直努力想調和我的身體以及它作為傳遞我腦內思想使者角色的矛盾。我常嘲諷地想，這大概是我的「身心」問題。[15]正如我在導論中所述，我有時候很難以想像要我遵循我體內「之柔軟」（已故詩人瑪麗．奧利佛之語），來呈現一種自豪於犀利、清晰、精準特質的學科。我感覺，我那柔軟的軀體界線，早已背叛了我。

而且，這種虛假的二元性不僅部分影響了我的思考，也很大程度地影響了其他人的思考。我最近在一本哲學基礎教科書中，看到一段介紹十八世紀知名哲學家大衛．休謨的文字：「他輕快、敏捷的思緒，全然被他龐然笨拙的外表所掩蓋。」[16]其他肥胖的哲學家或許也會被警告，我們的身體可能也會掩蓋我們的學識？我們時常不被視為是參與討論的對象，而更常是被討論的客體——有時是笑話，有時是消耗品，有時則是個問題。難怪有這麼多肥胖男子（更遑論女性、非二元性別者）至今依然駐足於哲學門外，或根本不得其門而入。[17]

• • •

在哲學領域中，肥胖男子也被迫承受更多更慘的命運與侮辱。感謝惡名昭彰的電車難題，肥胖男子向來就是承受嘲笑與倫理暴力的對象。電車難題是個二十世紀哲學家菲利帕・福特所提出的想像練習：一輛失控的軌道電車即將撞上因不明原因被綁在鐵軌上的五個人，你面前有個拉桿，可以將電車改到別條軌道上，但它將會撞到另一名因不明原因被綁在軌道上的不幸之人。這六個人的道德評價沒有高低之分，全都是無辜、善良、正直的公民，例如，沒有人是殺人犯，也沒有人知道如何治癒癌症。那麼，你應該要拉下把手嗎？[18]電車難題是倫理基礎課程中最常被拋出的幾個入門問題之一。

大多數學生都會同意應該要拉下把手（儘管很多人對於後續發展感到畏懼）。但下一個問題隨之而來：如果你不是站在拉桿旁邊，而是和一名非常肥胖的男子一起站在橋上，俯瞰著這台即將撞上五人的電車。你突然發現，如果你把他推下橋，他的重量將能夠阻止這台電車；你同時知道自己（假設性的）身體太瘦了，無法勝任；你還知道，如果你這麼做，男子一定會死（先不論你為何知道這一切）。那麼，為了拯救被綁在軌道上的五個人，你應不應該推下那名肥胖男子，以阻止迎面而來的電車？[19]或者我們可以參考一本以此為題的書，更直白一點地問：你應該殺死那名肥胖男子嗎？[20]

學生通常比較不願意同意這麼做，儘管這兩個選擇的意義完全相同——你是否應該殺一人，來救五人？[21]而這個討論理應帶領我們繼續思考下一個問題：用「近距離、個人化」的方式造成傷害（直接把一名肥胖男子推下橋），真的比單純拉動把手（讓電車撞死另外一人）更糟糕嗎？還是說，相對於後者，人們就是比較容易對前者產生較大的反應？

無論人們如何看待這種相當殘酷的道德算計，在這個難題中，對於肥胖男子的描繪與他終究難逃一死的設定，往往是引起笑聲，而非頓悟，更非哀悼。而在哲學領域中，這個所謂的「思想實驗」，並不是唯一一個把特定身體視為消耗品或免洗筷般存在的例子——畢竟，這些身體總是準備好要為了證明什麼而死。另一個相似的肥胖恐懼例題是：想像有一名肥胖男子卡住洞穴，洞穴裡正在快速進水，如果洞裡的人不用其中一人事先快樂安裝好的炸藥，炸死那位洞口的胖子，所有人都會淹死。他們應該這樣做嗎？[22]

再強調一次，無論人們如何看待這些難題，我們真的應該這樣思考嗎？我們真的應該教導學生把人們的身體，特別是肥胖的身體視為可以盡情剝削、可以拿來做效果、可以不斷鑽研的道具嗎？我一度熱愛哲學，但它所帶有的這種理性殘酷及殘酷的理性主義，現在卻不時讓我產生深層、持久的不安感受。

但我依然不願放棄，因為我相信哲學的力量，將能成為人們進行重要抗爭的利器，包括社會正義議題。哲學是個鮮少達成共識，甚至可說是個仰賴豐富、智識性的歧見而茁壯的學科，透過這種哲學領域的集體實踐，我們將能帶給學生一些寶貴的價值。無論你屬於什麼社會位階，你都有發問的權利。你有權利和優勢階層抱持不同意見，而且如果你的思路夠深、夠謹慎、夠開放，你的主張可能更有道理。你甚至有權利挑戰像是柏拉圖和亞里斯多德這類廣受推崇、極具標誌性的古希臘哲學家——包括他們對於人類欲望的觀點。接下來我們就要來討論這點。

• • •

對於柏拉圖來說，暴食者是不可能成為哲學家的。他在《蒂邁歐篇》這本於中世紀以前極具影響力的對話錄中，會在思索世界生成的背景之下，嘗試理論化人類的身體及其功能；這也讓他開始思考食欲的本質，以及欲望和人類的推論與理性能力之間的關係。他認為人的靈魂有兩種，一種會死，一種永生；後者存有智慧與理性，而前者則「存有可怕但必要的干擾」，例如痛苦、歡愉、催生激情與情緒的力量。雖然這些是我們生存在世界上的必需品，但它們非常危險，因為可能會「玷汙」我們不朽、神聖的靈魂。[23]正如歷史學家蘇珊・E・希爾所言：「正義所倚靠的是理性的控制能力，是對情緒與感官的不屈服。」[24]

柏拉圖認為，不朽的靈魂（也就是理性的自己）棲息在我們的大腦裡頭。而會死的靈魂則棲於身體軀幹中的不同部位，「就像家中女人的（居住）區域與男人不同一般」。在會死的靈魂中，比較優越、陽剛的部分（特別是心與肺）位於腹部上方。柏拉圖筆下的蒂邁歐如此推測：

> 現在，會死的靈魂中展現男子氣概與靈性的部位，也就是雄心勃勃的部位，棲於較靠近脖子的地方，便於聽從理性的指揮，也便於在由欲望組成的其他部位意圖拒絕服從理性支配時，一起以力量壓制。[25]

與此同時，會死靈魂中較劣等的部分，也就是消化系統，在此理論中曾被稱為「像是身體的飼料槽之類的東西」。造物者之所以安其所位，是想要讓它盡量遠離我們的大腦，也就是我們「接納建議的地方」，如此一來我們肚子裡的「喧鬧和噪音」、那些「野性的」部分，才不會干擾我們的大腦與心智的運作。[26]肝臟負責接收從頭部傳遞出來的「圖像與幻影」，用以嚇阻食欲，服從理性；[27]而腸道就負責減緩食物通過我們身體的速度，好讓我們能夠產生飽足感。蒂邁歐認為：「我們的造物者知道，人類的飲食毫無紀律可言。他們知道我們會暴食，並且攝取遠遠超過所需的適足分量。」多虧有腸道，我們貪婪的肚腹才不會需要持續進食，否則「暴食將使全人類無法領略哲學與藝術，也無法留意到自己心中最神聖的部分。」[28]總而言之，正如希爾所述：「就一切欲望來說，暴食在《蒂邁歐篇》中被視為是對哲學的最大威脅。」[29]

我們可以發現，這個人體內部的階序理論（頭部應該主宰腹部）輕易地就能成為我們依照所謂的理性自律程度（也就是掌控欲望的能力），來區分不同人體之間等級的基礎。而終將使得肥胖身體成為嫌疑，因為正如本書所示，棲息於肥胖身體中的居民往往會被認為缺乏這種自律能力。[30]

儘管柏拉圖在《蒂邁歐篇》中主要關心的是男性身體，他對於女性身體也有一套理論。他認為，第一次生命中拒絕由理性主宰的男性，將「在第二次將以女性的身分重生」。[31]對此，希爾就主張，在柏拉圖眼中，陰柔氣質可說是深植於欲望之中，和人類其他失序、不正義的特質相對。」[32]

不過，柏拉圖似乎並未如此批評肥胖身體。他確實在乎人類的比例分配，但他對於偉大靈魂困在微小身體的擔憂，和他對於微小靈魂居於龐大身體中的擔憂並無二致。正如希爾所說：

由於柏拉圖重視的是比例相稱，故龐大身體配上廣闊靈魂的平衡依然可能存在。譯者唐納．澤爾就同意，柏拉圖使用龐大（mega）身體一語時，雖然可能包含，卻未必是指肥胖的身體，而且對於柏拉圖來說，龐大但比例相稱的身體確實存在。就這個角度而言，肥胖身體未必就比例失調，真正失調的，是靈魂被身體主宰。換言之，對柏拉圖來說，肥胖者可以成為哲學家，是暴食者不行；肥胖者所擁有的身體外觀並不必然帶有道德性的意涵。[33]

結果，柏拉圖是反對暴食，而非反對肥胖。如果有個偉大靈魂，居住在肥胖或龐大的軀體中，他的身體與心智依然和諧一致，一切如常。

•••

柏拉圖的弟子亞里斯多德，雖然沒有那麼質疑享樂，但對暴食依然抱持保留態度。亞里斯多德在其著作《尼各馬可倫理學》中提出了著名的「中庸之道」理論，主張德行就是在兩個極端的人類行為之間的中間狀態，[34]例如，勇氣就是懦弱和魯莽這兩種極端的中間。[35]但值得注意的是，在人類生活中，某一端有時會比另一端還更有吸引力或更為常見，[36]欲望就是如此。相較於「無感」（有時會被翻譯為對歡愉「不敏感」），「放縱」的惡習（包括肉欲或暴食[37]），往往被視為是更大的問題。[38]（對此，亞里斯多德曾建議：「欠缺享樂能力的人較為罕見，因此他們並未被賦予固定的稱呼：姑且讓我們以『無感』者稱之」）。」[39]總而言之，人類的欲望／食欲不僅被認為是中庸之道的可能阻礙，最終也會阻礙人們正確運用這些美德，以追求自我實現的人生目標（eudaimonia）*。如果我們終能成功自我實現，部分是因為我們追求了對我們有助益的事物，而不是養出了無良、過度的欲望／食欲。[40]

也因此，當哲學家兼翻譯家里夫嘗試向當代讀者說明亞里斯多德的德行理論時，食物的角色會如此突出似乎就不那麼令人意外：

舉例來說，假設我們現在要選午餐。我們可以追求良善，也可以追求享樂。仔細思考哪一種選擇最能達成這個目標。現在，我們該點魚，還是該點千層麵？[41]

最理想的狀態，是知道魚比較健康，所以點魚吃——如此一來，就體現了前述所說的節制美德。其次則是懂得自我控制——知道魚比較好，雖然想吃千層麵，但努力點魚。次之，則是「意志薄弱」（akrasia）——理智上知道點魚比較好，但怎樣都想吃千層麵。最後才是最糟的——世界觀完全錯誤，認為千層麵的美好極其神聖、不可侵犯，因此（根據里夫的設

* 譯注：eudaimonia有時會被簡化譯為「幸福」，此處依上下文脈絡，為避免概念混淆，採較複雜的譯法。

定)，甚至還加點了一份起司、大份聖代冰淇淋，並厚顏無恥地因為滿足自己對脂肪、鹽、糖的口腹之欲，而雀躍不已。[42]

要如何解釋人們所帶有的這種惡習?要如何解釋為何他們會對(再次強調，只是據說)有益健康的選項抱持如此錯誤的觀念?里夫代表亞里斯多德指出，惡習，尤其是那些早年養成的習慣，才是禍首:

> 相反地，若我們養成了「良好的飲食習慣」，我們對於飲食的良善觀念就會有所不同。我們會想吃、並享受魚和沙拉，也根本不會想吃千層麵和冰淇淋。如果做不到這一點，我們就會成為意志薄弱或缺乏自制的人;至少我們不會希望成為這樣的人。[43]

在我看來，這完全是一廂情願的想法。但結果就是，亞里斯多德與關心兒童肥胖問題的道德魔人神奇地合流了。

我對於節制和自制等概念沒有意見——只要適度，都沒問題。人生中有很多面向，都仰賴這些特質讓我們能夠完成工作、繼續堅持，並且在面對各種誘惑之際，照料我們身邊的人。但就食物來說，抱持這種想法往往會適得其反，並讓我們更在意食物。節制飲食很容易導致飲食失調和其他身心問題。這點在具有嚴重倫理問題的知名實驗「明尼蘇達饑荒實驗」中，已經充分獲得證明。在這個一九四〇年代所執行的研究中，受試者依照配給飲食的方式生活了數個月。多數受試者變得對食物極度迷戀，有些人甚至細讀食譜，病容滿面地舔著書上的食物照片；他們會產生和食物相關的夢與幻覺，無法輕易忘懷每日兩次的餐食。[44]很多人陷入嚴重的憂鬱、煩躁、焦慮——而且變得瘦骨嶙峋。即使在後續的「重新餵食」階段中，受試者的體重逐漸恢復，但這段時日的節食經驗所帶來的心理衝擊依然存在。值得注意的是，他們每天消耗約一千五百大卡的熱量——大大高於許多使用節食app或遵循醫囑的人所消耗的熱量。

此外，已有大量研究顯示，就算不這麼極端，光是「限制飲食」通常就問題重重。許多費盡全力節食的人，在被迫打破飲食規律時反而容易變得暴飲暴食。[45]

更有甚者，實證研究與臨床醫療實踐在在顯示，教孩子喜歡和欣賞各種食物，實際上才是最健康的做法。對於這點，我們已經所知甚久。早在一九二〇至一九三〇年代間，克拉拉·戴維斯就已經指出，若不施加任何限制，自由地讓孩子選擇自己想吃的食物，他們其實遵循直覺就能選出可以滿足營養需求，又能滿足食欲的食物。[46]有一項二〇〇六年的研究則顯示，如果你強迫孩子把蔬菜湯喝掉，他們反而會喝得更少，而且之後會更討厭蔬菜湯；[47]換言之，兒童擁有一種值得信任且不容干涉的「營養智慧」。[48]區分「好食物」和「壞食物」不僅有害、有反效果，而且沒必要。

但里夫在傳遞亞里斯多德思想時，選擇妖魔化特定的食物，就連偶爾放縱一下，也被視為不理性的典範。當代哲學中，也依然拿吃一塊蛋糕或餅乾作為意志薄弱的經典示例，譬如湯瑪斯・內格爾的作品《自由意志》，便如此開頭：

假設你正在自助餐廳排隊。走到甜點區時，你在桃子和一大塊帶有奶油糖霜的巧克力蛋糕之間猶豫不決。蛋糕看起來很棒，雖然你知道它會讓人變胖。儘管如此，你還是開心拿了蛋糕，大快朵頤。隔天等你照鏡子或量體重時，你心想：「真希望我沒吃那塊巧克力蛋糕。我本來可以吃那顆桃子就好的。」[49]

沒有吃桃子，反而選擇享受巧克力蛋糕，成為一個經典範例，用來展示小小反叛如何能夠讓我們以為自己很自由——而且愚蠢。[50]

雖然不是哲學家，但當認知心理學家史蒂芬・平克哀嘆理性不再被認為很「炫」（phat）或很「酷」時，也展現出類似的態度。[51]平克抱怨道，現在不理性的傻瓜寧願追求吃千層麵這種「小確幸」，而不願意追求「苗條身材帶來的更大快樂」，例如吃清蒸蔬菜。平克批評，他們「屈服」於眼前享樂，而且「短視近利」（myopic discounting）——這個用來形容目光短淺思維的術語，不僅隱含健全主義，還是依靠肥胖恐懼的例子展現。[52]

為什麼精瘦的白人男性學者要這麼在乎千層麵？這真是個千古叩問——或許是個值得民

族誌學者在思考研討會晚餐選擇時可以探究的題目。

• • •

哲學思想對於「放縱」的反對立場，再加上人們普遍認為胖子吃得比瘦子更多、更劣質，都會影響學術界的待人處事方式。而陰柔氣質加上肥胖身體更是大魔王般的組合。肥胖女性常被質疑是否意志特別薄弱。我有個同屬哲學圈的朋友就說，有位同事曾刻意在她聽得到的距離發表評論：「如果她連飲食都沒有紀律，她的思考怎麼會有紀律呢？」無獨有偶，心理學教授傑佛瑞．米勒也認為自己適合在推特上發文表示：「親愛的肥胖博士班申請者：如果你連不吃碳水化合物的意志力都沒有，你也不會有寫論文的意志力 #真心話」。米勒的學校後來嚴正地譴責了他的發言，[53]但這並未影響他的教職工作。而且他的肥胖恐懼心態，雖然特別明目張膽，但並不特別罕見。有研究顯示，在申請心理學研究所時，如果有本人面試的關卡，「肥胖」申請者獲得錄取的機率就會顯著降低；而且若依照性別分類，這個不利效果只限於女性申請者。[54]

這種肥胖恐懼心態，有時候會用「擔心新進學者生涯表現」的形式呈現。我的另一位朋友透露，她就讀英語文學研究所期間屢屢被提醒，她的體型會讓她找不到工作，「因為唯有纖瘦的女性才會看起來夠有學問」。她後來和屬於同一計畫的其他研究生討論，發現這幾位教授也會對他們說過一樣的話——「去減肥，看起來會更聰明」（據我朋友形容，這個計畫「除了這點之外，一切都極具支持性，很自在」）。不管學生實際的體型為何，這個資訊顯然都高度受到推崇，並被傳遞給學生，不分男女。對於學術圈的女性而言，似乎完全不會有太聰明或太苗條這種事情。[55]

這些壓迫性的身體規範，會跟另一個常見的偏見情景緊密交織：懷孕。一名哲學系教授回憶，她在懷孕期間教授邏輯課時：「學生會公開嘲弄我；在我轉身時模仿我的動作，哄堂大笑；在我桌上貼一些侮辱性的紙條；期末課程意見時還全班合作，給了我人生最差的評鑑分數。他們明確地表達，他們覺得我是個怪胎、是個小丑，沒有資格在他們的學校教書。」事後發現，這種霸凌行為至少有一部分原因跟體型有關。一名班上同學後來在某個社交場合遇到這名教授，發現她原來當時是在懷孕期間。他有點慌張，趕緊道歉：「對不起。我們以為妳天生就是那樣。」若她真是天生如此，那又如何？[56]

至今，肥胖身體加上陰柔氣質依然是種負擔。我充滿各種痛苦回憶。我在研究所交的第一個朋友，就曾取笑一名優秀的肥胖女哲學家妝化太濃（他主張那是「為了要彌補她的體重」），甚至還在她的辦公室裡放了瓶減肥奶昔。幾年之後，在一場研討會晚宴上，主辦單位一派正經地提議，要大家投票決定該名優秀女性會不會只是在招搖撞騙？此事和那些評價究竟有無關聯，我們不得而知。但真正造成差別的，並不是個別的單一事件——它們是集體性、累積性地帶來可預期的傷害。發生此事時，我本人也很胖。但當我隔年再次參與這個研討會，我已經利用挨餓與減肥藥，甩掉了大約二十幾公斤。在這段期間內，我取得了哲學系教職工作，儘管沒有人真的明確對我說過什麼，我一直背負著極大的減肥壓力，希望讓自己看起來更像是個有學術地位的人物。我已經深深內化了這個觀點：不減肥，就被貶低。

•••

對肥胖者的智識偏見，已經遠遠超出了哲學界與學術界的範疇了。這種偏見不僅在教育領域中格外猖獗（如本書所示），也已經蔓延到一切被稱為「思考型工作」的職業身上，就連在大眾文化之中，這種偏見更是清晰可見。無論是《辛普森家庭》的荷馬．辛普森、《蓋酷家庭》的葛痞德、《大青蛙劇場》的豬小姐，還是《歌喉讚》的胖艾美、《公園與遊憩》的傑瑞．傑格奇、《新婚夢想家》的羅夫．克拉姆登——這種強調胖子既愚蠢、健忘，又無能的刻板印象比比皆是。[57]

胖子往往被認為非常無知，甚至可能連自己長什麼樣都不知道。我是看《辛普森家庭》卡通長大的孩子，裡頭有個知名場景是這樣的——家中女主人美枝焦慮地想，如果她的兒子霸子再不受到更多管教，未來會變成什麼模樣，她想像霸子成為一名低俗的脫衣舞男，在一間破舊的夜總會工作，他的藝名叫做「雙槍霸」（Bang Bang Bart），出場時會揮舞兩把道具手槍，嘴裡叼著香菸。裸著上身的他頂著一個突出的大肚腩。台下顧客抱怨道：「你好肥！」儘管她本身也沒瘦到哪裡去。眼神呆滯、滿臉漠然的霸子回道：「更多的我更值得愛啊，甜心。」台下眾女客開始發出噓聲，並對台上的他扔東西，最後把他打暈。美枝從這場惡夢中驚醒，驚呼道：「我可憐的寶貝！」。她無法想像出兒子更好的未來——以及若不加以管教，會有怎麼樣的下場。[58]

最近大受好評的HBO喜劇影集《天后與草莓》中也出現類似描繪。在劇中，擔任好萊塢演藝經紀人吉米的助理凱拉是個肥胖女性，而這個設定顯然是要讓她對吉米的調情變得好笑——以及可悲。當吉米指控她性騷擾（這個指控頗公允），凱拉表示，她以為兩人之間存在一觸即發的性愛火花。顯然，這裡的笑點在她身上：除了要笑她那位又瘦、又白、又英俊的男老闆怎麼可能看上她之外，觀眾也被邀請一起嘲笑凱拉，因為她竟然不知道自己有多胖。

在電影《姐就是美》中，艾米．舒默所飾演的女主角身材肥滿，但她大部分時間卻都自信爆棚。為什麼？原來，她的頭部遭到重擊，導致大腦損傷，進而讓她痛苦地忘卻了自己的身體缺陷。[59]

在近期新上映的電影《我的鯨魚老爸》中，布蘭登．費雪所飾演的查理倒是非常清楚自己的肥胖。為了扮演這個二百多公斤的角色，布蘭登．費雪拍攝時得穿上厚重的特殊服裝。查理被描繪成一個可憐的悲劇性人物，不斷暴飲暴食，只求提早離世——部分因為擁有這樣的身體被認為難以忍受。由於他一心求死，即使他的血壓飆升，也不願就醫。查理被設定成一名遭肥胖監禁的囚徒，就連布蘭登．費雪本人，都明確地將那身肥胖裝扮比擬為一件「束身衣」——而不是那充滿敵意的社會世界，更不是嚴重恐懼肥胖的醫療健康體系。

儘管片長兩小時，但這件肥胖恐懼的束身衣在整部電影中卻詭異地不見蹤影。導演戴倫．艾洛諾夫斯基或編劇山繆．杭特似乎完全無法想像到查理的生命中，可能存在任何一絲絲美好的時刻。

《我的鯨魚老爸》所乘載的肥胖恐懼意義簡直是無以倫比。光是電影名稱使用「鯨魚」一語，就已經貶抑到不行。肥胖身體變成一件戲服。查理的飲食習慣則引誘人們說教，甚至引發恐懼感。觀眾被鼓勵要瞠目結舌地觀賞查理試圖移動自己的身體，就連電影開場，也邀請觀眾要在這個充滿色欲與赤裸的時刻，看著他對著同志色情片吃力地自慰。不過，或許最糟糕之處，莫過於本片所預設的前提：一個擁有這種身體的人，「竟然」能是個思慮敏捷、博學多聞、專講寫作課程的空中大學教授，而且這個設定讓人驚訝，甚至令人驚艷（查理講課時會關閉相機，所以就沒有人必須看著他，而這個設定又進一步強化了本片幽閉恐懼般的偷窺癖意義。）

歐文．格萊伯曼顯然輕易地接受了這部片高度肥胖恐懼的預設。他在影評中寫道：「由於查理基本上是個久坐不動的笨重肉團，所以你或許會以為，他的性格也是如此笨拙沉悶……

但費雪並不是以沉悶、憂鬱、悲觀的氛圍來扮演這個角色。他溫柔、開朗，性格敏捷——你甚至可以說他是個相當輕快的人——而這讓我們能夠從一開始，就真正看見這個被脂肪埋住的男人。」[60]真了不起。在艾洛諾夫斯基這種彷彿極具同理心的矯情設定下，觀眾理應會對這個肥胖身體所潛藏的嫻熟智識感到驚艷，接著再對於自己竟然能看到這點而感到稱許。

然而，這種認為「唯有纖瘦男性身體才能蘊藏絕頂聰明的頭腦」的設定，並非不可避免。正如自我定位為肥胖女性，同時是當代首屈一指的優秀作家卡門．瑪麗亞．馬查多就明確彰顯：我們選擇隱喻的方法可以有所不同。我們可以擁抱那些豐富、寬廣、深刻、開闊、豐足、文思泉湧的心智：甚至連肥胖，也可以被看作是一件好事。馬查多就曾提到，她小時候對於《小美人魚》中的烏蘇拉充滿崇敬，烏蘇拉充滿豐沛的邪惡力量、毫無歉意的能動性，而且體態肥滿：「儘管她有能力變瘦——她擁有真正的魔法，那可是減肥產業寧願出賣靈魂也想要的神奇力量——但她肥胖的頭腦選擇了她肥胖的身體。」[61]烏蘇拉的頭腦令人欽羨，她思緒開闊、自由奔放，她擁有毫不減損半分的征服天賦。[62]若借用桑雅．芮妮．泰勒的話來說：她知道，她的身體不需要道歉——也不需要修正。[63]

• • •

為何人們會覺得像《我的鯨魚老爸》這種作品（由兩名現下很瘦的白人編劇與導演所製

作的作品）需要出現？[64]為何有部分觀眾會認為，這真的是了解這個主題的適切視角？艾許・尼斯查克認為，真正擁有極度肥胖身體的創作者，將更能為這種生命經驗帶來深刻見解。二〇一八年，她曾在一場採訪中指出：「已有許多肥胖者在這裡書寫、創作、述說真實的故事。我們所需要的，是有人願意傾聽。」[65]我們不需要的，是哲學家米蘭達・弗里克所提出的概念「證言不正義」（testimonial injustice）[66]——受到前述的社會刻板印象影響，人們經常因為認為他們無能、愚笨，因而傾向低估肥胖者所講述、所證述的真正生命經歷。有時候，就像哲學家克莉絲蒂・道森所提出的「證言消音」（testimonial quieting）概念一般，我們甚至可能打從一開始，就沒有聽見這些陳述。[67]

尼斯查克創辦了Podcast節目「肥唇」，她將其定位為一個由肥胖者所開創、關於肥胖者、服務肥胖者的節目，以試圖改善這種不正義。[68]她在節目中會解釋道，讓她生活處境變糟的主要原因並不是她的肥胖身體，社會對於她這種身體所進行的各種貶損、抹滅、系統性剝削，才是真正的問題。大多數時候，她都很快樂滿足，而且她認為自己最近的生活「充滿歡樂、良善、愛、游泳、狗、與朋友的歡笑，享受這個狂野的行星」[69]——即使她得在這種充斥恐懼肥胖的世界航行。

確實，她有時候會需要仰賴行動輔助裝置，才能移動比較長的距離，例如得要穿過機場的時候。但正如障礙倡議者的主張所述，這並不是讓我們加以評判、恐懼或憐憫的基礎。[70]

確實，她在執行某些日常任務時，例如洗澡或煮飯，比較喜歡坐著，不喜歡站著；但幸運的是，這世界上有椅子這種東西。[71]確實，她可能會需要比較大張的椅子；但這是個行政問題，不是存在問題——換言之，這是整個世界要面對的問題，不是她身體有問題。[72]

尼斯查克回憶道，曾有一名選角助理在Instagram上，在她創的「#恆胖」標籤下看到她的照片，助理主動寫了一封電子郵件，問她有沒有興趣參加TLC的實境節目《沉重人生》——像她那樣的肥胖身體在節目被當作是種奇觀，既能娛樂也能安撫觀眾，至少他們自己沒有那麼胖（憤世嫉俗的人甚至可以主張，《我的鯨魚老爸》只不過是把《沉重人生》改編成更符合道德高尚、自認為自由主義的觀眾的口味罷了）。這個實境節目也很成功地幫減重手術打廣告，節目中大多數的參與者最後都接受了減重手術——這正好是一門蓬勃發展、利潤豐厚的好生意。尼斯查克犀利地寫道：

> 製作單位非常用心，會呈現最能讓觀眾覺得恐怖的內容。他們想要你看起來夠詭異，像個怪物一般。要盡可能讓你的存在看起來既駭人，又悲慘，這非常重要……但你得讓自己屈服於這個設定。你得讓自己成為一個駭人奇觀，一樁警世預言——你才能生存下去。
>
> 充滿同情心的英雄將會拯救你的生命，以你極度低微的人性尊嚴作為代價。[73]

然而，人性尊嚴（包括身體尊嚴）是——至少應該是無償的才對。那是你與生俱來的權利。所謂尊嚴，至少代表別人不應該只是隨便看你一眼，就假設你必然不快樂、不健康或很可憐。所謂尊嚴，至少代表你不再會被假設你的肥胖身體某程度上可以證明，你的心智有所缺陷。[74]

• • •

與「證言不正義」與「證言消音」為一體兩面的，是被我稱為「知識論資格」（epistemic entitlement）的現象——社會宰制階級經常認為自己有資格暢所欲言、有資格說出他們認為自己知道的事情，並紆尊降貴地對我們說教。男人經常對女人這麼做，作家蕾貝嘉・索尼特就提出了知名的詞彙「男性說教」（mansplaining）來說明這種現象。[75]白人也經常對非白人這麼做，這就是所謂的「白人說教」（whitesplaining）。而瘦子，也很常對胖子這樣做，幾乎可稱為是「瘦子說教」（thinsplaining）——你試過節食和運動嗎？沒有欸，我完全沒聽過節食和運動，畢竟我是個躲在石頭裡的肥胖火星人嘛！

這類瘦子說教的論調，在部分生命倫理學家的作品中尤為明顯；所謂生命倫理學，討論的是我們對於人類與其他身體所擁有的權利與義務。澳洲哲學家彼得・辛格曾經寫過一篇題為〈比較胖，就比較貴〉的文章，主張胖子坐飛機應該要付更多錢。辛格是在機場寫的，整篇像是個環顧四周，對周遭所有身體都感到厭惡的男人。他的開場白是這樣：「墨爾本——我們變得愈來愈胖。澳洲、美國等國家的人民胖到步履蹣跚、踉蹌的地步，幾乎已是常態。辛格注意到，有名「瘦小的亞洲女性」(儘管種族在此根本不重要，他依然提到她的族裔)托運了大約四十公斤的行李，並自行支付托運費用；但排在她後面的男人至少就比她還要重四十公斤，為什麼他就不用為自己身上的「超重」行李支付同樣的費用?辛格指出：「就飛行耗油量而論，不管是行李超重，還是體重超重，結果都是一樣的」。就此，肥胖者不僅被明確指為地球與醫療體系的負擔，也是其他人的負擔：「肥胖是個道德問題，因為有些人的體重增加，卻會為其他人帶來成本。」值得注意的是，辛格瞄準的是胖子，而不只是比較重的人——例如那些人高馬大、肌肉健壯的人，儘管他曾嚴正否認這種觀點形同在懲罰胖子，因為我們罪孽深重，或者因為自己選擇讓自己變成這樣子。辛格駁斥道：「加收超重費，無論是對超重的行李還是對超重的身體，並不是為了要懲罰誰。而是為了合理收取把你載去目的地所耗費的額外成本，而非把此成本強加給其他乘客罷了。」[76]

但這些成本實際上少之又少。如前所述，許多肥胖者早已被迫支付兩個位子的錢，以放入他們的身體；也有人會直接購買頭等艙的機票，支付更多費用，以換取稍微舒適一點點的特權。此外，根據一名飛行員的精密計算，利用A320機型飛機乘載乘客，每小時每公斤的成本是一美分。換言之，以墨爾本飛往達爾文的五小時航班來計算，如果單純依照體重來看，辛格文章中所提到的男子所耗費的運輸成本，只比那名「瘦小」女性高出約二美元。[77]航空公司之所以要對超重行李收取額外費用（四十公斤的行李要價數百元美金），並不是因為他們必須這麼做，而是因為他們可以這麼做。他們的定價方式，就是要盡可能降低票價，接著再對人們可能需要的任何「額外」服務收取高得離譜的附加費用，包括食物、Wi-Fi或更寬敞的腿部空間。

至於我們應該支付自己增添別人「負擔」的想法，其實也不合理。回想一下之前的討論：我們是否應該向最後需要搜救隊協助的冒險登山者收錢？我們是否應該對工作量太大、壓力太大、因而症狀惡化的慢性病患者收錢？我們似乎不應該採取這種管制手段。

而且，我們實際上並沒有這麼做。因此，我們對肥胖身體的特別關注，更像是一種歧視。如果辛格真的詢問過胖子的意見，或許他就會理解，肥胖者之所以不應該被收更多錢，最明顯與最重要原因在於：肥胖汙名。呃，或許他不會理解，畢竟在他提出此「溫和」意見時，他的友人確實提出了異議。而辛格只回了一句話：坐飛機跟醫療服務不同，不是人權。僅管坐飛機確實很難說是普世人權，但認為肥胖者就沒有探望家人或工作的權利（二者往往會需要坐飛機旅行），依然令人嘖嘖稱奇。肥胖者甚至應該有權利基於搬家或偶爾休假的理由坐飛機吧。

辛格的論點之所以讓人震驚，不只是因為不人道，更因為實在不聰明。它不僅做出明顯錯誤的假設，使用了不好的類比，遺漏了明顯的反對意見，而且就連承認了，也無意好好予以駁斥。僅管辛格是世上最知名（有時候也最具爭議性的）倫理學家之一，但他對肥胖者的偏見，卻讓他變得不理性——或至少在理性推論的表現上令人失望。[78]

•••

辛格只是討論肥胖者，但徹底忽略我們的實際經歷；其他哲學家則認為應該要和我們直接接觸。生物倫理學家丹尼爾．卡拉漢就在《肥胖：追逐難以捉摸的流行病》一文中指出，他認為有必要採取「更尖銳」的策略應對所謂的肥胖問題：也就是羞辱（他的稱呼是「微汙名」〔stigmatization lite〕）。他認為，我們需要「找到方法創造個人的社會壓力，止血用的教育或低調的勸導並不足夠。首先，我們必須要說服（肥胖者），他們應該要為了自己與身邊的人，好好飲食，好好運動。其次，過重與徹底的肥胖將不再為社會所接納。」[79]（他們上次被接納是什麼時候？一百年前嗎？）肥胖者已經開始對自己的肥滿感到自豪，故卡拉漢認為，我們需要「社會認可的衝擊」。[80]他接著主張：「肥胖所反映的是我們的文化，我們對於大家要如何照料自己的身體抱著包容的態度，而且我們傾向接受我們社會中導致這個問題的多數特徵」，[81]在這些特徵之中，卡拉漢特別舉出幾個近代出現的方便設施，例如汽車、電梯、手扶梯——以及電動開罐器。[82]

我有一定程度的把握，電動開罐器不會造成所謂的肥胖流行病。[83]卡拉漢這些令人難以置信的診斷以及他對這個「問題」所提出的殘酷解方，其實已經夠糟了，但當他從討論胖子，變成直接跟我們對談，甚至提出下列問題時，完全是雪上加霜：

你已達過重或肥胖標準，你對自己的外貌還滿意嗎？
如果你的體重增加，許多尋常活動（例如爬很長的樓梯）將會變得更困難，你會開心嗎？
你希望能降低自己罹患心臟病和糖尿病的風險嗎？
你是否知道，如果你增加的體重到一定程度，你減掉並維持體重的機率很小？
你的胖小孩在學校被取笑為「胖子」或其他稱呼時，你會開心嗎？
先不論公平與否，你知道很多人瞧不起過重或肥胖的人，而且經常歧視、取笑他們，甚至說他們好吃懶做、缺乏自制力嗎？[84]

這些就是最讓人反感的瘦子說教。而且這些說教的典型特徵就是：不是多餘的廢話，就是徹底的錯誤。

作為肥胖者，我們當然知道自己會因為體重增加而遭受歧視或輕視，我們也知道，這些羞辱不會讓我們變瘦，反而時常會讓體重繼續增加。

我們都知道，儘管生活在肥胖身體中有點辛苦，但真正影響我們的並非肥胖本身，而是肥胖恐懼的傾向。

我們很清楚，肥胖並不是死刑宣告，而且固定地自我剝奪（例如節食）非比尋常。

我們很清楚，肥胖者並非毫無紀律，反而可能恪守紀律之極；畢竟終其一生的節食，可能讓某些人培養出鋼鐵意志。

我們很清楚，在一個憎恨你、要你減肥的世界中，鋼鐵意志與不求人可能同等重要。

我們也是最清楚特定人類限制的人。例如，我們可以幫忙破除這個無謂的幻想——身體是理性的，身體會聽從理性的主宰與控制，人們可以加以「掌控」，使其臣服。

但身體並不理性。身體會彎曲、會下垂、會斷裂。身體會發胖。身體會變老。身體會生病。身體會失去功能。身體會死亡，而最終，我們會跟著身體一同死去。當然，這讓人感到恐懼（套句瑪麗．奧利佛的詩句：「一切終將逝去，而且很快，不是嗎？」）。

然而，正如女性主義的口號所言，我們的身體就是我們自己。我們無法和自己的身體分開，也無法如柏拉圖所言，把會死的靈魂分成好的部分與壞的部分。就欲望而言，你我終究都充滿野性。所以我們才會必須要學習如何與我們的物理形式共存與共生，不管它們帶有多少亮麗又惱人的脆弱性與頑劣性。身體對於減重的抵抗只是個起點。

CHAPTER

7

煤氣燈下的晚餐

Dinner by Gaslight

你已經知道節食行不通。絕大多數的人節食時所減掉的體重，在幾年之間就會全部回來。許多人最後都比開始節食時還要胖。節食，以及這種在減重與增重之間上上下下的過程，會對於我們的身體帶來一定的傷害。長遠來看，節食不太可能讓我們更健康。而且大家都知道，節食通常不會讓我們變瘦。[1]

即便如此，美國人還是一直在節食。根據估計，每年都有約四千五百萬名美國人為了減肥節食；[2]每一年，我們花在減肥商品或課程上的消費，就超過五百億美元。[3]在節食過程之中，我們讓自己變得飢餓、虛弱、易怒，而且還常常變得更病、更胖。到底為什麼？我們明明清楚知道，明明知道不應該，但為什麼我們繼續這樣對自己？

我認為是因為——我們的煤氣燈亮了。

• • •

在一九八三年，派崔克．漢米爾頓所著的戲劇《煤氣燈下》裡頭，美麗嬌妻貝拉．曼寧漢每晚都會看到她臥房裡頭的煤氣燈不斷閃爍。貝拉很清楚這件事情確實發生過，而且她也很清楚此事的意涵：一定是房子裡某盞煤氣燈也被打開，因為燈壓相互牽連。她強烈懷疑這是丈夫所為（儘管當時她還不知道原因）——她認為，丈夫會在深夜假意出門，但卻鬼鬼祟祟地跑回家中閣樓，不知道做些什麼；更加深她疑心的是，每當他假意從外頭返家，臥房的煤氣燈就不再閃爍，也就是說，閣樓裡頭的煤氣燈肯定關掉了（有趣的是，曼寧漢先生似乎完全沒想過，只要他打開閣樓的燈——無論基於什麼邪惡目的——就會影響妻子臥房裡的燈火。）

請注意，儘管在電影中，丈夫是直接否定妻子對閃爍煤氣燈的觀察，但在原劇中，這個設定比較隱微。在原劇中，貝拉知道自己看到了什麼，也知道這件事情的意涵——某程度上知道，或至少在內心深處知道。她對於幕後黑手也有所懷疑。這個差異很關鍵。最近《週六夜現場》的模仿短劇，就是依照電影版所設計，在劇中，丈夫格雷戈瑞邀請妻子寶拉吃牛排，但送上桌的卻是顆鳳梨。寶拉冷冷地表示：「各位，不管我多瘋，我知道這是鳳梨。」格雷戈瑞的幾個同夥，也就是他們的家僕回答：「不，夫人，這是肋眼牛排，跟他吃的是一樣的，快吃吧。」飾演寶拉的凱特．麥金儂回答：「好吧，我覺得你可能是想要把我逼瘋吧。」短劇劇末，她找到了一本格雷戈瑞寫的書，叫做《如何煤氣燈操控你的妻子》。[4]

之所以要描繪這個短劇，是因為我想要強調：煤氣燈操縱者的說法應該要很有說服力才行，至少一開始必須如此。完全天馬行空、明顯偏離現實的主張，很難達到操控人的效果，對方只會不相信，而不會反過來懷疑是自己的妄想或有其他問題。相較於電影版，戲劇版《煤氣燈下》裡頭的丈夫所用的技巧更幽微，卻更具主宰性，而且徹底地將貝拉的信念破壞殆盡。她無法明確表達自己的懷疑，就連對自己也無法，她愈發困惑、焦躁，對他也更感恐懼；她還擔心，自己才是需要為這場日益堪憂的婚姻負責的人——畢竟他指責她成日胡思亂想、不努力恢復理智、「振作」起來，試著「讓自己清醒一點」。[5]（實際上，是他不斷藏匿家中財物，並要她為物品的失蹤負責，而這還只是他要把她送進精神病院的各種操作之一。）

所幸最終，一名警探前來拜訪，並告訴貝拉丈夫的祕密：他的真正身分，是邪惡的席尼·鮑爾，他在約十五年前，割斷前屋主愛麗絲·巴洛的喉嚨，以竊取她的紅寶石。但鮑爾始終未能找到那些紅寶石，因此他說服貝拉買下了這棟房子，以便他能夠繼續每晚在閣樓中翻箱倒櫃。在下方這段對話中，貝拉其實某程度上知道她的丈夫一直在做些什麼，儘管不知箇中原因：

> 貝拉．曼寧漢：這一切聽來都太不可置信了，（但）……每次我在晚上獨處時（，）我總覺得有人在上頭走動（抬頭看）。在樓上，在晚上，當我先生不在時，我在我房間就會

聽到聲響，但我太害怕了，不敢上樓查看……

警探拉夫：妳對丈夫說過這件事嗎？

貝拉・曼寧漢：沒有，我不敢這麼做，他會生氣，他會說我在想像一些根本不存在的事情——

警探拉夫：妳從來沒有想過，有可能是妳丈夫在樓上走動嗎？

貝拉・曼寧漢：有，我就是這麼想的。但我想一定是我瘋了。告訴我你是怎麼知道的。

警探拉夫：曼寧漢太太，不如妳先告訴我，妳是怎麼知道的。

貝拉・曼寧漢：這麼說來，這是真的了！是真的，我就知道。我就知道！[6]

不過，就如同我在《厭女的資格》一書中所說，貝拉在精神上「不敢上樓查看」，儘管她心生疑慮，儘管她已有認知，儘管她確實了解些什麼。她忙著改正自己所謂的錯誤和罪過，她的丈夫對她的支配如此地鋪天蓋地，以至於她從來不敢質疑他的行動，更遑論質問他的動機。[7]

她心中的懷疑一直並未公諸於世，直到一切對她來說可謂為時已晚——直到英勇警探的介入為止。

由於貝拉被明示暗示，說她不能相信自己的判斷，且她的思想會騙她。她被（同樣是明示暗示地）告知，說她意志薄弱、缺乏理性、軟弱無力。她被告知她生病了，需要吃藥，且如果不好好振作，可能要看很多位醫生。她被告知她面無血色、毫無吸引力，她的先生甚至羞辱性地拿她和另一名很「騷」的年輕女僕比較。或許最痛苦的是，她被告知，她的道德品性有問題——她總是闖禍、搗蛋，她無能，而且沒有責任感（畢竟據說，她會偷竊、藏匿、搞丟家中財物）。對於貝拉的自我形象而言，最致命的打擊是——她被告知她會傷害他人。她先生宣稱，貝拉故意傷害她深愛至極的寵物狗；牠的爪子會受傷，全是她的錯。[8]而且，如果貝拉不承認這些數不清的失敗與罪過，她就會被關進精神病院，孤老終生（真是個幾百年來都不變的警世故事結局）。

因此，煤氣燈操縱的運作，是讓被害者慌亂地尋找自己的立足之地。他們往往遭到貶抑，尤其是那些人類普遍努力追求的價值，例如：理性、智慧、健康、美麗、道德等等。被煤氣燈操縱的人，通常缺乏必要的資源與自信，足以質疑這些鋪天蓋地的論述或挑戰權威角色，就算他們內心深處知道那些論述（或那個人）是假的也一樣。他們感到迷失，感到困惑，經常感到沮喪與焦慮。他們不是妄想，也沒有「瘋狂」——至少一開始並沒有。[9]他們被系統地剝奪了認定自身所知的資源，儘管在內心深處他們真的知道。他們難以依照自己的知識行動，也難以有效地抵抗眼前的有毒力量。

必須注意的是，煤氣燈操縱並不需要把我們描繪成瘋子，把我們逼瘋也從來不是目的。

我認為，煤氣燈操縱應該被理解成一個系統性的過程，是要讓我們在某程度上以為自己的信念、思想、感覺、渴求、欲望全都有缺陷，儘管我們完全有權利享有這些東西。[10]我們被塑造成，一旦產生這些心理狀態，就會感到愧疚、罪惡、羞恥、不理性、太敏感、偏執——有時甚至會感到徹底的瘋狂。煤氣燈操縱攻擊的是一個人的自由心智，以及其獨立思考的能力。一旦煤氣燈操縱成功，被害人的心智最終就將淪為殖民地。

另一個必須注意的，是這些對目標或被害人的影響，未必是以行為人的惡意為前提——有時候，就算沒有特定的行為人，也可能發生。[11]已有論者指出，煤氣燈操縱也可能涵蓋純粹結構性或集體性的情境，或者比較微妙的人際互動情境。[12]縱使曼寧漢先生不在屋內（或屋外，或甚至不存在），煤氣燈操縱也可能發生。實際上，憑藉流行文化的力量、實踐、機構與社會宰制階層，煤氣燈操縱就可能成功奏效，傷害人們的心智。

強暴文化可以幫助我們理解這點。被害人往往被塑造成歇斯底里、不穩定、困惑的樣子，故就其遭受犯罪而言，是不可信的證人。被害人常因外表而被抨擊——若她們看起來很有吸引力，她們一定是自找的；如果沒什麼吸引力，那這件事情根本不可能發生。不管怎樣，錯的都是被害人。她們一定讓人誤會了。她們一定是在錯的時間點，出現在錯的地方。她們沒呼救、沒反抗、喝太醉。而且她們當時穿什麼？

節食文化也如此煤氣燈操縱我們。我們被明示暗示地告知，我們不能相信自己的身體，我們的食欲在騙我們（「你其實根本不餓，你只是很渴」、「你其實不真的想吃那些（壞食物）」、「你是在情緒性進食」）。我們被（同樣是明示暗示地）告知，這一次節食會有用、這一次不一樣。如果效果不盡如人意，我們就會被告知，這都是因為我們意志薄弱、不理性、太容易屈服於自己的欲望。我們被告知，肥胖不可能健康，所以我們一定要振作起來，努力減肥，不然下場勢必會相當淒慘。我們被告知，我們又矮、又胖、又醜，長這個樣子沒有人會愛我們。我們被告知，我們道德有問題，這一切都是我們的錯，我們會傷害自己的小孩，我們是整個社會的負擔。最後，我們會孤老終生，如同其他警世故事所述。

以上這些有很大程度上，得要歸咎於資本主義既得利益與相關、個別、賺取暴利的奸商，並不是什麼單一、大型陰謀所造成的結果。但即便如此，這也不代表它就清白無辜。遭受節食文化煤氣燈操縱的被害者跟人際互動情境的有點類似，原本將她的能動性與想法、感受、食欲及其他分散心理狀態（例如自我身體價值感、整體幸福感）緊密連接的信任連結會被切斷。雖然我們都知道，我們根本不需要節食或試圖減肥，但煤氣燈效應卻會讓拒絕節食減肥的我們，愈來愈覺得自己罪惡、沒價值、不健康、很醜，而且很胖——而且是貶義的胖，不只是個中性的形容詞。我們不只是被告知該怎麼做，我們也不只是共犯。我們被積極召募、訓練，以在自己飽受壓抑的生活方式中成為特務。

節食文化也會用比較幽微的方式煤氣燈操縱我們。低熱量米果真是太滿足了。高油但美味的食物其實很噁心。天底下最美妙的滋味莫過於苗條（雖然苗條不僅難以捉摸，而且嘗起來很空洞）。我們需要這種保健食品。我們需要這款料理包。我們需要這台天價的健身器材。我們在這裡失敗了，但別人在這裡「成功」了（那些成功結果非常態）。這不是節食，這是一種生活方式——是淨化，是排毒（言下之意是，我們的身體一經放任，就會變髒、被汙染）。這不是節食，這是為了健康。這不是為了變瘦，這是為了強壯——哦，偷偷說，也是為了夠瘦，這樣才能秀出我們新練好的肌肉線條。這是為了你的健康，包括心理健康。這是為了自我照顧。這是為了你自己。

全是胡說八道。

雖然我們都知道不是如此（至少某程度上），我們還是很常屈服於這類資訊。其實這也不難理解，畢竟它永遠都在，而且隨處可見。而且，宣揚、背書這類資訊的，常常是一些權威性人物——不乏醫界內部的重要人物。如前所述，當生病的胖子求診，常常只會獲得「減肥就會好」的醫囑（有時因此帶來悲慘後果，因為我們真正的病因沒有被診斷出來）；當健康的胖子看診，醫生卻又說我們其實沒有各項指標所顯示的健康。肥胖、體能活躍者，總被預設是久坐生活型態的人，當我們的陳述有所不同，又會被預設在說謊（與此同時，苗條、久坐的人，卻常被預設為健康、體能活躍、精神奕奕、心血管狀況良好）。當肥胖者的體重因為不明原因劇烈下降，人們往往會加以讚揚、祝賀，並將其視為「好胖子」，即使這是罹患嚴重疾病的可能症狀。如果肥胖者的體重因為不明原因劇烈增加，人們往往直接假設是出於飲食過量、運動不足，即使我們證稱我們的生活習慣並未有所改變。

肥胖者確實不太受到信任。英國與紐西蘭奧塔哥大學的創新科學家，決定設計一款新興裝置，要利用訂製的磁鐵強制我們閉嘴。這款叫做「鎖牙節食器」的裝置，只會留下一個約莫兩公釐的狹窄開口，以利流質食物、空氣、語言通過。研究團隊顯然認為，我們胖子缺乏控制飲食的能力，所以才會需要利用這種二十一世紀的酷刑裝置，讓我們只吃流質食物。[13]

這些資訊也深受我們的教育體系與家庭所支持——儘管接收這些資訊的孩童還沒有大到足以提出質疑或挑戰。很多師長會告訴孩子，他們在身體發展成熟之前，就會需要開始節食、減肥。美國老牌減重公司慧儷輕體（Weight Watchers）近期因為陷入財務危機，開始向八歲至十七歲的兒少族群推銷一款叫做「Kurbo」的飲食app，試圖重振旗鼓。[14]對此，心理學家莉莎．杜布勒伊說，教導年輕女孩限制自己的進食量、不要相信自己的飢餓感，實在是陰險至極。在和維吉妮亞．索爾－史密斯的對談中，她就表示：

在節食文化中，我們會訓練孩子不要相信自己的肚子，這真是個非常糟糕的資訊，尤其是對女孩子來說，告訴她們——不要相信妳的肚子，不要聽從妳身體的聲音。那會讓她們不再好好傾聽身體要告訴她們的事情。[15]

確實，有些針對兒童體重的措施本身立意良善，例如蜜雪兒．歐巴馬在校園推廣健康飲食與運動的倡議活動。但也確實有些完全只是想要羞辱肥胖兒童。許多肥胖者都可以告訴你過往被體育老師欺負的鬼故事，包括被迫承受尖酸刻薄的評論、被逼跑操場跑到吐，或被要求脫光衣服，好對我們錯誤百出的肉體進行各種測量。

二〇二〇年二月，高中籃球隊教練艾倫．湯瑪斯榮獲羅德島州「年度最佳男校教練」獎；一年之後，他的職涯正式告終——因為人們發現他在過去十年間，都會近距離、一對一地使用體脂卡鉗對他的學生進行「脂肪檢測」。這些男孩經常是全裸進行檢測的。他以前的學生向《波士頓環球報》披露：「通常都是一對一，只有我和他在場。他會先量長度、身高，接著測體脂，然後他會跪下來（測量）我的股四頭肌，邊說你舒服嗎……如果不會害羞的話，你可以脫掉你的四角褲。我甚至得挪開我的下體，因為他實在離得有夠近。」[16]儘管「脂肪檢測」一語完全只是用來遮掩這種公然的猥褻行為，但我們的兒童肥胖恐懼文化卻讓這種說詞得以奏效。

德蕭恩．L．哈里森也曾寫過一名十四歲女孩吉娜．斯寇爾的悲慘困境，她因順手牽羊遭判竊盜罪，於一九九九年被送往一間位於南達科他州的少年犯軍事訓練營接受處遇。體重近百的斯寇爾被逼著跑步，並在跑到約四．三公里時因中暑而暈倒；她繼續被留在陽光下曝曬長達三小時，沒有接受任何治療，因為機構人員全認為她只是在裝病。他們喝著汽水在旁邊揶揄她。於此同時，斯寇爾癲癇發作、失禁，最後死於器官衰竭。她的死，肇因於許多肥胖兒童多少都被迫面臨的可怕虐待、殘酷與忽視行徑。[17]哈里森寫道：

（斯寇爾）會被置之不理，至少有部分理由是她很胖。她被迫跑的那四公里，她會被認為是在裝死、偷懶、不想運動，她的指導員會一邊讓她在陽光下等死，一邊在旁邊喝汽水（人們長期用來羞辱肥子愛喝的飲料）——全都是針對她的肥胖所做的回應。而這種回應害死了她。真正殺死她的，是總以「健康」為名懲罰肥胖者的文化。[18]

哈里森後續提到，他的母親曾出於想讓孩子瘦下來的最後掙扎，逼他們身穿垃圾袋，在家附近一圈又一圈地慢跑。他們都有氣喘，經常跑到上氣不接下氣，幾乎無法呼吸。[19]但他們完全不責怪母親的作為——她只是試圖聽從醫師的指示，畢竟醫師警告她，再不做嚴厲的干預，她的胖小孩必死無疑。[20]

相形之下，有些家長真的非常殘忍。有人回憶道，自己大概十歲時，曾被母親找來挖苦一番：「妳知道妳現在的屁股已經比我還大了嗎？」，接著開始教她應該怎麼控制自己的體重。她當時才十歲！更讓人跌破眼鏡的是，為了讓女兒好好聽講，她的母親還塞給她一大包洋芋片，正是她告誡女兒必須少吃的東西。說有多荒謬就有多荒謬。[21]

• • •

總之：被煤氣燈操縱的我們，沒辦法告訴自己所知之事，沒辦法回應自己的欲望，甚至沒辦法勇於面對我們的飢餓感。我們不只是被其他人或被整個社會煤氣燈操縱，我們有時甚至會自己操縱自己：我們會不斷自貶，認為自己某些心智層面（例如信念、欲望、意圖、感受）有所缺陷，因為我們無法做到白人至上、健全至上、年齡歧視、肥胖恐懼的父權體制的獨裁要求。我們覺得很失敗，因為自己不再相信下一次節食就會有用。我們甚至因為自己不再真心想要減肥，而感到失敗。我們覺得擁有正常人類食欲的自己，完全是個貪得無厭、腦滿肥腸的暴食之徒（貶義）。

長久以來，我自己其實一直是這種煤氣燈操縱的受害者。我一直未能，也拒絕傾聽自己的身體究竟想要、需要什麼。我一直未能，也拒絕傾聽自己飢餓的聲音，並一次又一次地節食。我甚至嘗試服用減肥藥，以抑制我的飢餓感。

過去十年間，大約從我二十多歲開始，就持續服用從藥房買的非處方「保健食品」——名字很難聽，叫做消脂丸（Hydroxycut），它聞起來有點像碘或硫磺。我也會在 Amazon 上向有點可疑的第三方賣家購買宣稱是苦橙成分的藥丸（苦橙據稱有抑制食欲的作用）。我在哈佛做博士後研究員時很喜歡的閣樓小辦公室，壁櫥裡頭就塞滿了空瓶。由於這些藥物幾乎沒有任何效果，因此我開始轉向處方藥的懷抱，興奮劑阿德拉（Adderall）。

一切的開端是我在哈佛時，為了討論我吃了一段時間的抗憂鬱藥物，去看了精神科醫生。我對醫生說，我不太確定藥物有無正常發揮作用，除了其他的憂鬱症症狀外，我覺得我很容易分心，也很難維持注意力。她問了我一連串問題，我因而驚訝地發現，她似乎懷疑我患有注意力不足過動症。雖然我有點懷疑，但我傾向配合診斷；緊接著，我拿到了一張處方籤，以及一堆亮粉紅色的圓形小藥丸。我很快就陷入對它們的依賴。

雖然我之前就曾聽聞，阿德拉抑制食欲的效果很強，但我並不知道它對我的影響會如此劇烈。我可以幾天不吃東西，沒日沒夜地工作。我的體重急速下降，彷佛可以飛翔。

接著，完全可以想見的，這種神奇小藥丸其實沒真的那麼神奇。我的下背肌變得極度緊繃、痠痛，就連幫我按摩的治療師都說前所未見；我肋骨下方區域因為太痛，幾乎無法觸碰。那年夏天，當我罕見未服藥，我會變得昏昏欲睡。我個性變得愈來愈焦躁，也很反常地出現暴躁與憤怒表現。我的工作陷入各種詭異困境，婚姻也深受其擾。我顯然需要停藥。

但我沒有。我還提高了處方劑量。

而且不斷地提高、提高、再提高。後來我搬到伊薩卡，換了新的醫生，他們也不曾質疑過我的診斷有誤；當我要求提高劑量時，他們連眼都沒眨一下。我會小心地避免在任何可能引發社交恐懼的情境（上課、演講、開會等）時用藥，但除此之外的時間，多半都服用。而那些時間變得愈來愈黑暗：我會在辦公室通宵，狂亂地寫下數以萬計的雜亂文字，這些書寫內容至今從未見過天日。有一次，我本來只想要寫一篇一千字左右的部落格文章（如果是現在，我最多只需要一個小時就能寫完），但阿德拉讓我變得太過焦慮、紊亂、狂怒，完全無法完成任務。我原地踏步了幾個小時，在我狂暴失序的腦海中轉來轉去。我徹底喪失了當一切順心就難得會出現的能動性。

我斷斷續續服用阿德拉約莫五年，一直希望能夠重現當初獲得的神奇生產力——以及，說老實話，那種神奇的減肥效果。減肥效果並未持續：我到最後變得比以前更胖。我的疲憊感已是文字所遠不能及，或許已達「腎上腺疲勞」的程度。我時常陷入十六個小時的昏睡（如果能睡的話）。我的心情極度鬱悶，而且感覺一直在追逐一種幻覺。

特此澄清——對於真正需要的人，在適當的劑量之下，阿德拉與其他類似藥物當然可能成為是日救星。但對於我這種患有焦慮症或其他狀況的人來說，它們極具毀滅性。我本來應該要迅速意識到這點。我應該要放棄我的白日夢（超高效率、史上最瘦）才對。但我卻對自己煤氣燈操縱，告訴自己阿德拉不是問題所在；我的思想，尤其是我的身體，才是萬惡淵藪。

• • •

煤氣燈操縱不是只會使用棍棒，也會使用紅蘿蔔。在《煤氣燈下》的開場中，曼寧漢先生稱讚貝拉「最近表現得很好」，還提議帶她去看戲消遣一下：「讓她忘記自我。」[22]對於可能外出，貝拉感到欣喜若狂，她基本上是個與世隔絕的人（部分因為她丈夫刻意孤立她，並斷絕她與其他親朋好友的往來），她興奮至極地回應丈夫的提議：「哦，傑克，我會變得更好——只要更能解放自我，我一定會努力變得更好。」此語一出，曼寧漢先生瞬間開始質疑她並未認真對待自己的「病情」。

儘管貝拉急急忙忙地解釋（「我已經好多了——因為你上星期待在家裡，且對我很好」），他則繼續存疑，最後將她精神狀態的好轉，歸功於他逼迫貝拉服用的噁心藥物上。[23]接著他要貝拉選擇，要看喜劇還是悲劇（她想笑還是想哭？貝拉歡天喜地說出心聲：「都很美好，那有什麼分別！」）[24]

然後，一切都沒了——更準確來說，一切都被奪走了。曼寧漢先生注視的兩人身後的牆，並用一種平靜但充滿威脅的口氣說：「我觀察到一件不對勁的事情。請妳在我不注意的時候，立刻改善，然後我們就假裝什麼都沒發生。」[25]牆上掛的畫不翼而飛，而貝拉被要求對此負責。後續劇情急轉直下——僕人全部被叫來，紛紛對著聖經發誓，說自己沒有移走畫；貝拉接著被逐步引導，並猜出畫被藏在樓梯後方角落（它曾兩度被放在此處），此事很快就成為證明她把畫移走的證據。貝拉變得愈來愈歇斯底里——尤其是在曼寧漢先生撤回要帶她去看戲的提議之後。他怒氣沖沖地說：「現在妳得控制好自己，否則後果自負。如果我和妳成了敵人，妳不會好過的，相信我。」[26]（當然，這一切都是圈套。曼寧漢先生把畫移走並藏了起來，好讓她錯亂。）

這一幕令人心碎，卻精準地捕捉到一種極其常見的虐待型態：被害人會先短暫地覺得自己很棒、被承諾將能獲得感情或物質上的獎勵，接著一切美好就會灰飛煙滅。她被迫責怪自己，然後被告知她必須學會控制自己任性的行為。

節食的權力動態也相當類似，即便實際上並不存在一名刻意傷害我們的虐待人。我們可能瘦了幾公斤，對自己感到驕傲、正面、樂觀，期盼自己可以穿上那件「緊身牛仔褲」。身邊的人們紛紛讚美我們——包括女性，無論是會管制其他女性身體的女性，還是單純也服膺節食文化的女性，也可能帶來隱形的傷害。在二〇〇八年上映的電影版《慾望城市》中，莎曼珊對她的三個閨蜜表示：「我想我之前都沒發現我變多胖。直到我看到妳們看我的表情。」年近五十的莎曼珊，約莫胖了四、五公斤。凱莉難以置信地說：「怎麼會——我愛妳，但我還是得說：妳怎麼可能沒發現？」[27]

然後，在我們意識到之前，我們所謂的「進步」也跟著灰飛煙滅：等我們開始復胖，我們會被告知得要責怪自己，都是因為我們意志力不堅定，才會減肥失敗。我們一定要好好振作，我們一定要學會控制自己的食欲。有時候，這些聲音不是來自外界，而是來自我們的內心——充滿羞辱，充滿自我審查。

• • •

正是這種動態，讓我們所有人終其一生都在跑步機上。我們會不斷跌落，但我們會不斷捲土重來。或許我們最期待的，莫過於能成為證明「長遠來看節食無法讓人變瘦」有例外的人。

其實想要挑戰此事未必就很不理性。確實，節食減肥的高失敗率，理應讓我們感到成功機會極其渺茫。但人生中確實有很多縱使成功機率極低，人們依然勇於挑戰的事情，例如：攀登珠穆朗瑪峰、出版一本暢銷書籍，或者在哲學學界取得一份終身教職，諸如此類。

但關鍵在於，縱使最後沒有成功，嘗試挑戰前述這些「不可能任務」似乎能讓我們的生活變得更好：登山者至少會變得健康、熟練，還能欣賞到令人難以置信的美麗景色；作家至少寫出了一本自己的小說，如果成功出版，也能確實接觸到一些讀者，縱使沒有登上暢銷排行榜；獲得補助的哲學博士生至少可以追求學術熱情或深化自己對哲學的喜愛，縱使他們最終無法以此為業。此外，就算這些較保守的目標也沒有達成，就算挑戰過程中人們因此感到不快樂，這些目標的合理性也會被仔細審查，看看是否需要放棄。

那麼，究竟節食是不是這種，即使長遠來看對大多數人都無效，但終究可以為人們帶來一些好處的實踐呢？答案：不是。節食只會讓我們飢餓、讓我們煩躁，並讓我們沉迷於一些自己不能再大快朵頤，甚至得嚴格限制的食物種類。節食只會讓很多人都出現心理健康問題，例如焦慮症、憂鬱症、嚴重的飲食失調症。[28]節食所帶來的一切負面健康後果，全都跟肥胖本身無關，而肇因於體重的劇烈變化（溜溜球效應）。節食不僅無法讓我們更靠近目標，實際上，節食常常只是把我們愈推愈遠，愈變愈胖。

節食還會占用人們寶貴的心智認知資源，這些資源本來可以用來創作、用來貢獻他人。節食會讓人際社交變得困難，因為我們必須避開特定的社會場合，或者必須在出席時，還得全神貫注地避免特定食物。而且，老實說，節食會讓我們變得無趣（除非是也在節食的人，否則誰會想聽我們高談闊論新的「飲食計畫」安排或「糖醇」的危險性？）

就連那些減肥後成功維持體重的罕見例外（也就是業界標準所說的「成功案例」），要維持苗條的新體型往往也非常辛苦。一位瘦了二十五公斤的女性，成功維持苗條體重長達十一年，但她每一天都得消耗一千八百大卡的熱量、限制碳水化合物的攝取量，並利用重達十公斤的負重背心或負重踝圈進行日常鍛煉——背著這些重量，開兩倍速，跟著健身影片做運動（她以前是每天慢跑一小時，但因為腳受傷只好放棄）。她說自己經常出現「跟食物相關的侵入性念頭」，飽受困擾。她並不認為自己維持體重所做的種種努力是一種生活方式，而是一份工作。聽起來，這更像是件苦差事，完全不是什麼好工作。[29]

這類的體重維持大作戰是常見的敘事，內容總是在灌輸人們要習得曼寧漢先生夢寐以求那種精緻的自我監控技巧。許多肥胖者（包括曾經胖過的人）每天都盡責地量體重，秤重結果不僅會成為人們自我感覺好或壞的依據，甚至能據此建構出一套自我級別。一位減重醫師最愛分享，有位減重成功的男子，不僅繼續每日量體重，他甚至還會為每口食物秤重，出外用餐也不例外（工作人員通常很願意協助）。[30]有名女性減重者在參與《減肥達人》後狂甩四十五公斤，現在她成為美國退伍軍人管理局的肥胖醫學專家；由於稍微復胖，她說自己的飲食計畫開始採行「鐵縮」政策——每天帶自煮食物上班、利用app計算熱量、避免自己在懷孕期間增加太多體重；家中也嚴禁巧克力或任何甜食。她表示：「我對自己吃的一切都帶有高度意識。這項努力不會停歇。」她十天中會激烈運動九天。儘管如此，她的體重依然會上下波動：她只要掉以輕心，體重就會開始回升。她對記者說，減肥是不會變簡單的。[31]還有一位減重醫師，在被問到為何有人節食會成功，至少短暫成功，有人卻總是反覆失敗時，他語帶雀躍說：「這可考倒我了。」彷彿這是個百萬小學堂上的題目。[32]

避而不答確實是個更符合節食產業（所謂的「健康產業」）中要角利益的做法。根據一份二〇〇七年的研究，在減重公司慧儷輕體裡，就連最成功的「終身」會員中，也只有一六%

在五年內成功維持目標體重（值得注意的是，這項研究正是由慧儷輕體所資助；如果有影響，應該是傾向報喜不報憂）。對此結果，慧儷輕體的前財務總監李察．桑伯認為是好事一樁，這代表公司「很成功，因為剩下八四％的人都得回來重頭來過。這些就是公司業務的來源。」[33]

不是每個在慧儷輕體工作的人，都認同桑伯這種輕鬆牟取暴利的說法。慧儷輕體時任的首席科學主管凱倫．米勒－科瓦奇就試圖用比較正面的角度詮釋這個結果：「公司營運不該以失敗為基礎。我們公司能經營五十年是有原因的……人們不時就會來找我們協助處理體重管理的慢性問題。」這另外一種說法等於是在重新定義——節食和減肥不只是件持續不懈的事情，還應該是沒有截止期限的永續任務。至於為何就連最成功的成員，都只有一六％能達到並維持目標體重，米勒－科瓦奇則反問道：「這是我們的理想嗎？當然不是。但還有什麼其他選擇呢？什麼都不做嗎？」[34]呃，對啊。

與此同時，牛津大學實證醫學中心的主任卡爾．亨納漢醫師，對此研究成果則提出嚴正批評：「所以說，就連你精心挑選出來的最棒人選，你的終身會員，全部都還是減得很辛苦，而且大多數人也都沒能維持他們的長期目標體重。四十年過去……到底人們要到什麼時候才會覺悟，知道這根本就不是解方？」[35]

這很難說。煤氣燈效應徹底奪走了我們的清醒神智，讓我們不斷地敷衍了事——儘管我們的體重上下波動，宛如那盞不斷閃爍的煤氣燈，清楚彰顯著我們所處的艱困處境。

在《煤氣燈下》的最後一幕，曼寧漢先生對妻子說：「貝拉，妳知道每當妳在房間走動時，都讓我想到什麼嗎……夢遊症患者。貝拉，妳見過這樣的人嗎？（妳擁有）那種滑稽、呆滯、茫然的神情，妳的心智漫無目的——就像一具缺乏靈魂為妳指路的身體。」[36]

然而，有別於曼寧漢先生的主張，遭受煤氣燈操縱者的真正問題，並不是我們的身體失控了，也不是我們的智慧把我們拋下了。真正的問題在於，我們的心智遭受到過於嚴苛的箝制與控制，進而阻礙了我們的身體爭取自由——包括逃離長期飢餓的禁錮。

CHAPTER 8 飢餓的權威 The Authority of Hunger

我二十個月大的女兒開始著迷於自己的肚臍。只要有機會，她就會掀起上衣，開心地指著它。

在她推論出媽媽和爸爸應該也有肚臍後，相關的探索任務旋即而至。但就在她掀起我上衣的瞬間，我發現自己出於本能地用力吸住小腹。我感到羞愧，接著對自己竟然感到羞愧而感到羞愧。就在那個瞬間，我突然意識到：為了女兒，我得整理思緒，好好想想我自己的身體才行。[1]

這個體悟來自於我人生中最極端的一次節食之後——我很遺憾地說，我女兒見證了這一切。疫情爆發後不久，我再次展開低醣飲食，並陷入長達半年的停滯期。在此之後，雖然我沒有真正「決定」什麼，但我基本上已經開始禁食了。在此之後的一個月內，我會連續幾天完全不進食。

儘管我是女性主義者，還是個肥胖倡議者，但我還是出於一股模糊殘存的義務，去做女性在生完孩子之後該做的事情：要瘦回原本的體重。早在懷孕前，我的ＢＭＩ就已經在「嚴重肥胖」的邊緣徘徊。為了成功受孕，我徹底戒掉了阿德拉，也因此我的體重快速回升。雖然後續懷孕期間我的體重反而沒有增加這麼多，但我感覺身體變得更軟爛——是個龐然大物、沒有線條、沒有形狀。我想要再次「變好」，希望在視覺上再次變得順服社會規範。我幻想自己充滿健壯肌肉、硬挺線條、削瘦結實、瘦骨嶙峋。我不僅開始討厭我的身體，還討厭我的飢餓和食欲。

我並不孤單。在一個恐懼肥胖的社會中，我們太常學到要與飢餓為敵。宣稱每個人都有節食義務，縱使慢性飢餓也在所不惜——這種觀念隨處可見。「間歇性斷食」幾乎可謂為當代節食文化的重要口號。二〇二一年，美國福斯電視台改編重拍一九七〇年代的影集《夢幻島》，那是個能夠實現一切願望的小島；在第一集，晨間主播克莉絲汀花錢來到島上，希望能夠好好吃東西，而且是「一直吃一直吃一直吃」——而不會變胖，因為在她的主播生涯中，她永遠都在挨餓（呼應這個情節，這一集的標題是「飢餓的克莉絲汀」）。劇中的克莉絲汀就是名一般女性，在她從嚴格的飲食控制中解放之後，她經歷了一段短暫、狂野、神奇的時間，最後開始展現些微的食人迷戀傾向（cannibalism）。[2]

但這種必須學會與慢性飢餓共存的普遍觀念，可以——且應該——要被挑戰。基於本書前述的種種原因，人們不僅沒有減肥的義務，甚至連節食文化在你我身上強加這些虛假義務一事，都是極其不道德的。這些虛假義務讓我們長期處於飢餓狀態，進而讓我們產生身體上的不適感、痛苦，甚至是一種折磨。我們每個人都應該要能脫離這種禁錮，因為那沒有任何實質意義可言。

• • •

在我開設的倫理學導論課程中，第一堂課我都會用這個簡單觀察作為開頭：痛苦和苦難是不好的，而且試圖避免或終結它們（如果可能的話）屬於道德之舉；此外，快樂與享受絕對是好的，只要確保沒有人會因此而受到傷害，我們就應該要盡量提倡、培養它們。

儘管素樸，這些觀點卻正是早期系統性倫理學理論的一個重要基礎，也就是效益主義（utilitarianism）。由邊沁與彌爾所提出與發展的效益主義認為，人們在評估任何行動時，應該要思考這個行動可能為世界上所有人，帶來多少痛苦與苦難，又會帶來多少快樂與享受。接著，若能把預期會產生的快樂減掉預期會產生的痛苦，我們就能獲得一種「淨效益」（net utility），當作我們衡量特定行動的標準。效益主義認為，我們的行動目標，是要讓道德共同體中每個成員（無論是人類還是非人類）的淨效益都能最大化。換句話說，我們應該考慮每一個人（包括我們自己）的快樂與痛苦，並且選擇能夠最大化快感、最小化痛苦的行為。

現在已經很少有哲學家還認為，效益主義是倫理學中的絕對真理。眾所皆知，效益主義可能帶有一些反直覺，甚至有些殘酷的意涵，例如，在前面提到的「胖男人」情境下，效益主義會要我們冷酷地犧牲一人，以拯救多人。[3]但不可否認的是，效益主義嘗試掌握（雖然失敗）的基礎概念，確實相當誘人。我們前面提過的那位彼得．辛格（以及他那既殘酷，又毫無說服力的主張），也試圖捕捉這個概念；他在〈飢荒、富裕與倫理〉這篇或可謂為當代最飽受推廣與稱頌的哲學論文中，提出了「避免痛苦原則」的概念，主張如果我們完全不會波及任何重要的道德價值，我們就有道德義務避免不良結果（例如疼痛、痛苦、飢餓）的發生。[4]辛格主張，我們（比較富裕的人）應該要捐更多錢給慈善機構，因為我們有解決世界各地饑荒問題的道德義務。他也認為，這類思考足以構成素食主義的強大道德基礎，因為吃肉會加劇所有非人類動物的苦難，牠們不僅遭宰殺以供食用，在此過程中牠們也經常遭受嚴重的虐待，例如工廠化養殖業。[5]

不管你如何看待這些主張，我們終究很難否認，會造成嚴重苦難，卻沒有顯著好處的社會實踐，在道德上應該是可議的。奇怪的是，有一種常見的社會實踐似乎從未因此受到廣泛注意：節食。

•••

節食真的會帶來痛苦嗎？根據我自己的經驗，可以向你保證：會。儘管人們常滿懷希望地以為，只要少吃甜食、避免暴食就能減肥，但相反地，我就是那種必須幾乎不吃東西，才可能看到體重下降的人。[6]

有時候，我可能什麼都不吃。禁食第一天時，我只會覺得有點冷，有點腦袋不清楚。當然，我會覺得餓，而且滿腦子會想著各種食物。但我在第一天時通常腦袋還算清醒。第二天或第三天會開始有點變化，我無法充分思考，無法決定要不要開始吃東西。等到第四天或第五天（如果撐得了這麼久），屆時我幾乎已經沒辦法思考了。我已經無法繼續擔任我自己的主人。

我會設法維持自己一定程度的運作，例如：完成基本的工作要求、照顧女兒、回覆急迫的信。但我會愈來愈冷，愈來愈沒效率。我的嘴變得又乾又皺，好像我剛灌下一堆超濃的單寧酸。我的胃反覆翻騰，空蕩，疼痛。睡覺是我唯一能放鬆的時刻，我卻常因為太餓而無法成眠。飢餓堅毅、無情地啃噬著我。我不感到空虛，但感到一股積極內耗的使命感。我的身體告訴我要吃東西，我卻殘吝無情地忽視它。於是，我徹底失去了傾聽的能力。

禁食持續不斷。我愈來愈無法說服自己離開不小心陷入的神遊狀態。從第三天就開始降臨的腦霧，使得我和視線中的每一個人都變得霧濛濛的。最近，我感覺自己開始和極度需要我的小女兒與丈夫徹底斷裂，過程中丈夫開始反覆問我一切是否安好，口氣愈加急切。

當然不好。但我沒有告訴他與其他人我禁食得多劇烈。我沒辦法。我無法向他人求助。

我真的做不到——我沒有力氣。

我後來之所以得以從這個崩潰狀態中覺悟，是因為我碰到了一名無意協助我的醫生。我因為回診而去找他。當天診間悶熱，空氣不流通，我還戴了兩層口罩（當時疫情大爆發）。我已經禁食七天，還沒想好何時要恢復進食，整個禁食期間我只喝原味氣泡水——沒有卡路里，也沒有味道。我從來沒有禁食這麼久過。我已經餓得昏頭，甚至沒有力氣被嚇到。

我遵從單子上的指示，虛弱地坐在檢驗台上。我感覺視線邊緣變得有點模糊，接著變成棕色，接著是黑色。我意識到自己快要暈倒了，覺得無比尷尬，想說要趕緊警告我的醫生。他以為我只是因為戴了兩層口罩，太不舒服，只語氣開朗地說：「別擔心，反正我們也快做完了。」他揮了揮手，任我自生自滅。

在這之前，他甚至還稱讚我迅速甩肉有成。那天真正讓我頓悟的，是憤怒。他本來可以，也應該要確認我的狀況是否安好。理想上，他應該要問我吃得合不合理——例如，有沒有吃夠？有沒有吃到足以維繫生活基本所需？我採取什麼減肥方式？是挨餓減肥嗎？醫生要問我這些基本問題本來很簡單，我卻只得到了認可、沉默、缺席。

於是那天我回到家後，保留著我寶貴、清醒的憤怒感——吃了東西。儘管只是家常菜，卻美味極了，令人痛苦，令人想哭。當糖分衝進我的血液，我獲得了一個極其痛苦的清醒時刻：我不能再這麼做了。我不能再忽視我的飢餓感。

• • •

有些哲學家主張，痛苦不是感覺，而是一道指令，也就是在我們內在浮現的聲音：「讓它停止！」[7]根據這種觀點，痛苦會在我們耳邊低語，甚至是尖叫：「弄掉那個樹枝！你受傷了。」同樣地，飢餓也會命令我們進食，以降低飢餓所帶來的特殊折磨感受，它堅定地催促我們：「吃點東西，吃啊！」

一直以來，我都將這種處於痛苦、飢餓、渴望的狀態，理論化為一種身體必須性（bodily imperatives），會命令我們行動，例如，累了要睡覺、渴了要喝水。它們要我們把手拿開遠離火源、要我們缺氧時大口吸氣。它們幾乎就像在和我們說話。

我認為，身體要求會形構出我們最重要的道德必須性，指引我們應該要對其他人、其他生物與作為行為主體的自己，採取什麼作為。[8]

那麼，身體必須性有哪些限制呢？當然，我無意主張人類的一切願望皆屬此類。身體必須性有一些關鍵特徵。第一，多數身體必須性都是普世皆然的，至少大致上要是如此：幾乎每個人多少會有過類似經驗（例如飢餓），而且對於暫時性缺乏這類經驗的人，往往認為是因為身體有其他狀況（例如生了重病、太過哀傷），所以我們才會沒有食欲。[9]第二，身體必須性是非常深層的渴望：想要獲得一支新iPhone的渴望雖然也可能很強烈，但這或許不會是一個，例如被困在荒島上的人會最渴望獲得的東西。概念上和馬斯洛著名的需求層次理論有點類似，身體必須性是建構我們生活中最基本、最首要的優先事項，例如對氧氣、食物、水、睡眠、溫暖的渴求，以及我想另外加上的兩點——對身邊環境擁有基本的控制感，以及一定程度的社會尊嚴。身體必須性就是施加酷刑者最知道要優先剝奪、可以對付受害者的東西：因為一旦身體開始抗議，人類就很容易陷入崩潰。[10]

最後，身體必須性的重要性，並不取決於我們自身。人們可以努力降低自己對新iPhone的渴望，或者可以一開始就不要興起這種消費主義衝動，但飢餓卻不是這種人們能夠直接控制，甚至長期分散注意力的東西。當然，我們可以，也常常忽略它，但我們多半還是會不由自主地感覺到它的存在——頻繁感受到，即便我們自己無意如此。[11]

把身體必須性視為道德必須性的想法，有個頗具合理性的倫理意涵。想像一個呼吸困難的人——他的身體高喊需要空氣，所以他必然開始大口喘氣。這種情境要求大家必須要協助這個人，並避免讓身體再次陷入這種匱乏、恐慌的狀態。這種抽象的道德必須性，將能夠導出許多更具體的倫理義務與道德禁忌。[12] 它也有助於解釋一些嚴重的道德錯誤行為，例如勒頸——故意切斷某人的氧氣供應，是人對人所能採取的最邪惡行徑之一，這不僅危險，具有控制意涵，更是一種酷刑。[13] 這種必要性也要求人們應該盡其所能，以阻擋潛在的嚴重呼吸道傳染性疾病（例如新冠肺炎）繼續擴散，像是戴口罩或接種疫苗。這種必要性也使得不顧自身風險去照顧病人的醫護人員，更顯英勇。因為他們不僅是在拯救生命或預防長期健康問題，他們是在協助減輕呼吸困難所帶來的痛苦折磨。[14]

長期處於飢餓狀態本身就是一種折磨，而且是我們許多人因為受到社會的強烈影響，而強加給自己的一種折磨。正如本書一再強調的，肥胖恐懼的壓迫性力量會強迫人們產生一種虛假的義務感，以為進行極端節食才是必須。這就是節食文化的精髓。如果我對身體必須性與道德意涵的看法正確，那麼這些虛假義務感在道德上，就是有害的——它們要我們忽視內在的需求，進而為我們帶來嚴重的苦難。

也許你還是有點懷疑，所以讓我們試想另外一種實踐——呼籲人們應該要盡可能地抗拒睡眠（其實現在確實已經有個非常類似的「奮鬥文化」[15]）。小睡片刻當然是不行的。即便你有需要，也千萬不要每晚都睡到七個、八個、九個小時。最理想的狀態，就是能夠連續抵抗睡眠衝動個幾天幾夜。我們可以為這種意識形態取個特殊稱呼，例如「間歇性斷眠」。我們可以說謊、欺瞞大眾，說這種生活方式會帶來天大的好處，例如心智清明、皮膚更好、壽命更長、體態更誘人——即便已有充分的實證證據顯示，人們不睡覺只會讓自己愈來愈疲憊，愈來愈需要休息。身體會告訴人們要睡覺。而我們要告訴人們，請忽略它。

現在讓我們再加上更多事實。這套體系會特別針對某些人，尤其是女孩、女性、有色人種（同樣地，正如創辦「午睡事工」（Nap Ministry）的翠西亞・赫塞所強調的，這對奮鬥文化來說似乎也是種社會現實[16]）。這套體系還所費不貲，因為我們會開始追求愈來愈極端的手段（例如藥物和手術），阻止自己規律睡眠。

對於這套體系的道德意涵，你有什麼想法？如果你認為並不妥當的話，也請你捫心自問——這跟節食文化有何不同？

• • •

為何我要向各位揭露我最極端的節食經驗？只是想要炫耀嗎？我在書寫本章時，在寫完那個段落後，我不得不承認：確實是。那個段落就像是要偷偷展現「我真的是個好胖子」——我或許是很胖沒錯，但我曾乖乖地、咬牙地努力減肥，就跟其他人一樣。

於是我就停筆了。

直到最近我才又重新提筆，想要再試一次。我感覺我有必要告訴你，我錯得多麼離譜、我根本就是節食文化的共犯，儘管我嘴上不斷高談著要抵抗父權體制所帶來的箝制。

不過，追根究柢來說，我感覺這更像是一種自白，儘管那不只是我本身的罪過，而更是在我生活的社會世界中，完全可以預期會出現的產物。在需要自我同理與尖銳社會批判的時候，我感覺這更像一種認罪。

於是，我才開始寫本章開頭你所讀到的那個故事。我希望可以藉此警告其他人，節食文化多麼容易煤氣燈操縱我們，而且多麼容易帶來悲傷、淒慘、危險的結局。現在的我發現，我當時的付出既不強大，也不脆弱，我單純是受到這股陰險社會力量的宰制而已。這股力量已經傷害了很多人，特別是脆弱的社會群體。有時候，這股力量甚至會殺死我們。

節食是帶領許多人步入飲食失調的一扇大門：根據一份重要的統合分析顯示，超過三分之一的「正常節食者」在兩年之後變成了執行嚴格且明顯不健康飲食限制的「病態節食者」；此外，約有四分之一的「病態節食者」在兩年之後，發展出部分或完全的飲食失調症狀。[17]雖然我們應該小心不要混淆相關性和因果關係——節食可能只是一種預先警示或早期的症狀，而不是導致飲食失調的原因——但這些發現仍然具有啟發性。研究者也認為，有一定比例的族群所採取的日常、「健康」飲食習慣，跟具有飲食失調傾向或全面性飲食失調症狀的飲食習慣之間，其實並不存在清楚明確的界線。許多人的節食實踐一直都是，或最後終究會發展成非常危險的狀態。千萬不要忘記，特定的飲食失調（例如神經性厭食症）是所有精神疾病中死亡風險最高的，[18]而且光就其定義就知道，它們將會帶來極度的痛苦。

我現在相信，我應該差點就患上一種被稱為「非典型厭食症」的疾病——這個疾病名稱用詞很不適切，因為這種疾病的患者遠比患有「典型」厭食症的人還要更多、更普遍。此外，令人不安的是，非典型厭食症在最容易出現飲食失調的族群中普遍存在，根據一項代表性研究的調查，有將近三%的青春期女孩和年輕女性具有非典型厭食症。[19]非典型厭食症的症狀與神經性厭食症大抵相同，包括過度在意體重、帶有扭曲的體態價值觀、對體重增加具有強烈恐懼、長期拒絕進食、思緒不清、難以集中注意力；兩種疾病症狀的唯一不同，就是非典型厭食症的患者體重沒有過瘦。正因為如此，儘管他們同樣承受巨大的身心折磨，但他們的痛苦與掙扎往往不被人察覺，甚至不引人起疑。他們的肌膚變得暗沉，幾乎像紙一樣薄，他們會出現腹痛與腸胃症狀（包括嘔血），他們的免疫系統惡化，而他們根本沒有力氣說話。他們也可能因為出現姿態性低血壓的問題，而難以好好站立，或者在起身時一陣暈眩。[20]三分之一的非典型厭食症患者會出現無月經症的問題，四分之一的人會心率過緩，然後至少四成的患者最終會需要住院治療。[21]

對於自己倖免於難，我鬆了口氣。但現在的我也知道，當時的自己確實非常危險。

對於肥胖者來說更是如此，因為醫生根本不會詢問我們是否出現這些症狀或者類似徵兆。就連體重已經在一個月內急劇下降，在診間甚至差點昏倒的人，都完全不會被醫師問到任何相關的問題，那麼，到底要付出多大的努力，才可能真的被診斷出患有這類疾病？

這可不只是個修辭學上的反問，而是個真正的問題。鑽研飲食失調的研究人員艾琳．哈羅普的研究成果，則成為一個重要的線索；她的研究團隊發現，非典型厭食症患者求診經常遭拒，理由是他們這麼胖，不可能有飲食失調的問題——即便他們確實表現出上述的所有生理症狀與嚴重心理不適感。非典型厭食症患者從發病後，平均而言得經歷超過十年的磨難，才會獲得診斷。[22]

• • •

我採行的是一種讓自己陷入慢性飢餓的極端節食方法。但若是為了減肥，選擇一些沒那麼極端的做法，例如只限制特定類型的食物，或者吃得很少，又會如何呢？

這裡有個重點要留意。許多人（就算不是全部）能吃的食物本來就有限制。我不是認為，只要不縱情進食，就必然是節食文化的受害者。許多人有一些疾病、食物過敏或不耐症；有些人有特殊的營養需求，以避免未來陷入更多苦難；有些人的財務狀況吃緊；有些人無暇或無力張羅食物。也有人可能是基於道德或宗教考量，而無法單獨或混合食用特定類型的食物。[23] 有人可能生活在「食物沙漠」，也有人可能極度貧窮，甚至面臨糧食不安全的挑戰。有人或許更重視其他事情，不太在乎美食，「吃飯只是為了活下去」。基於上述與其他族繁不及備載的種種理由，並不是每個人都需要成為一名追求享樂、大啖各種美食的饕客。

但不要為了減肥而限制進食的主張本身具有意義。反節食文化有其價值，許多人（例如我）就從踐行「直覺飲食」的過程中察覺到，這種飲食方式鼓勵我們享受食物所帶給我們的各種歡愉、慰藉與快樂。[24] 有些時候，感受可能相當強烈。有一些簡單的快樂，例如，抹了奶油的吐司、沾了點鹽的多汁西瓜，或者一碗熱騰騰、拌了辣醬的白米飯，就可以撫慰人心。

在這裡，療癒與慰藉感，跟歡愉與快樂感一樣重要——疫情期間很多人就察覺到，最能夠帶給成人心靈慰藉的，莫過於美食。而且，很多料理書跟美食作家長期以來都告訴我們，不一定要昂貴或精緻，才是好的食物。

人們常常假設，只要能夠滿足我們的基本營養需求就好，能否滿足或取悅味蕾不是很重要。儘管這個假設可能適用於某些人，對其他人來說卻可能大錯特錯。還記得史蒂芬．平克的評論嗎？追求吃千層麵而非清蒸蔬菜很不理性，因為今日吃大餐所獲得的「小確幸」，會被認為遠遠不及未來擁有苗條身材的「大快樂」。[25] 我很好奇：他可曾想過每天只吃低脂食物有多麼枯燥？只吃清蒸蔬菜有多讓人厭倦？為了變瘦或保持苗條，人們得要做出多少這種讓人喪志的選擇？我們究竟有多渴望千層麵？

節食文化中還存在一種個人主義，且某程度上很大男人主義的預設，也就是極力貶低食物在日常或特殊節慶時，能夠共享快樂的重要角色。然而，這種每天約莫三次，通常和親人一起滿足飢餓感的實踐，具有重要的意義，因為能夠創造自己與這個世界、身體與其他人之間的重要連結。這不只是一種抗議，也是一種保護，讓我們的身體得以不受到節食文化的異化。[26] 人們會一起參與的特殊宴席，往往也具有重要的價值，因為這些宴席多半都具有特定的家庭、文化或宗教意涵，在這些場合進食的目的，並不單單只是為了攝取營養。而節食文化卻禁絕或至少干擾了這些成分。

最後，就算節食不真的為我們帶來痛苦，只會創造一種模糊的剝奪感，它依然會置他人於危險之中，尤其是我們的下一代。在美國，近半數的三至六歲小女孩已經開始擔心變胖[27]，更有八成的十歲女孩已經展開節食[28]。近期一項統合分析則指出，超過二成的調查兒童已經出現飲食失調狀況，且女孩受到影響的程度再次不成比例地高。[29]此外，六至八歲女孩不滿意自己身體的一項關鍵預測指標，就是她們的母親是否對自己的身體不滿意——而這點通常可以藉由母親是否也在節食作為佐證。[30]父親也難逃其咎。一項研究顯示，如果父親對自己身體不滿、「追求苗條」（同樣地，通常父親就也會出現節食行為），這點將有力預測他女兒在青春期前期就開始發展出飲食失調的早期徵兆。[31]

大家難免會問：但暴食不也是個問題嗎？我想，關鍵在於你如何定義「暴食」。如果你的暴食是指，為了滿足飢餓感而攝取了對身體來說過多的熱量——我不認同這種定義。這只是食而已，沒有暴。當然，這可能會讓身體變胖，超出社會認可的範圍，但這依然應該被視為是人類多樣性很正常且珍貴的表現。不過，如果你的暴食是指，即便已有飽足感卻仍然繼續吃，甚至達到不適、噁心的程度——那麼我同意，暴食是個嚴重問題，因為它會傷害身體，而且它多半不是偶一為之的「選擇」（例如，剛好是感恩節，所以稍微放縱一下，多吃了幾塊餡餅）。但我此處主張的享樂觀點，根本不會涵蓋到暴食的行為，因為就後者的定義而言，它所帶來的痛苦比快樂更多。就此意義討論暴食現象的相關理論，已經遠遠超出了本章的範圍，[32]但我想補充的是，如果有人的身體因為長期遭到拒絕或忽視，我認為身體會不斷告訴、喝斥、甚至尖叫著要那個人去吃飯，即便已經吃飽也不甘願停止，在這世界上似乎是再合理不過的事情。如果這種威脅持續存在，我們的身體對於被剝奪，自然會愈來愈害怕。

• • •

本書已經充分證明，無論你如何思考減重的目標，通常節食都不會奏效。因此節食，就算是選擇看起來比較溫和的方法，依然只是徒增痛苦、減少快樂，而且沒有任何實質回報——完全是件道德淪喪的事情。那麼，如果是明顯有效的減肥手段呢？這個問題將引導我們思考兩種確實可能奏效的做法，這兩種手段利用不同的方法挾持我們體內的飢餓訊號，並抑制我們吃飽的能力：減重手術和食欲抑制劑。

減重手術的效果，部分來自於它能讓人無法過量飲食，否則就會感受到痛苦。減重手術形同是為他們強加了一種身體必要性，讓他們一次不要吃超過一定分量的食物，不然就會出現胃痛、胃痙攣、胃脹氣、噁心、嘔吐、腹瀉，以及一種被稱為「傾倒」（dumping）的狀況（這名字取得很精準，指因為食物進入胃腸的速度過快，除了會引起前述症狀外，還會暈眩、頭昏腦脹、心跳加速等現象）。減重手術的目的是要減少飢餓感（至少在短期之間）並創造其他代謝與激素的變化，儘管這些變化的研究目前並不完全。根據美國代謝暨減重外科醫學會的數據，患者的體重在術後會迅速下降，一般患者通常可以減去大約一半的「超額體重」。[33]顯然，減重手術的效果比節食顯著得多。

不過減重手術有很多缺點。這類手術中最極端者，甚至會切除大部分的胃（高達八成），即便患者的胃功能完全正常。[34]由於減重手術問世得晚，其術後的長期健康影響尚屬未知，故這種做法儼然就是一種人體實驗，而且規模還持續擴大。在二〇一一年至二〇二〇年間，美國每年進行的減重手術數量增加了超過五〇％，幾乎翻倍。[35]而這個增長可能跟減重手術在美國所創造的可觀利潤很有關係。

手術本身可能很危險。根據估計，每二百位接受最常見減重手術（即胃繞道手術）的患者[36]，會有一人因出血、感染、血栓等併發症而死亡。[37]儘管業者往往會拿這個死亡率跟其他手術（例如膽囊切除手術）做比較，但就擇期手術來說，減重手術的風險顯然非常大[38]。

除了減重手術的風險、疼痛和費用（並不是所有保險都給付這種手術），很多患者在術後還會遇到其他嚴重的問題。最常見的是鴉片類藥物成癮。[39]患者多半不再能夠正常進食或享受美食，而不出現後續的可怕後果——營養不良（包括貧血、壞血病）、膽結石[40]、疝氣、腸漏症[41]、腸阻塞[42]、嚴重的骨質流失[43]。最後，許多人（大約三分之一）在術後的體重反而明顯增加。[44]就連部分減重醫師都願意承認：「把胃切掉一半並不是解決肥胖問題的理想方法」。[45]

減重手術也需要後續醫療介入，包括其他手術與住院治療，而且這具有明顯的規律性——約三分之一的患者在術後五年內，就會需要開始展開這類醫療措施。[46]

最令人困擾的一點或許在於，研究顯示，接受減重手術的病患後續的自殺機率至少是未受術者的兩倍。[47]確實，相關不是因果，我們在推斷因果方向時應該謹慎。但這些發現確實讓人深感不安，故所有考慮接受這類手術的人都應該要被充分告知。正如心理學家凱西・古德帕斯特所說：「許多人認為減重手術是『最後手段』，如果連它都無法讓生活品質如預期地變好，自然可能陷入絕望。」[48]我想要強調，對於接受減重手術，好讓自己的身體更能融入這個世界的人，我深感共鳴，我對於永遠都在節食的人也是這樣想的。根據我前述的論點，我認為每個人都有權利選擇要承擔特定健康風險，並利用這些方式減肥，而且與此同時，每個人也都有權利選擇繼續維持肥胖的身體。但是，就本書主要關心與批判的社會層次而言，我認為減重手術是個極其可議的作為。減重手術產業是以脆弱社會群體為獵物，說服他們認為自己不但有權利，而且有義務要接受這些危險手術，甚至提不出令人信服的醫學理由。這種義務根本不存在。更有甚者，誠如作家及肥胖倡議者瑞根・崔斯坦所說，如果這個世界不再如此恐懼肥胖，我們應該可以充分相信，不會有這麼多肥胖者想要接受這些手術：

我們之所以可以接受「肥胖者的消化系統應該被殘害，且肥胖者應該為了變瘦而冒生命危險」的觀點，明確彰顯了幾件事情，（包括）我們文化中的體重汙名有多麼嚇人。我好奇，瘦子是否能想像自己必須不斷地遭受這種惡劣的對待——除了偏執惡劣的人外，還得生活在一個沒有他們容身之地的世界（並因無法容身遭受非難）？他們是否會願意切除完全健康、正常的器官，為了至多能改變生命，但也可能喪命的選擇？我們必須清楚知道：是因為體重汙名在當代社會如此可怕，醫生才會建議要以手術介入。試著這樣想想看——我們不再只是把午餐錢乖乖交給霸凌者，我們還雙手奉上我們極度健康的胃。[49]

我和崔斯坦一樣，非常擔心減重手術成為一種持續茁壯的社會實踐。它不僅會加劇肥胖的汙名，而且這種標榜所有身體與體型都適用的誘人解方本身，完全就是無事生非。我渴望的是個能讓所有人容身的世界，而且我相信那應該是我們在道德上、政治上都應該要追求的世界；我也渴望一個沒有人需要無緣無故挨餓的世界，包括以減肥為由。

•••

我們除了忽視飢餓、讓它難以被滿足之外，也會嘗試使它噤聲。我們會服用減肥藥——更具體來說，我們會服用食欲抑制劑。正如前一章所述，我自己就曾經這麼做，而且我服用的頻率與速度之快，讓我感到無地自容。

大多數臨櫃就能買到的藥物都只是招搖撞騙，沒什麼功效。其他藥物雖然對於某些人有效，但往往因為太危險而必須從市場下架。處方藥「芬芬」（fen-phen，氟苯丙胺加芬他命的複方）、「瑞達斯」（Redux，成分是右芬氟拉明，通常會跟芬他命同時開立）會導致目前看來不可逆的嚴重心臟瓣膜傷害。[50] 它們導致數以百計的服藥者出現原發性肺動脈高壓症，由於肺部微血管異常增厚，導致呼吸愈來愈困難，最終導致心臟衰竭。[51] 根據記者艾莉西亞·蒙迪的描述，最糟的狀況是會讓患者「緩慢地窒息死亡」。[52]

芬他命（Phentermine）是一種興奮劑，目前還在市面流通，它通常可以減輕一定的體重——雖然有極低機率會誘發高血壓、心悸、呼吸急促、胸痛、失眠，以及許多其他常見的副作用。[53]

阿德拉與其他的興奮劑藥物，也能有效減重。雖然缺乏其減重效用的良好資料，因為就連是標示外使用*，它們也很少是為了減重目的；不過，根據我的親身經驗，它確實有減重效果。但它同時也讓我陷入焦慮、瘋狂、失眠，甚至一度出現自殺傾向。只能說，用「不是個好主意」形容它可能還有點輕描淡寫了。更遑論，事後你的體重絕對會快速回歸。

雖然有人可能對於我服藥減肥大感震驚，但其實這是個相當普遍的做法。研究顯示，將近五%的大學生在調查中表示，他們會為了要減肥而服用非法的處方興奮劑，包括利他能

（Ritalin）與阿德拉。[54]（值得注意的是，這裡並未納入確實擁有處方藥物的學生；即便沒有明確的過動診斷，要從無良醫師取得這類處方藥其實並非難事。）還有一項研究顯示，一五％在服用非法物質、年齡為大學生階段的女性表示，她們是為了減肥而服用，尤以古柯鹼、安非他命、甲基安非他命、搖頭丸等興奮劑為主。研究人員補充道：「女性減肥方式愈極端，她們基於體重而開始服用與繼續服用非法興奮劑的風險就更高。」[55]

此類物質的副作用很強，其中影響心理健康的症狀包括焦慮、恐慌、偏執、精神疾病。憂鬱症也是常見的副作用，尤其是在停藥之後。它們也會導致口乾舌燥、噁心、胃痛、嘔吐。有些人服藥時會變得特別外放、浮誇，甚至會覺得自己所向無敵——有時這不只惱人，還可能會對自己或他人帶來危險。這些藥物也會導致睡眠困難、睡眠障礙、頭痛、顫抖。在極端案例中，甚至可能引發心血管症狀，例如中風、心臟病發。興奮劑濫用有時也可能致人於死地。[56]

我們已經反覆看到，追求苗條的代價，就是要違反基本的身體必須性——不是以飢餓的形式，就是以缺氧的形式。或者剝奪睡眠，或者剝奪和平，或者剝奪安寧。

而有個再簡單不過的事實：無論是否感到飢餓，我們的身體都需要營養（號外！號外！

＊ 譯注：藥品仿單標示外使用（off-label use），是指未依照藥物許可證所載之適應症或效能，而開立藥物。

人類需要食物才能生存！——本書還真是值得花錢買）而就這點來說，食欲抑制劑輕易地就可能把我們推入危險的境地。

總之，就算是對於意見與我不同、依舊堅信減肥有其價值的人而言，目前這兩種用來替代節食的手段——減重手術與服藥減肥——施加在那些遭到相關產業剝削、掠奪，往往極度絕望之人身上的重大風險，其實並不值得。而且後果不堪設想。目前沒有任何可靠且合乎道德的方法，可以讓肥胖者變瘦。即便你再怎麼擔憂其他人的肥胖體態（因此再次跟我意見不同），在合乎倫理道德的前提之下，你其實沒辦法給他們任何建議。

• • •

現在，讓我們來做個思想實驗：如果真的存在一種簡單、無痛、沒有副作用的減肥方法，那又如何？新一代減肥藥所標榜與吹捧的，往往都是這些特點；目前最知名的莫過於每週注射一次的司美格魯肽（semaglutide，多以品牌名Ozempic、Wegovy銷售）。不過，這些對功效與副作用的宣稱都有些誤導、誇大不實。（藥盒警語指出此類藥物可能會致甲狀腺癌；[57]許多服藥者會有噁心、嘔吐、消化不良的反應；而且它們要價不菲，每月就要超過一千美元，除非有保險給付——在我寫作之際，保險通常不會給付。[58]）但我們當然可以想像有一天這種藥物會被改良，而且需要的人都能夠免費取得、服用。然後呢？我們應該如何思考這樣的社會實踐？

我想，不少讀者此時可能會開始猶疑。因此讓我們來做幾個類比，譬如利用美白乳液讓膚色較深的人變白，或者進行鼻整形手術（俗稱的「隆鼻」）改掉「猶太鼻」的特徵（我的鼻子就屬此類），又或者施打肉毒桿菌撫平皮膚皺紋（我的皮膚肯定正在朝這個方向發展）——就算哪一天這些醫療介入變得非常安全、零成本、無痛（現在還遠非如此），就社會層次的分析來說，我還是會抱持反對立場。因為這些作為是要抹除人類多元身體之間的差異性，但我認為，多元身體反而是我們應該珍視的。此外，這些抹除差異的作為並不是隨機的，而是以鞏固白人至上主義、反猶太主義、厭女情結、年齡歧視的審美標準為運作方式。[59] 有鑒於這些實踐日益普遍，我認為我們正在往令人遺憾的方向前進。然後若要一言以蔽之，我認為，這些實踐全讓人毛骨悚然。[60]

我認為，肥胖身體屬於多元身體的一員，而人類身體的多樣性非常寶貴。我認為，肥胖者不僅應該獲得尊重、獲得有尊嚴的對待方式，也應該要獲得足夠的醫療服務與其他資源。我認為，我們的肥胖會創造一些事物，值得我們繼續擁有。我們的體型、體態與單純存在，就能為世界帶來一些什麼。正如羅珊・蓋伊寫道：「我很有架勢，我占據空間，我威風凜凜。」[61]

當然，肥胖也可以是美麗的，但我認為這是最不重要的一點。肥胖也可以是醒目的、挑釁的、撫慰的、保護的，或極度地反文化。肥胖可以是一塊巨大的空白畫布，充滿了有趣的藝術性與創意的可能性。肥胖造就了許多令人目亂神迷的華麗表演和戲劇性的時尚設計。[62]正如網友isocrime在推特上所說：「你可以形塑脂肪、抬起脂肪，可以移動它並轉為各種夢幻形狀，你可以打造出真正基進的身形輪廓，因為你有更多可供使用的身體。」[63]

肥胖可以培育懷孕、生產母乳，並讓孩子成長。肥胖是嬰兒肥嘟嘟的可愛手腕（有時會被稱為「胖手鐲」）和圓圓的小肚子。肥胖是歌劇歌手演唱時震懾人心的腹部起伏，是妮可．拜爾華麗的比基尼姿勢。肥胖是豐腴的、流動的、甘美的、無法抑制的。肥胖可以激發愛、敬畏、崇敬。儘管我們的體型與體態迥異，卻能充盈出一種集體連結感，我們擁有共同的脆弱性與共同的命運。肥胖可以恰如其分地引發特定族群的恐懼與排斥，而這群對於韌性身體毫無容忍的人正好讓我們不必靠近。琳蒂．韋斯特曾寫道，女性的肥胖尤其會「驅離那些魯莽預設女性的存在就是為了讓他們消費的卑鄙、刻薄男人」，當他們「對女性真實的軀體形貌這種基礎問題暴走之際，反而更加暴露了他們的懦弱內在。」[64]

換言之，肥胖是值得重視的事情。如果所有或多數肥胖者都服用了那些神奇的減肥小藥丸，一些重要的事務也會跟著消失殆盡。再次借用網友isocrime的話——我們將會失去「柔軟和繁茂的奢華，占據空間的自由……超越人們的期待、在重力與肉體的點綴下生活。」[65]當肥胖被消除或甚至變得稀有，我們也將集體消亡。

不過，就算承認神奇小藥丸可能帶來社會傷害，或許你作為一位孤單的胖子，還是會想知道：你應該服藥嗎？

跟之前一樣，我想我們應該要把這兩個問題分開——你有無服藥的權利，跟你有無服藥的義務。我認為每個人都有權利對自己的身體做大多數你想做的事，只要沒有過於輕率（例如不戴安全帽騎車或吃安非他命減肥），而且不會直接傷害他人（例如在有小孩的室內抽菸）。畢竟無論如何，那是你的身體。此外，不管你是想要變得更瘦、想要變得更白、讓鼻子更挺，甚至是想要撫平你眉心的「皺眉紋」——我都認為你有權利去做。生活已經很艱難，而這個世界上的種族主義、膚色歧視、反猶太主義、性別歧視、厭女情結、年齡歧視、肥胖恐懼與各式各樣的其他偏執，只會讓帶有汙名特徵的生活變得更加艱難。我完全不認為，你應該要因為選擇了比較容易的道路，或做了你認為能讓生活變得勉強足以忍受的決定，而被指責、羞辱或批評。

但我希望你可以知道：你沒有義務要做出這些選擇。你尤其沒有義務，要為了取悅他人、社會或安撫已經內化理想身材標準的自己，而去減肥。儘管這款假設性藥物能讓你不用付出醫療或經濟成本就能變瘦，缺點比較少，但對你來說，它沒有增加什麼決定性的優點，甚至無法確保真的有優點可言。

而且我還想要更進一步。雖然我認為你有權利服用這款假設出來的神奇減肥藥，但拒絕這麼做其實也有一些好處——很酷、有膽識、令人欽佩。[66]（同理，我也認為能夠抵擋社會壓力，堅定拒絕用手術或肉毒桿菌來美白或改變臉部特徵，令人敬佩[67]。）換言之，當你願意讓你的身體親上火線，某種意義上，你就是在展現肥胖與更具多元性的身體多樣性。你的現身，就是在抵制那套狹隘，而且老實說相當法西斯主義式的身體規範、理想、價值觀。當你願意力挺因肥胖而被他者化、邊緣化的人時，你就是願意和遭到霸凌的年輕的我、遭到騷擾的奧布莉·戈登，以及被迫背著垃圾袋跑步跑到幾乎哮喘發作的德蕭恩·L·哈里森，站在同一陣線。

除此之外，你也是和其他無以計數的沉默者站在同一陣線。他們還沒有說出自己的故事，甚至可能還未能開展自己的故事。我們擁有集體的力量，能夠讓這個恐懼肥胖的世界變得更好。

你沒有這麼做的義務，但如果你做得到，這對你和對我們所有人來說，都會是很棒的事情。

當然，你現在可能還無法拒絕服用那顆神奇藥丸，也還沒有辦法用我所描繪的方式，展現與加入我們對於肥胖恐懼的集體反抗。那顆神奇藥丸還沒有出現，甚至可能永遠不會出現。但你可以拒絕節食，可以停止注射Ozempic。我們這些享有特權與工具（無論是經濟、心理、還是社會性）的人，可以選擇尊重飢餓與其他更具體的渴求，可以選擇賦予飢餓感與我們的身體一定程度的權力。我們可以起身對抗節食文化這個極度剝削、高度資本主義、煤氣燈操縱性的惡夢。我們可以降低擁有肥胖身體的孤獨感——儘管多數美國人的身體都是如此，它卻依然成為愧疚感、恥辱感、自我厭惡的基礎。我們也可以反抗會與厭女情結、種族主義（特別是反黑人）、階級歧視、跨性別恐懼、同性戀恐懼、年齡歧視、健全主義緊密交織的肥胖恐懼。因此我們可能，在各個方面都變得更堅定不退縮——用一種毫無歉意、無所畏懼、優雅的方式重新奪回我們的空間。

所以這段日子以來，多數時候，我都能夠對節食文化說：「去你的」。我肚子餓的時候就會吃東西。我會吃聽起來對我好的東西。我有時候會、經常會吃罪該萬死的千層麵，而且我會和我的女兒一起分享。我知道她正在看著我、吸收這一切。

結論：不抱歉
Conclusion: Not Sorry

二〇二二年五月十六日，《運動畫刊》所公布的年度泳裝特刊封面，是身著大鏤空黑色綁繩泳衣的大尺碼模特兒友美・努。必須強調，努完全滿足傳統對美麗的要求，只有兩點不符——第一，她不是白人（而是亞裔美國人）；第二，她不瘦——雖然依然只是「小胖」。

反動的加拿大心理學家喬丹・B・彼得森，覺得自己適合在推特上發表高見：「對不起。不美。再怎樣獨裁的包容，都無法改變這點。」[1]雖有不少人同意，但這則貼文很快就引發眾怒，迫使他因此關閉社群帳號——關了大概五分鐘。

一個月後，彼得森又轉了一張圖：《紐約郵報》對剛被《美信》雜誌選為全球「最性感女性」的佩奇・斯皮拉納奇所做的報導。在這張三拼圖中，婀娜多姿、白皙、金髮的斯皮拉納奇穿著高跟鞋和比基尼，擺好姿勢，胸前襯衫鈕釦敞開，乳溝展露無遺。「好。她可能就滿美的:)」彼得森寫道，性趣高昂。[2]（幾個月之後，斯皮拉納奇因為體重微幅增加，在Instagram上遭到肥胖羞辱而登上小報的頭條新聞，他卻沒發言。）[3]

儘管令人沮喪，但老實說，這種態度與其促成的反應其實非常普遍。彼得森發表高見的方式就不經意地彰顯了這點。他先說了聲「對不起」。當然，他根本不覺得對不起。但這種盛氣凌人的語氣代表，這名男人所拒絕的，是一項要給他個人、彷彿屬於他的東西。問題不在於那不是他的菜，問題在於這彷彿是要給他的菜，只不過不符合他顯而易見的口味。就美麗而言，他就是裁判，而只有他的歡愉才是標準。可悲的是，這個世界常常同意並授予特權者這種錯誤的權威。

• • •

在本書的尾聲，你可能會好奇：我現在對自己的身體有什麼想法？不過，接下來的內容，恐怕不是什麼大獲全勝般的結尾。這有部分是因為，我的故事還在撰寫之中；也有部分是因為，這並不是擁抱自己的身體，而是觀點上的轉移——而我從中找到了自由。

在我探索這一切的過程之中，對我幫助最大的想法就是：我的身體，是為了我自己所存在。你的身體，是為了你自己而存在。我的身體不是裝飾品。你的身體也不是裝飾品。[4]正如這句口號所言——我們的身體就是我們的家。

當然，你可以對我的身體有所反應。可能正面，可能負面，可能中性，可能好，可能壞，可能覺得反感，可能不反感。儘管相反於彼得森其同流要你相信的，認為對他人身體的態度粗魯、甚至令人討厭，這不是獨裁。你有權利發表你的意見，但我也有權利認為你這樣想很混蛋，而且根本沒人問你，你還硬要講，更是混蛋中的混蛋。

當然，這很複雜。我想要用身體表達自我的方式，勢必會受到我所身處的文化以及我對這世界所感知的各種複雜規範左右。我可能會想和其他身體互動，如果他們同意，而這樣的發展令人開心。但一樣，無論如何，我的身體都是為了我自己所存在，你的也是。

我將這種觀點稱為「身體反身性*」(body reflexivity)，以和身體自愛(body positivity)與身體中性論(body neutrality)區別。[5] 身體反身性並不要求人們以特定的立場評價自己的身體形態，它與認為自己很美麗、很性感(或不性感)的想法可以兼容並存。我們可能會拒絕過度考慮自己的外表。身體反身性要求我們全面、重新評估，自己的身體究竟是為了誰存在——應該是為了我們自己，而不是別人。我們沒有取悅別人的責任。

順理成章——你對我的身體所產生的反應，不是我的問題；它既不重要，也不是救贖。身體不是矯正、殖民或消費的對象。如果我的身體讓你瞬間冷掉，或讓你覺得它有缺陷，不好意思，我不感到抱歉。

• • •

* 編注：反身性(reflexivity)，在社會學中，指行動者識別社會化力量並改變自己在社會結構中位置的能力。

雖然已經在推特上發了兩則完全展露其無趣性偏好的貼文，彼得森顯然還不滿足。二〇二二年六月二十日，正值同志驕傲月的巔峰時期，他轉發了一段影片，抱怨近日在德州達拉斯所舉行的變裝皇后活動：「對不起。真的不美。簡直是病態至極。」彼得森義正嚴辭地說。言詞古怪，情緒有害。[6]

原始影片所附的說明文字略以：「如果我想帶小孩或嬰兒走進脫衣俱樂部，我一定會被當場逮捕，兒童保護服務（CPS）還會把我的孩子帶走。過度性化的表演不適合兒童。」[7]但整段影片中的煽情畫面，莫過於一名身穿白色束身衣的變裝皇后所做的雙腿開叉舞步，其他肥胖者只是在公共場合有些挑逗地舞動身軀而已。影片中只出現兩個小孩，其中一名甚至還是根本搞不清楚東南西北的嬰兒，而且這兩個孩子究竟要參加哪些驕傲月活動（如果參加了），真正該全權負責的，應該是他們的家長才對。

身體恐慌時常聚焦在兒童身上，跟道德恐慌很像。如果兒童的身體剛好是道德恐慌的基礎，更是火上加油。美國的跨性別兒童，現在就正和他們的家長一起成為眾矢之的。在德州，若孩子接受了性別重置手術，州政府就會對其家長展開調查，甚至還可能指控他們虐待兒童。截至我書寫本文為止，就有九個案件正在調查中，而這些兒童最終可能因此被迫帶離關愛、支持他們的家庭。[8]

這種發展的重要先例，正是社會對肥胖孩童及其照顧者所興起的恐慌。如前所述，肥胖者的身體一向是受到管制，且限制不得接受生殖技術的對象，包括凍卵[9]與體外受精手術[10]。有不孕困擾的患者往往被告知要減肥。最近一項針對近四百名「肥胖女性」的研究就顯示，她們最後懷孕與否，跟減重根本沒有關係。[11]於此同時，兒少保護或社會福利單位則持續對養出胖小孩的家長提出警告，甚至可能真的出手，把孩子帶走。[12]

根據美國小兒科學會現行的官方建議，跨性別兒童應該進行性別重置手術；[13]另外，學會也（獨立）建議，十三歲以上的「嚴重肥胖」兒童進行減重手術。[14]性別重置手術得以讓跨性別孩童用屬於他們自己的身體成長，也能顯著降低他們罹患憂鬱症或自殺的風險；[15]而減重手術，正如前一章所示，反而會讓肥胖兒童終其一生的基本營養需求或飢餓感都無法獲得滿足，還可能增加自殺的風險，如果成人病患的經驗足資借鑑。然而，卻只有讓跨性別兒童接受性別重置手術一事引起社會公憤。同樣是要對兒童進行所謂「不可逆」的手術（雖說性別重置手術只是可能不可逆，並不必然如此），但大眾疑慮卻顯然具有高度的選擇性——與偏見。而且，正如這個恐懼跨性別、恐懼肥胖的社會所言——這完全大錯特錯。

我們作為一個社會，顯然還沒能接受這個事實：身體樣態相當多元，兒童身體也不例外。每當碰到肥胖議題，這個明白的事實總是輕易被忘記，令人喪氣。雖然直覺飲食與反節食的論述已在部分的育兒圈中興起，但實際上，這些主張時常只是再次落入它們原先想要對抗的肥胖恐懼邏輯。有人低聲但堅定地認為，只要你不過度限制孩子的飲食，或者不要過度強調「好食物」與「壞食物」，他們就不會變胖。這種論調不同於另外一種更基進、更有教育意義的主張——有些人（大人小孩都是）就是會胖，而且這件事根本沒有問題。[16]

正如維吉妮亞・索爾－史密斯所說，在Instagram上發一張放了鷹嘴豆泥、紅蘿蔔、草莓和三顆M&M巧克力的精緻午餐便當，再加上#直覺飲食 #反節食文化 #身體自愛的標籤，對於解決我們對兒童的肥胖恐懼文化可能沒什麼太大幫助。[17]各種充滿彩虹裝飾的商品也一樣，無法真正幫助跨性別兒童，保護他們的身體與認同，不要受到持續滋長的法西斯主義影響。

我們真正需要的是徹頭徹尾的政治盤點，接著要在道德上肯認：身為肥胖者，和身為跨性別者一樣，都是人們可以選擇且深具意義的自我存在方式。我們應該要擁抱人類在體型、體態、身體樣貌上的多元性，而不應該以之作為有失公平的社會劃分依據，或藉其主張我們這些胖子理應受罰、理應挨餓，理應減肥。我們就是這樣，沒有什麼好丟臉的。我們的身體很冤屈，而且沒有錯。

因為如此，我在新冠疫情的封城期間時（由於我先生有免疫功能低下的狀況，我們家幾乎不會碰到任何活人），我決定打開Instagram，向我女兒展示各式各樣的身體。我讓她看了肥胖的、黑色的、深色的、跨性別的身體，也讓她看了帶有殘疾的身體，或者皮膚、四肢、臉部帶有不同特徵的身體。我還讓她看了我非常敬重且曾在本書提及或致敬的肥胖作家的照片。我讓她得以透過不同的視角看見他人的身體——不是評判，甚至也不是刻意的正面評價，我希望她能帶著尊重與和善，能夠心存感激與喜悅，因為我們全都一起生活在這個世界之中。我想讓她看見，這個世界不是只由擁有特定外貌的人所組成。最後我教她，擁有這種身體的族群應該要被這樣稱呼才對——人。（她先學會了發出「ㄖ」的聲音。）

最近已經開始有人說，我美麗的女兒跟我長得很像。有時連我自己都這樣覺得。我感到惴惴不安。

• • •

當我說「你的身體是為了自己而存在」，到底是什麼意思？首先，我的意思是，我們的身體所指定的唯一受益人，就是自己。至於要由誰來指定？我認為，如果我們（作為政治集體）所思考與行動的方向正確，就能夠做到這點。

辨別特定事物究竟是為了誰存在，也可能帶來重要的政治意涵。舉例來說，LGBTQIA+的活動本來就不是為了兒童存在。當然，參與彩虹驕傲活動可能會是孩子寶貴、有趣的經驗，說會擔心特殊性癖對孩子的影響云云，其實只不過是一些保守的鄉民言論。我並不苟同這種看法，也一定會帶我的孩子去觀賞變裝皇后奔放狂熱的表演。然而，許多白人、順性別、異性戀、中產階級的父母，時常錯誤地認為彩虹活動的存在目的，就是要教育下一代。這種對於彩虹驕傲加以消毒、高度自我中心的觀點，幾乎無異於企業彩虹漂洗（rainbow washing）這種只是把彩虹驕傲視為商機的犬儒作為。二者都犯了同樣一種錯誤，也就是沒有搞清楚彩虹運動究竟是為什麼，又為了誰存在——LGBTQIA+社群才對。

實際上，彩虹驕傲的初衷本來就是要舒緩遭到主流羞辱的族群所受到的汙名，在愛滋病盛行的當年，同志社群所遭受的打壓跟今日完全不可同日而語（話又說回來，近期佛羅里達州通過「不談同性戀」法，明文禁止學校在幼稚園到三年級的課堂上討論性行為或性別認同議題，似乎顯示社會趨勢正悲傷地轉向。[18]）彩虹驕傲要說的是，無論遭到怎樣的對待，我們都不需要感到羞愧，都應該要抬頭挺胸。一言以蔽之，彩虹驕傲要說的是：管那些酸民去死。特殊性癖本來就是彩虹驕傲的一部分，因為羞辱特殊性癖一向都是打壓酷兒族群的重要手段之一。[19]這同時也解釋了為何「白人驕傲」之類的運動不僅搞錯重點，而且有害——因為實際上，無論保守派怎樣無病呻吟，真的沒人會讓白人以身為白人為恥。正如哲學家伊麗莎白·巴恩斯所說：

> 在遭社會邊緣化的脈絡下，彩虹驕傲並不是要主張邊緣族群反而是上天的某種祝福或眷顧，而是要強調邊緣性其實也可以是件值得慶祝的事情。我們時常慶祝一些不涉及自我優越感的事情，舉例來說，我們當然可以對於自己擁有一頭紅髮、莫名超會玩桌遊《卡

坦島》、擁有大量漫畫藏書、能夠輕鬆跑完十公里感到無比驕傲。這些事情全都值得自豪，也全都不會讓我們感覺自己比缺乏這些特質的人高尚。在遭社會邊緣化的脈絡下，彩虹驕傲真正的主張是：擁有邊緣性其實也是件值得慶祝的事情，儘管主流社會告訴你，你應該要以擁有某些特質——包括種族、性別、殘疾等等——為恥，或感到抱歉，但實際上，這些都是值得你自豪的事情。[20]

同理，肥胖驕傲、障礙驕傲、酷兒驕傲、跨性別驕傲、黑人驕傲，也全是如此。這類行動的對象都非常特定，不應該被化約成單純的「身體自愛」練習——而且就此意義來說，這類行動更不應該只被視為是在倡議治標不治本的包容。肥胖驕傲是為了肥胖者而生的行動，而不是為了那些因為蹭帶有黑人女性主義根源的身體自愛運動，反而聲名大噪的纖細白人女性。[21]肥胖驕傲的存在，是為了因其體型而被逼到邊緣處境的人，是為了要讓他們從邊緣處境站出來，並為自己發聲：「我的肥胖身體是為了我自己而存在。而我將慶祝它的存在，不帶任何歉意。」

• • •

身體反身性並不要求我們對自己或別人的身體抱持單一態度。我認為，要大家永遠都對自己的身體抱持始終如一的正面態度似乎不太實際。舉例來說，或許不是所有跨性別者都能對自己抱持這種態度，有些跨性別者可能會需要或想要劇烈改變他們的身體，而且他們在此過程中也理應獲得充分的支持與肯定。這種態度可能也無法適用於特定的慢性病患者與身心障礙者，他們可能（偶爾）會因為疼痛感、喪失某些重要生理功能，而感到被自己的身體背叛。我們不應該禁止這些自我懷疑、恐懼、沮喪的感受，我們不應該管制這些想法，就像我們不應該管制人們的身體，更不應該管制誰能擁有身體的自由，而誰不能。

這些觀察也和近期的研究結果相符。研究者開始探索，身體自愛的正向思考，是否可能展現出「毒性」，並對人帶來強烈的反效果。他們解釋：

> 近年來，大眾心理學提出「毒性正能量」一語，來描繪這種主張人人都要抱持正面情緒（例如：知足、感激、快樂）、否定負面感受（例如：壓力、懷疑、沮喪）的觀點，但這種期望不僅會忽略，甚至會傷害人類真正的痛苦感受……我們認為，許多女性或許正在經歷與「毒性身體正能量」非常相似的「毒性身體自愛」，人們期待她們擁抱、接納自己的身體，對自己的身體抱持信心；如果無法充分自愛，就代表她們脆弱。[22]

於是，研究團隊精心設計出兩種類型的論述，其中一類偏向自我支持型的身體自愛觀

（例如：「你是創造自己幸福的人。就看你要不要做自己」），另一類則偏向控制型的身體自愛觀（例如：「你必須接受你的身體，否則你永遠都會不快樂」）。每段話旁都會附上一張中等體型、身穿白色背心與牛仔褲的模特兒照片。研究結果顯示，相較於控制型，自我支持型的身體自愛觀點，更能夠顯著地引發受試者的高度自我評價與身體滿意度；此外，自我支持型的論述能夠顯著降低受試者的身體羞辱與身體管控程度，但控制型的論述卻無法帶來這種變化。[23]

目前似乎看不太出來，要如何一邊鼓吹人們一律對自己的身體抱持正面態度，一邊避免正能量變調，產生毒性。確實，就個人層次來說，這種正能量未必有毒，但一旦被提升到宛如具有強制性的社會義務地位，它就容易開始散發毒性，而這將會成為身體自愛的一大問題。研究團隊如此表示：

> 當身體自愛成為強迫或感覺掌控性很強，就可能妨礙能動性與自主性的展現，最後適得其反。過度強調正向思考而對負面感受與負面經歷視而不見，將有損於人類對於真實自我與自我整合（需要知道自己忠於了自我）的實現。[24]

在此同時，我認為要對自己的身體抱持中性態度的觀點，更是乏善可陳。虛無縹緲的讚美已經夠糟了，完全沒有讚美豈不是更讓人沮喪？

此外，人類其實很難抱持真正中性的態度；有些心理學家認為中立態度極其罕見，有人甚至質疑中立態度根本不存在。光是人類用來描繪中性感受的語彙，可能充滿非常不同的意涵，舉例來說，覺得「還好」或「普通」——似乎都還是帶有一些負面的色彩。[25]其他描繪用語，例如「沒有特別感覺」所指涉的空白狀態，肯定也不是要在形容自己身材這種棘手對象時會被經常性使用的語句。總而言之，身體中性論充其量只是一種逃避判斷的暫時避難所，並不是個長久穩定的休憩處。這就像是在打分數時，給出既非正數也非負數的「零」——即便我們真正該做的，應該是要揚棄分數本身。[26]

身體反身性提出了一種截然不同的觀點，從而脫離了目前彷彿已經窮盡的選項列表：正面、負面、中性。身體反身性無意改變人們如何評價，而是要鼓勵我們直接超越評價本身（丈夫最常對我說的一句話就是：「我不會用評價的眼光看待妳」。這句話遠比他告訴我「妳很漂亮」還要重要。）對人們來說，身體並不是好的、壞的或中性的東西，人類是身體的居民——人類是以身體為棲地的動物。既然身體是人們可能適應、可能改善、可能惡化的居住場所，那麼只有居住者本人對自己身體的意見與看法才重要。

相較於身體自愛與身體中性論，身體反身性的概念本身就帶有一股政治理念——展現自主性的基進政治行動，將能落實對於肥胖、跨性別、非二元性別、酷兒、身心障礙者的權利保護。[27]此外，由於身體反身性並未要求人們對自己的身體抱持特定的態度，它也讓我們得以看清當前的政治局面帶給我們的心理影響。正如德蕭恩．L．哈里森所說，活在一個以傷害你為宗旨的世界中，產生不安全感是理所當然。我們之所以感到不安全，是因為身為肥胖者、跨性別者、酷兒、障礙者或擁有非常規身體的我們，擁有這些被哈里森統稱為「醜陋」的特質，而這個世界的設定，就是要我們感到不安全。他們寫道：

> 不安全感……必然是政治性的。如果醜陋的政治化就能導致人的社會性、政治性、經濟性、身體性死亡，他們勢必會感到自己缺乏保護、缺乏照顧、缺乏自信。就這點來說，不安全感是很合理的產物。如果住在一個持續遭到打罵的身體中，我們自然會沒有安全感。這些不安全感沒有改變反肥胖或整個醜陋政治的內涵與影響……你不可能不斷毆打對方，還期待對方完全不被這種長期毆打影響。不安全感並不是對個人的控訴，而是對這整個世界的控訴。[28]

身體反身性不需要，也不會試圖掩蓋這個事實。你的身體是為了你自己而存在，你的身體所遭受的種種責難，都是因為有許多人、許多實踐、許多社會結構全都忘記這點，還錯誤地延續「你的身體是為了取悅、服務、安撫他人」的荒唐謊言。活在由這種謊言構築而成的社會中，你當然很可能產生不安全感——而正如哈里森所說，這並不代表你個人或你的道德有所缺陷。[29]是這個世界應該要被打掉重練。這個世界應該要用更好的方式對待你。尤其是，它應該要停止自動地把你加入一場毫無意義卻蔚為流行的無聊比賽：美麗。

儘管哲學家較少處理如何挑戰肥胖壓迫，但對於要改革社會的審美標準，他們卻有相當豐富且多元的見解。A．W．伊頓提倡，應該要改變社會對身體的集體美學觀感，或許可以藉由反思藝術作品中所描繪的各種誘人、悅人、美麗的肥胖身體來做到。[30]近期，雪柔．佛雷澤則從肥胖時尚部落客刻意穿上「不顯瘦」穿搭的「顯瘦去死」（fuck flattering）運動中汲取養分。佛雷澤稱呼這些行動是「用作抵抗的美貌勞動」，她認為，肥胖者得以透過這些行動「重新定義與想像何謂美麗，並為自己與其他肥胖者創造空間」。[31]

上述討論都很細緻，也很重要，但我在這裡的建議是，哦我先承認，我可能比較粗暴一點——審美文化去死，最好帶著節食文化陪葬。燒燬它。拆毀它。因為，正如崔西．麥克米倫．卡頓所說，就審美標準中的反黑人特性而言，「美麗」永遠都不只是主流審美偏好的倒影，而是一種會「再製既有社會秩序的偏好」，[32]「美麗」會依照體型、膚色排斥特定族群並非偶然，而是為了利潤而蓄意為之的行為。我認為，要透過漸進調整的方式讓系統逐漸變得更公正，完全是天方夜譚。不公正就是這個系統的目標與功能，就是這個系統存在的理由。麥克米倫．卡頓就說：「為了強迫，美麗就必須具排斥性。美麗不允許普遍。」[33]

我期待有朝一日，現在這種殘忍無比的選美比賽，將不再有評審——也不再有人參賽。我不是要大家研究中立態度有成，不是要人人都是贏家、人人都有參加獎。我是希望這種競爭根本不要存在。本來就不應該比賽。沒有比賽，就沒有評比——但這不代表人們將無法欣賞美麗。如果你去散步，你不需要比較或排名或宣稱誰更優越，也可以欣賞那片落葉、那片晚霞、那隻狗的美麗之處。這也不代表人們將無法自我表達。每個人可能都會有感覺最像自己的形體與相貌，你將能依照你的想法穿著、打扮自己，不是因為這樣比較好看，而是因為這樣更能呈現你的真實自我。你將能恣意拉扯甚至挑戰你原先的想像力（或者，也可以繼續成天穿著我的黑色緊身牛仔褲和有彈性的寬鬆上衣。）

確實，我們距離這個徹底揚棄美麗與節食文化的未來，顯然還有漫漫長路。在此同時，許多人還是會繼續期待自己的身體能夠符合主流、壓迫性的審美標準。然而，正如本書以減重為例所示，如果要不產生嚴重後果，人類要改變自己的身體有其限度。而我們只有一個身體。我們必須要學會如何與它共處，可以透過無意識地轉變，也可以透過有意為之的調整。此外，只要我們毫無歉意地活在這個不斷變化和衰老的身體中，就是在樹立具有政治意涵的個人典範，因為我們體現了身體的多元性及其珍貴價值。

所以，不好意思，我是個肥胖、以思考維生的人（具體來說是一名道德哲學家），但我並不感到抱歉。

不好意思，我是個肥胖的家長，我教導我女兒相信所有的身體都生而平等，但我並不感到抱歉。

不好意思，我教女兒不要恐懼自己的食欲，甚至要擁抱自己的飢餓感，但我並不感到抱歉。不好意思，但我不因為自己買了二十年來的第一件泳衣而感到抱歉。我打算要帶女兒去游泳池，我不會套著罩衫，我不會想太多。

這感覺就像是一個小小的奇蹟——甚至是一個幸福的結局。

謝辭
Acknowledgments

寫一本書需要整個村莊的力量，本書當然也不例外。事實上，本書如其所是，感覺真的像是整個社群的共同努力成果，以至於我真的覺得對大家都深感虧欠，希望能在本篇謝辭中好好道謝。

我很早就接觸到肥胖倡議行動與凱特・哈定的網站「匀稱散文」（Shapely Prose）。儘管我花了將近二十年的時間才總算學會把這些教誨應用到自己身上，但正面看待肥胖的種子其實很早就種下了——而且所幸，種得頗深。

近期我主要是從哲學與社會科學的知識社群中學習，不管是在康乃爾大學，還是我的網路社群，我都很高興能夠成為，也視自己為社群中的一分子。在時常感到孤立的疫情期間，我尤其感謝能夠認識、保持聯繫很多親切的人，以及充滿智慧與勇氣，值得我學習的人。關於本書手稿的建議，感謝麥可・霍布斯、蘇珊・哈塔博士、格列葛瑞・杜戴爾博士、伊凡・羅森博士、娜塔莎・威博、馬修・戴斯蒙、伊莉莎白・巴恩斯、雪莉・艾爾文、妮姬・德瑞克（感謝他對第七章標題的建議）、拉查娜・坎特卡、W・史塔爾、雪兒・帕可。我想特別感謝艾蜜莉・帕克，感謝她傑出的研究支援與她的精明幹練與貢獻，她一定會成就非凡的。我也想感謝訂閱我Substack電子報「更多可恨」（More to Hate）的訂閱讀者，謝謝你們的評論、支持、閱讀。

感謝我的經紀人露西・克萊蘭，謝謝妳的驚人直覺、對細節的高度在意，以及對我與本書的堅定信心。感謝Crown出版社的編輯團隊亞曼達・庫克、凱蒂・貝瑞，謝謝你們敏銳的洞察力、無盡的耐心和極度出色的編輯視角。我也想感謝我在英國企鵝出版社的編輯卡席安娜・尤妮塔，謝謝她的慷慨、才能、信念，讓我能夠看到本書的成果。最後，如果沒有艾莉西亞・惠特邁爾用有趣、洞察、美麗但詼諧的筆觸，為我編修後來《紐約時報》那篇討論肥胖與哲學的文章（二〇二二年一月），我可能無法繼續堅持下去。

在書寫本書的過程中，我要感謝史丹佛大學、加州大學柏克萊分校、南加州大學、費爾里・狄金生大學、卑爾根社區大學、羅格斯大學、荷蘭拉德堡德大學、荷蘭蒂爾堡大學、加拿大聖勞倫斯大學聖十字學院、卡加利大學人文學院、邁阿密大學、伊利諾伊州立大學、亞里士多德學會（總部位於英國倫敦）、康乃爾大學等的鼎力相助。我從二〇二〇年開始，曾在康乃爾大學針對這些主題舉辦了幾場研討會，我從學生與其他教授的回饋中獲益良多。

謹以此書獻給我的父母，再次感謝你們在各個方面讓我如是成長，感謝你們在撫養我和心愛的妹妹露西時，始終抱持著高敏感度、社會議題敏感、始終如一的道德感。感謝丈夫丹尼爾，謝謝你成為我的必要條件——如果沒有你的愛，以及你對我和對其他人毫無審視與批判的眼光，我將無法想像超越這個世界教給我的種種自我意識和自我審視。我無法想像還有誰會是更好的伴侶、朋友、家長，讓我們共同養育我們心愛的女兒。最後，我衷心期盼，我的女兒能夠生活在一個她與其他人，無論其性別、性別表現、種族、族群、階級、年齡、自閉與否、健全與否、性向、體型與身體尺寸為何，全都能夠安全、快樂茁壯的世界。這個目標明明非常簡單明瞭，卻難以捉摸到讓人害怕。我們將會和無所計數的人共同努力，繼續為之奮鬥。

身體必須性 bodily imperatives
身體質量指數 Body Mass Index, BMI
孟德爾隨機化 Mendelian randomization
直覺飲食法 intuitive eating
肥胖 obese
肥胖體態 fatness
芬他命 Phentermine
芬芬 fen-phen
阿德拉 Adderall
消脂丸 Hydroxycut
脂肪性水腫 lipedema
健康產業 wellness industry
國家體重控制登記計畫 National Weight Control Registry
溜溜球效應 weight cycling
瑞達斯 Redux
過重 overweight
精瘦蛋白質 Lean Protein
與糖尿病共存計畫 Look Action for Health in Diabetes, Look AHEAD
慧儷輕體 Weight Watchers
暴食 overeating
糖尿病支持及教育治療模式 diabetes support and education, DSE
遺傳力 heritability
鎖牙節食器 DentalSlim Diet Control

學校與機構名

大都會人壽保險 Metropolitan Life Insurance
牛津大學實證醫學中心 The Centre for Evidence-Based Medicine at Oxford University
加州大學柏克萊分校 the University of California Berkeley
加州大學洛杉磯分校 UCLA
加拿大聖勞倫斯大學聖十字學院 the College of the Holy Cross, St. Lawrence University
卡加利大學人文學院 the University of Calgary Institute for the Humanities
伊利諾伊州立大學 Illinois State University
好萊塢環球影城 Universal Studios Hollywood
西奈山醫院 Mount Sinai
亞里士多德學會 the Aristotelian Society
兒童保護服務 Child Protection Service, CPS
卑爾根社區大學 Bergen Community College
南加州大學 University of Southern California
皇冠出版社 Crown Pub Inc
科學事務委員會 Council on Scientific Affairs
美國小兒科學會 American Academy of Pediatrics
美國疾病管制局 Centers for Disease Control and Prevention, CDC
美國婦產科醫師學會 American College of Obstetricians and Gynecologists
美國醫學學會 American Medical Association, AMA
英國企鵝出版社 Penguin UK
馬里蘭大學醫學院 University of Maryland School of Medicine
荷蘭拉德堡德大學 Radboud University
荷蘭蒂爾堡大學 Tilburg University
麻省理工學院 MIT
費爾里・狄金生大學 Fairleigh Dickinson University
奧塔哥大學 University of Otago
邁阿密大學 Miami University
羅格斯大學 Rutgers University

其他

非洲黑人 les negres
科伊桑人 Khoisan
班巴拉族 Bambaras
摩爾人 Moors
霍騰托人 Hottentot

節目、活動、商品名

《小美人魚》*The Little Mermaid*
《六人行》*Friends*
《天后與草莓》*Hacks*
《卡坦島》*Settlers of Catan*
《沉重人生》*My 600-Lb. Life*
《姐就是美》*I Feel Pretty*
《減肥達人》*The Biggest Loser*
《週六夜現場》*Saturday Night Live*
《夢幻島》*Fantasy Island*
《慾望城市》*Sex and the City*
勻稱散文 *Shapely Prose*
午睡事工 *Nap Ministry*
更多可恨 *More to Hate*
肥唇 *The Fat Lip*
藝術博物館慈善晚宴 Met Gala

文化論述名詞

內城 inner city
內隱偏見 implicit bias
反肥胖 anti-fatness
反恐肥 anti-fatphobia
文化挪用 cultural appropriation
他者化 othering
平均人 l'homme moyen
白人說教 whitesplaining
吉布森女孩 Gibson girls
老爸身材 dad bods
沃爾瑪人類 People of Walmart
男性說教 mansplaining
身體中性論 body neutrality
身體反身性 body reflexivity
身體自愛 body positivity
垃圾種族科學 junk science of race
性化與物化 sexual objectification
性的肥胖恐懼 sexual fatphobia
明尼蘇達饑荒實驗 The Minnesota Starvation Experiment
知識論資格 epistemic entitlement
社會性死亡 social death
社會靜力 social static
肥胖流行病 obesity epidemic
肥胖恐懼 fatphobia
肥胖悖論 obesity paradox
毒性正能量 toxic positivity
毒性身體自愛 toxic body positivity
派樂騰 Peloton
炸翻網路吧 Break The Internet
美化肥胖 glorifying obesity
負重比賽 hogging
飛來波女子 flappers
效益主義 utilitarianism
海洛因時尚 heroin chic
烤豬比賽 big roast
健康主義 healthism
健康食品癡迷症 orthorexia nervosa
強暴文化 rape culture
彩虹漂洗 rainbow washing
淨效益 net utility
都市貧民 urban poor
減肥成本 shrinking costs
貶抑女性 down girl
微汙名 stigmatization lite
概念化 conceptualize
節食文化 diet culture
道德主義 moralism
厭女情結 Misogyny
滲透性 porousness
暴食 gluttony
瘦子說教 thinsplaining
應該蘊含能夠原則 ought implies can
餵食催肥 leblouh
證言不正義 testimonial injustice
證言消音 testimonial quieting
顯瘦去死 fuck flattering

醫療與實驗名

B計劃事後避孕藥 Plan B
巴西提臀手術 Brazilian Butt Lift
卡路里攝取／消耗 calories in–calories out
司美格魯肽 semaglutide
布拉德福德・希爾準則 Bradford Hill criteria
生活型態密集介入組 intensive lifestyle intervention
艾拉事後避孕藥 Ella
利他能 Ritalin

潔薩敏．史丹利 Jessamyn Stanley
諾雅 Noa
霍克．霍肯 Hulk Hogan
霍華德 Howard
霍騰托維納斯 the Hottentot Venus
霍騰斯．J．史皮勒斯 Hortense J. Spillers
彌爾 John Stuart Mill
戴倫．艾洛諾夫斯基 Darren Aronofsky
蕾貝卡．珀爾 Rebecca Pearl
蕾貝嘉．索尼特 Rebecca Solnit
薇吉．托瓦爾 Virgie Tovar
薇歐拉 Violet
賽迪亞．哈特曼 Saidiya Hartman
賽斯．史蒂芬斯－達維多維茨 Seth Stephens-Davidowitz
賽雷納．威廉絲 Serena Williams
邁克爾．葛雷格 Michael Greger
簡 Jan
薩爾杰．巴特曼 Saartjie "Sara" Baartman
羅夫．克拉姆登 Ralph Kramden
羅珊．蓋伊 Roxane Gay
邊沁 Jeremy Bentham
麗珠 Lizzo
寶拉 Paula
蘇西．奧貝赫 Susie Orbach
蘇珊．E．希爾 Susan E. Hill
蘇珊．R．哈塔 Susan R. Hata
蘇珊．鮑爾多 Susan Bordo
蘇菲．哈根 Sofie Hagen
蘇菲亞．卡特－康恩 Sophia Carter-Kahn
蘭登．費雪 Brendan Fraser
露西．V．克萊蘭 Lucy V. Cleland
露薏絲．理查森－塞爾夫 Louise Richardson-Self
蘿拉．費雪 Laura Fraser
蘿斯 Rose

地名

史泰登島 Staten Island
布萊頓 Brighton
伊薩卡 Ithaca
佛格森 Ferguson
南達科他州 South Dakota
茅利塔尼亞 Mauritania
普利茅斯 Plymouth
撒哈拉 Saharawi
羅德島州 Rhode Island

作品、法案名

〈胖笑話〉Fat Joke
〈野雁〉Wild Geese
〈盡可能承擔越多真相〉As Much Truth as One Can
《不只是厭女》*Down Girl: The Logic of Misogyny*
《失落之子》*The Story of the Lost Child*
《尼各馬可倫理學》*Nicomachean Ethics*
《如何不死》*How Not to Die*
《如何煤氣燈操控你的妻子》*How to Gaslight Your Wife*
《百科全書》*Encyclopédie*
《自由意志》*Free Will*
《自然通史》*Histoire naturelle, générale et particulière*
《那些我們談論脂肪時沒有談的事情》*What We Don't Talk About When We Talk About Fat*
《波士頓環球報》*The Boston Globe*
《肥胖迷思》*The Obesity Myth*
《美信》*Maxim*
《恐懼黑體：肥胖恐懼的種族起源》*Fearing the Black Body: The Racial Origins of Fat Phobia*
《時代》*Time*
《紐約客》*The New Yorker*
《紐約時報》*New York Times*
《紐約郵報》*New York Post*
《理想國》*The Republic*
《黑人種族自然史》*Natural History of the Negro Race*
《煤氣燈下》*Gas Light*
《經濟學家的飲食控制》*The Economists' Diet*
《蒂邁歐篇》*Timaeus*
《論美貌》*On Beauty*
《叢林熱》*Jungle Fever*
多布斯案 Dobbs
維倫多夫的維納斯 the Venus of Willendorf

基斯・雷蒙 Kiese Laymon
基蘭 Kieran
崔西・曼恩 Traci Mann
崔西・麥克米倫・卡頓 Tressie McMillan Cottom
崔姬 Twiggy
強納森・海特 Jonathan Haidt
曼達・庫克 Amanda Cook
荷馬・辛普森 Homer Simpson
莉亞・韋農 Leah Vernon
莉茲・卡夫特 Liz Craft
莉莎・杜布勒伊 Lisa Du Breuil
莎拉・費恩 Sarah Fain
莎曼珊 Samantha
莎賓娜・史特林斯 Sabrina Strings
雪兒・帕可 Chelle Parker
雪柔・佛雷澤 Cheryl Frazier
雪莉・安妮・塔特 Shirley Anne Tate
雪莉・艾爾文 Sherri Irwin
雪萊・特雷曼 Shelley Tremain
麥可・布朗 Michael Brown
麥可・舒曼 Michael Schulman
麥可・霍布斯 Michael Hobbes
麥莉・希拉 Miley Cyrus
傑佛瑞・米勒 Geoffrey Miller
傑克 Jack
傑瑞・傑格奇 Jerry Gergich
凱西・古德帕斯特 Kasey Goodpaster
凱拉 Kayla
凱倫・米勒－科瓦奇 Karen Miller-Kovach
凱倫・華盛頓 Karen Washington
凱特・哈定 Kate Harding
凱特・麥金儂 Kate McKinnon
凱特・摩絲 Kate Moss
凱特琳・帕塞 Caitlin "Cat" Pausé
凱莉 Carrie
凱蒂・貝瑞 Katie Berry
凱薩琳・M・弗利格爾 Katherine M. Flegal
凱薩琳・列別斯科 Kathleen LeBesco
喬丹・B・彼得森 Jordan B. Peterson
喬丹・盎德伍德 Jordan Underwood
喬治・居維葉 Georges Cuvier
喬治・謙恩 George Cheyne
喬治路易・勒克萊爾 Georges-Louis Leclerc
湯瑪斯・內格爾 Thomas Nagel
琪琪 Kiki
琳蒂・韋斯特 Lindy West
琳達・蓋哈特 Linda Gerhardt
華特・威利特 Walter Willett
菲利帕・福特 Philippa Foot
萊恩・葛費 Bryan Guffey
萊斯利・金澤爾 Lesley Kinzel
塔拉娜・柏克 Tarana Burke
塔莉亞・梅・貝徹 Talia Mae Bettcher
塔莉亞・惠特利 Thalia Wheatley
奧布莉・戈登 Aubrey Gordon
奧蘭多・帕特森 Orlando Patterson
愛麗絲・巴洛 Alice Barlow
瑞秋・威利 Rachel Wiley
瑞秋・蒙克 Rachael Monk
瑞根・崔斯坦 Ragen Chastain
葛痞德 Peter Griffin
裘・沙提 Joel Sati
詹姆斯・鮑德溫 James Baldwin
達倫・威爾遜 Darren Wilson
雷・蘭頓 Rae Langton
榮恩・韋德 Ronn Wade
漢娜・布蘭克 Hanne Blank
瑪奎斯・梅賽德斯 Marquisele Mercedes
瑪莎・納思邦 Martha Nussbaum
瑪德琳・戴維斯 Madeline Davis
瑪麗・奧利佛 Mary Oliver
瑪麗安・寇比 Marianne Kirby
瑪麗蓮・萬恩 Marilyn Wann
瑪麗蓮・夢露 Marilyn Monroe
碧昂卡・衛克 Bianca Waked
維吉妮亞・索爾－史密斯 Virginia Sole-Smith
維倫・斯瓦米 Viren Swami
翠西亞・赫塞 Tricia Hersey
蜜雪兒・歐巴馬 Michelle Obama
德尼・狄德羅 Denis Diderot
德蕭恩・L・哈里森 Da'Shaun L. Harrison
歐文・格萊伯曼 Owen Gleiberman
潔西卡・德菲諾 Jessica Defino
潔斯・希姆斯 Jess Sims
潔斯・貝克 Jes Baker

里夫 C. D. C. Reeve
亞里斯多德 Aristotle
亞當・瑟維爾 Adam Serwer
亞歷山大的斐羅 Philo of Alexandria
亞歷珊卓・莉里 Alexandra Lilly
亞歷莉克西斯・柯納森 Alexis Conason
亞諾・帕克斯頓 Arnold Paxton
佩奇・斯皮拉納奇 Paige Spiranac
妮可・岡薩雷斯・范・克萊夫 Nicole Gonzalez Van Cleve
妮可・拜爾 Nicole Byer
妮姬・德瑞克 Nicky Drake
尚－巴蒂斯特－皮耶・勒羅曼 Jean-Baptiste-Pierre Le Romain
尚保羅・古德 Jean-Paul Goude
尚－保羅・布勞恩 Jean-Paul Braun
尚恩・尼可斯 Shaun Nichols
彼得・辛格 Peter Singer
拉查娜・坎特卡 Rachana Kamtekar
拉斐爾 Raphael
拉斯穆斯・庫斯塔－拉穆森 Rasmus Køster-Rasmussen
東尼・馬倫蒂諾 Anthony Marentino
法比歐・卡布瑞拉 Fabio Cabrera
金・卡戴珊 Kim Kardashian
阿比蓋兒・C・薩蓋 Abigail C. Saguy
阿米爾・福阿德 Amir Fouad
阿里・H・莫克達德 Ali H. Mokdad
阿肯那頓 Akhenaten
阿特 Art
阿馬蒂亞・沈恩 Amartya Sen
阿道夫・凱特勒 Adolphe Quetelet
阿爾布雷希特・杜勒 Albrecht Dürer
保羅・坎伯斯 Paul Campos
保羅・彼得・魯本斯 Peter Paul Rubens
哈匹 Hapy
哈麗特・麥克布萊德・強森 Harriet McBryde Johnson
奎因 Willard Van Orman Quine
奎爾・庫克拉 Quill Kukla
柏拉圖 Plato
查理 Charlie
查蒂・史密斯 Zadie Smith
查德・D・莫爾 Richard D. Mohr
派崔克・漢米爾頓 Patrick Hamilton
珍・科蘭 Jen Curran
珍妮・A・蓋利 Jeannine A. Gailey
珍妮佛・索爾 Jennifer Saul
珍妮特・S Janet S.
珍妮特・富山 Janet Tomiyama
約瑟夫・布羅澤克 Josef Brozek
約翰 John
美枝 Marge
胖艾美 Fat Amy
迦勒・盧納 Caleb Luna
唐納・澤爾 Donald Zeyl
埃琳娜 Elena，小名為「萊農」Lenù
埃琳娜・費蘭特 Elena Ferrante
埃絲特・羅斯布蘭 Esther Rothblum
埃萊妮・曼恩 Eleni Man
埃薇特・狄翁 Evette Dionne
夏洛特・庫柏 Charlotte Cooper
娜塔莉・哈格 Natalie Hage
娜塔莎・威博 Natasha Wiebe
席尼・鮑爾 Sydney Power
席安娜・尤妮塔 Casiana Ionita
席拉・羅森布魯斯 Shira Rosenbluth
格列葛瑞・杜戴爾博士 Dr. Gregory Dodell
格雷戈里・多德爾 Gregory Dodell
格雷戈瑞 Gregory
桑雅・芮妮・泰勒 Sonya Renee Taylor
桑德拉・索洛維 Sondra Solovay
泰勒・漢森 Tayler Hansen
海倫・加納 Helen Garner
海德格 Heideggerian
烏娜・查克拉巴蒂 Urna Chakrabarty
烏蘇拉 Ursula
納森 Nathan
茱莉亞・吉拉德 Julia Gillard
茱莉亞・圖爾森 Julia Turshen
馬克 Mark
馬修・戴斯蒙 Matthew Desmond
馬斯洛 Maslow
馬德琳・沃德 Madeline Ward，以G. M. Eller為筆名
勒內・笛卡兒 René Descartes

名詞對照表

人名

A・W・伊頓 A. W. Eaton
J・J・艾波里歐 J Aprileo
P・衛斯理・勞頓 P. Wesley Routon
W・史塔爾 W. Starr
大衛・休謨 David Hume
山繆・杭特 Samuel Hunter
丹 Dan
丹尼爾・卡拉漢 Daniel Callahan
丹尼爾・潘塔里歐 Daniel Pantaleo
丹尼爾・蘭伯特 Daniel Lambert
友美・努 Yumi Nu
卡姆 Cam
卡拉・波馮 Cara Bohon
卡門・瑪麗亞・馬查多 Carmen Maria Machado
卡洛琳・瓦芝妮雅琪 Caroline Wozniacki
卡爾・亨納漢 Dr. Carl Heneghan
史都華・弗林特 Stuart Flint
史蒂芬・平克 Steven Pinker
尼可拉斯・克里斯塔基斯 Nicholas Christakis
尼諾 Nino
布萊恩・W・范諾爾登 Bryan W. Van Norden
布魯・特拉斯瑪 Blue Telusma
布魯克 Brooke
布豐伯爵 Comte de Buffon
札基雅・依曼・傑克森 Zakiyyah Iman Jackson
伊凡・羅森 Evan Rosen
伊娃・基泰 Eva Kittay
伊恩・吉爾森 Ian Gillson
伊莉莎白・巴恩斯 Elizabeth Barnes
伊莉莎白・赫莉 Elizabeth Hurley
伊莎・迪亞茲・里昂 Esa Díaz León
伊瑪 Imma
吉米 Jimmy
吉兒 Jill
吉娜・斯寇爾 Gina Score
吉曼・基爾 Germaine Greer
吉莉安・邁可斯 Jillian Michaels
安娜・米里歐尼 Anna Milioni
安賽・基斯 Ancel Keys
朱利安・喬瑟夫・維雷 Julien-Joseph Virey
米洛 Milo
米蘭達・弗里克 Miranda Fricker
艾米・舒默 Amy Schumer
艾希莉・夏克福德 Ashleigh Shackleford
艾波・奎奧 April Quioh
艾咪 Amy
艾咪・埃德曼・法雷爾 Amy Erdman Farrell
艾倫・沙特 Ellyn Satter
艾倫・湯瑪斯 Aaron Thomas
艾莉西亞・惠特邁爾 Alicia Wittmeyer
艾莉西亞・蒙迪 Alicia Mundy
艾莉森・雷海德 Alison Reiheld
艾許・尼斯查克 Ash Nischuk
艾琳・哈羅普 Erin Harrop
艾瑞克・加納 Eric Garner
艾爾薇拉 Elvira
艾蜜莉・帕克 Emily Park
艾蜜莉・奧斯特 Emily Oster
西爾瓦娜 Silvana
克里斯・烏利克 Chris Uhlik
克里斯多夫・班農 Christopher Bannon
克里斯蒂安・布朗 Christian Brown
克拉拉・戴維斯 Clara Davis
克莉夏・梅瑟 Christia Mercer
克莉絲汀 Christine
克莉絲蒂・道森 Kristie Dotson
克勞蒂亞・寇特斯 Claudia Cortese
利米・普利安姆 Limmie Pulliam
坎蒂絲 Candice
希波克拉底 Hippocrates
李・休姆 Lee Hulme
李奧納德・尼莫伊 Leonard Nimoy
李察・桑伯 Richard Samber
貝拉・曼寧漢 Bella Manningham

18 Jaclyn Diaz, "Florida's Governor Signs Controversial Law Opponents Dubbed 'Don't Say Gay'," NPR, March 28, 2022, www.npr.org/2022/03/28/1089221657/dont-say-gay-florida-desantis.

19. 關於特殊性癖在彩虹驕傲活動中的重要作用，以及兒童作為某種見證形式其實很有意義的主張，可見：Lauren Rowello, "Yes, Kink Belongs at Pride. And I Want My Kids to See It," *Washington Post*, June 29, 2021, www.washingtonpost.com/outlook/2021/06/29/pride-month-kink-consent/.

20 Barnes, *The Minority Body*, 181–82.

21 對於這點所做的經典評論，尤可見：Evette Dionne, "The Fragility of Body Positivity: How a Radical Movement Lost Its Way," *Bitch*, Nov. 21, 2017, www.bitchmedia.org/article/fragility-body-positivity。

22 Lisa Legault and Anise Sago, "When Body Positivity Falls Flat: Divergent Effects of Body Acceptance Messages That Support vs. Undermine Basic Psychological Needs," *Body Image* 41 (2022): 226.

23 同上注。頁227–236。

24 同上注。頁226。

25 見 Karen Gasper et al., "Does Neutral Affect Exist? How Challenging Three Beliefs About Neutral Affect Can Advance Affective Research," *Frontiers in Psychology* 10, art. no. 2476 (2019): 1–11。

26 感謝亞歷珊卓・莉里對這一點的寶貴見解。

27 重要的是，任何適當的身體自主權觀點必然會捍衛墮胎的權利。目前我還在持續探索與發展這個面向的想法，我希望能夠借用持續發展中的哲學傳統論點來主張——基進的自主政治不必然要對我們彼此之間的公共互相依賴性，抱持著落後、誤導的立場。

28 Harrison, *Belly of the Beast*, 14–15.

29 同上注。頁13。

30 Eaton, "Taste in Bodies and Fat Oppression," 37–59. 琳蒂・韋斯特在回憶錄《尖銳之聲：喧嘩女子筆記》中曾寫道，她可以用一句話來回答她的自信究竟從何而來：「我距離接受自己的身體，只有一步之遙。看看網路上那些肥胖女性的照片，直到她們不再讓你感到不適為止。整個過程就只有這樣。」(頁68)。她特別提及，她發現李奧納德・尼莫伊所拍攝的「圓滿身體計畫」(Full Body Project)中，那些全裸肥胖女性自在地跳舞、談話、大笑與存在。(尼莫伊解釋道，拍攝時「我請她們要感到自豪。」) 韋斯特寫道，沉浸於這些影像中的自己，開始感覺到身體深處有什麼東西開始鬆動，她不禁開始想著：「如果我的身體並不需要保持隱密，會是如何呢？」(頁76)。

31 Cheryl Frazier, "Beauty Labor as a Tool to Resist Anti-fatness," *Hypatia* (forthcoming). 佛雷澤主要是從黑人女性主義者雪莉・安妮・塔特的重要著作中，汲取了「美麗勞動」(beauty labor)的概念。

32 Tressie McMillan Cottom, *Thick: And Other Essays* (New York: New Press, 2019), 43.

33 同上注。頁58。亦可參 Jessica DeFino 在這方面的傑出成果：*The Unpublishable* Substack newsletter, https://jessicadefino.substack.com/.

指出：「某程度來說，身體接納跟身體自愛與整個肥胖接納運動的起源是更緊密關聯的，這個運動鼓勵個人用一種公正不倚的角度肯認自己的身體。」作者旋即引用卡拉・波馮的文字：「身體接納是一種更為正向的身體中性論——以不帶評判的方式接受你身體本來的樣子。」

6 Dr. Jordan B. Peterson (@jordanbpeterson), Twitter, June 20, 2022, 6:57 p.m., twitter.com/jordanbpeterson/status/1539019681125675009? s=20&t=kqOL9 Yy4HUFn9zBVwZvOvw. 截至我書寫本段文字的二〇二二年六月二十三日為止，這則貼文已被轉發一千四百零九次、被引用一百五十一次，有一萬二千三百個讚。

7 Tayler Hansen (@TaylerUSA), Twitter, June 20, 2022, 12:00 a.m., twitter.com/TaylerUSA/status/1538733481492094977. 這則貼文與影像來自一名自述記載「奇聞逸事」的獨立記者泰勒・漢森；截至我在二〇二二年六月二十三日撰寫本文時，這則推文已被轉發一千八百八十四次、被引用五百七十二次，有五千九百二十六個讚。

8 例如，可見：Eleanor Klibanoff, "More Families of Trans Teens Sue to Stop Texas Child Abuse Investigations," *Texas Tribune,* June 8, 2022, www.texas tribune.org/2022/06/08/transgender-texas-child-abuse-lawsuit/.

9 Anna Louie Sussman, "Egg Freezing's BMI Problem," *The Cut,* June 6, 2022, www.thecut.com/2022/06/egg-freezing-bmi-limits.html.

10 Sole-Smith, "When You're Told You're Too Fat to Get Pregnant."

11 Richard S. Legro et al., "Effects of Preconception Lifestyle Intervention in Infertile Women with Obesity: The FIT-PLESE Randomized Controlled Trial," *PLOS Medicine* 19, no. 1 (2022): e1003883.

12 美國的代表性案例，可見：Ryan Jaslow, "Obese Third-Grader Taken from Family: Did State Go Too Far?," CBS, Nov. 28, 2011, www.cbsnews.com/news/obese-third-grader-taken-from-family-did-state-go-too-far/,。英國近期也有類似案例（但其實早在二〇一四年時就已有至少七十四例），可見：Nadeem Badshah, "Two Teenagers Placed in Foster Care After Weight Loss Plan Fails," *Guardian*, March 11, 2021, www.theguardian.com/society/2021/mar/10/two-teenagers-placed-in-foster-care-after-weight-loss-plan-fails。關於這種不妥行徑的精采批判，亦可參見：Virginia Sole-Smith, "The Last Thing Fat Kids Need," *Slate*, April 19, 2021, slate.com/technology/2021/04/child-separation-weight-stigma-diets.html。

13 Jason Rafferty et al., "Ensuring Comprehensive Care and Support for Transgender and Gender-Diverse Children and Adolescents," *American Academy of Pediatrics: Policy Statement* 142, no. 4 (2018).

14 Sarah C. Armstrong et al., "Pediatric Metabolic and Bariatric Surgery: Evidence, Barriers, and Best Practices," *American Academy of Pediatrics: Policy Statement* 144, no. 6 (2019). 在本書出版之際，美國小兒科學會發布了第一份針對肥胖兒童治療的醫護人員綜合指引，甚至駭人聽聞地建議，兩歲兒童可以開始進行「密集健康行為與生活型態介入治療」，而十二歲兒童就可以開始接受減肥藥物治療。對此的有力批評，可見：Virginia Sole-Smith, "Why the New Obesity Guidelines for Kids Terrify Me," *New York Times*, Jan. 26, 2023, www.nytimes. com/2023/01/26/opinion/aap-obesity-guidelines-bmi-wegovy-ozempic.html。

15 Diana M. Tordoff et al., "Mental Health Outcomes in Transgender and Nonbinary Youths Receiving Gender-Affirming Care," *JAMA Network Open* 5, no. 2 (2022): e220978.

16 關於這點的清晰分析，可見索爾－史密斯的新書《肥胖談話》。

17 Virginia Sole-Smith, "What Instagram Gets Wrong About Feeding Your Kids," *Burnt Toast,* Substack, Oct. 19, 2021, virginiasolesmith.substack.com/p/dor-diet-culture-instagram.

愈糟的，對我們來說就愈好。

65 isozyme (@isocrime), Twitter, Dec. 3, 2020, 12:24 p.m., twitter.com/isocrime/status/1334548965870751744. 再次感謝烏娜．查克拉巴蒂讓我注意到這位網友。

66 若用我們哲學家的詭異用語，你的這種拒絕會被稱為是「份外之事」（supererogatory）——很好，但已經超出了合理的職責範圍之外。

67 美麗文化評論家潔西卡．德菲諾曾寫道：「當然，也許抗老產品確實減輕了其消費者的個人困擾，也許它確實讓人對自己的外貌感覺比較良好。但整體而言，這只會讓原始問題變得更為複雜。」可參：“Erasing Your Wrinkles Is Not Empowerment,” Medium, Jan. 12, 2021, jessicadefino.medium.com/erasing-your-wrinkles-isnt-empowerment-514c5b5c2d2e. 近期有個更讓人痛苦的弔詭現象是，愈來愈多人開始進行醫美手術，以改善利用司美格魯肽快速減肥後所出現的憔悴特徵——「臉頰凹陷」（Ozempic face）。對於資本主義來說，又是個美好的一天。見：Amy Synnott, “Those Weight Loss Drugs May Do a Number on Your Face,” *New York Times*, Jan. 24, 2023, www.nytimes.com/2023/01/24/style/ ozempic-weight-loss-drugs-aging.html.

結論：不抱歉

1 Dr. Jordan B. Peterson (@jordanbpeterson), Twitter, May 16, 2022, 3:11 p.m., twitter.com/jordanbpeterson/status/1526279181545390083? s=20&t=kqOL9 Yy4HUFn9zBVwZvOvw. 截至我書寫本段文字的二〇二二年六月二十三日為止，這則貼文已被轉發五千二百一十次、被引用一萬零九百次，有六萬四千七百個讚。

2 Dr. Jordan B. Peterson (@jordanbpeterson), Twitter, June 16, 2022, 5:51 p.m., twitter.com/jordanbpeterson/status/1537553423016632322? s=20&t=kqOL9 Yy4HUFn9zBVwZvOvw. 截至我書寫本段文字的二〇二二年六月二十三日為止，這則貼文已被轉發八百四十四次、被引用八百三十三次，有二萬二千三百個讚。

3 Brad Hunter, “Paige Spiranac Fat-Shamed by Male Social Media Trolls,” *Toronto Sun*, Sept. 16, 2022, torontosun.com/sports/golf/paige-spiranac-fat-shamed-by-male-social-media-trolls. 對此，斯皮拉納奇的回應是：「年復一年都要保持理想體重非常困難」、「我這身材並不是自然而然的。」

4 另一個相關但迥異的觀點，可參：Lindsay Kite and Lexie Kite, *More Than a Body: Your Body Is an Instrument, Not an Ornament* (New York: HarperCollins, 2021)。但我擔心，強調「我的身體強在哪裡」」、「我的身體不是為了誰存在」的這些想法，可能在無意中再次出現健全主義的色彩。另外還有一個相關但迥異的觀點，可參考「身體主權」（body sovereignty）的概念——但不要跟惡名昭彰的主權公民運動（sovereign citizens movement）混淆。身體主權的重要概念是由一名原住民作者提出，主要是從土地主權的概念中汲取靈感，主張要「為所有身體，尤其是邊緣化的身體尋求平等」。可參：A. Gillon (Ngāti Awa), “Fat Indigenous Bodies and Body Sovereignty: An Exploration of Re-presentations,” *Journal of Sociology* 56, no. 2 (2020): 213–28. 不過，人可以既被視為是擁有身體或土地主權的主體，又被視為是其守護者而非受領人；但身體或土地的受領人，卻可能無法擁有該身體或土地的主權（例如幼童）。因此我期待將身體主權與身體反身性的這兩個方向區分開來。

5 有論者認為「身體接納」（Body acceptance）這個更模糊的用語，可以作為身體自愛與身體中性運動的總稱；但也有論者將其視為是「肥胖接納」（“fat acceptance” movement）的產物。有些人將肥胖接納運動視為是整個反肥胖恐懼的整體政治行動，而本書正是以此為根源。也有一些人認為，身體接納是身體中性論的一種變形。關於此常見混淆的闡明，可參：Equip’s “How to Reframe the Way You Think About Your Body,” Katie Couric Media, June 13, 2022, katiecouric.com/health/what-is-difference-between-body-neutrality-and-positivity/。這篇文章

self-harm-may-rise-following-bariatric-surgery/.

48 Bagley, "Unforeseen Consequences."

49 Ragen Chastain, "The Inconvenient Truth About Weight Loss Surgery,"*Ravishly,* March 14, 2017, www.ravishly.com/2017/03/14/inconvenient-truth-about-weight-loss-surgery.

50 Miranda Hitti, "Lasting Damage from Fen-Phen Drug?," *WebMD,* Nov. 5, 2008, https://tlfllc.com/blog/lasting-damage-from-fen-phen-drug.

51 Gordon, *What We Don't Talk About When We Talk About Fat,* 59.

52 Alicia Mundy, *Dispensing with the Truth: The Victims, the Drug Companies, and the Dramatic Story Behind the Battle over Fen-Phen* (New York: St. Martin's Press, 2010), 4. 奧布莉．戈登和麥可．霍布斯的Podcast「施工階段」中有一集〈Fen Phen & Redux〉曾引介了蒙迪的研究。這些藥物後來在一九九七年被撤出市場。

53 例如，可見：University of Illinois, "Phentermine, Oral Capsule," *Healthline,* Aug. 2, 2021, https://www.healthline.com/health/drugs/phentermine-oral-capsule.

54 Amy J. Jeffers and Eric G. Benotsch, "Non-medical Use of Prescription Stimulants for Weight Loss, Disordered Eating, and Body Image," *Eating Behaviors* 15 (2014): 414–18.

55 Amanda B. Bruening et al., "Exploring Weight Control as Motivation for Illicit Stimulant Use," *Eating Behaviors* 30 (2018): 72–75.

56 例如，可見：Jacquelyn Cafasso, "Can You Overdose on Adderall?"*Healthline,* Jan. 24, 2023, www.healthline.com/health/can-you-overdose-on-adderall#drug-interactions.

57 有一款與第二型糖尿病密切相關的藥物——胰妥善（Victoza，是一種利拉魯肽）近來也捲入訴訟，原告宣稱這種藥物會導致胰腺癌。但藥廠諾和諾德（Novo Nordisk）上訴成功，案件正在重新審理中。可見：Brendan Pierson, "Novo Nordisk Wins Appeal over Claims That Diabetes Drug Causes Cancer," Reuters, March 29, 2022, www.reuters.com/legal/litigation/novo-nordisk-wins-appeal-over-claims-that-diabetes-drug-causes-cancer-2022-03-29/.

58 即便如此，在本書出版之際，由於標示外使用Ozempic（供第二型糖尿病患者所用的低劑量版本）減肥已經變得太流行，以至於真正需要它的患者經常面臨供應不足的問題。見Arianna Johnson, "What to Know About Ozempic: The Diabetes Drug Becomes a Viral Weight Loss Hit (Elon Musk Boasts Using It) Creating a Shortage," *Forbes*, Dec. 26, 2022, www.forbes.com/sites/ariannajohnson/2022/12/26/what-to-know-about-ozempic/.

59 這種「抹平」的抱怨，同樣也適用於讓障礙者變成非障礙者的想法。關於如何將障礙本身視為一種多元價值，進而使得障礙狀態得以成為一種值得自豪和慶祝的多元性，可參：Barnes, *The Minority Body.*

60 請注意，我絕對不是全然反對改變身體的作為。我反對的是那些會讓身體更接近有害標準與價值觀的改變，因此——舉個明顯的例子——許多跨性別者表達自我的實踐，自然跟我所提及的那些「抹平差異」做法截然不同。跨性別者體現的是重要的多樣性，他們的存在得以協助我們顛覆父權體制的性別規範與限制。我將在結論章節進一步說明跨性別者與障礙者的「驕傲」。

61 Gay, *Hunger,* 15.

62 感謝碧昂卡．衛克的重要見解。

63 isozyme (@isocrime), Twitter, March 16, 2021, 8:28 P.m., twitter.com/isocrime/status/1371981683822628872. 感謝烏娜．查克拉巴蒂讓我注意到這則貼文，並就這點提供寶貴建議。

64 West, *Shrill,* 79. 在本段引文中，形容詞的位置非常關鍵。我與韋斯特都不是要主張，只有肥胖女人的身體才是「真實的」——所謂「真正的女人有曲線」是句充滿誤導的主張。關鍵在於，一些真正的女人確實擁有肥胖的身體，而一些心胸狹隘的男人會因此怯懦、退縮。他們覺得

Pressure to Be Thin," *Journal of the American Academy of Child and Adolescent Psychiatry* 46, no. 2 (2007): 171–78.

32 這類暴食是種複雜的現象，可能是因為服用皮質類固醇等常見藥物所引起的；由於飽足感的提示與食欲之間有所斷裂，有些人即使在吃飽後很長一段時間內，仍會拚命地想進食。這種狀況在某些患有罕見遺傳疾病的人（例如普拉德－威利症候群）身上也會出現。

33 Lauren Del Turco, "6 Weight Loss Surgery Myths, and the Honest Truth from Experts," *Prevention,* Jan. 6, 2020, www.prevention.com/weight-loss/ a30393486/weight-loss-surgery-myths/.

34 常見的減肥手術包括：袖狀胃切除術（會把胃縮小到一根香蕉的尺寸）；十二指腸轉位術、袖狀胃切除術，再加上大部分小腸繞道術；胃繞道手術是最為極端的手術，會將胃的一小部分連接到小腸的下部。會利用可調節長度的帶子擠壓並切斷部分胃的胃帶手術（或俗稱的「腰帶」手術）現在已經比較少執行，因為普遍認為不太有成效。關於這些手術之間差異的簡述，可參上注。

35 見："Estimate of Bariatric Surgery Numbers, 2011–2020," American Society for Metabolic and Bariatric Surgery, June 2022, asmbs.org/resources/estimate-of-bariatric-surgery-numbers.

36 John Pavlus, "What No One Tells You About Weight Loss Surgery," *Glamour,* July 30, 2007, www.glamour.com/story/weight-loss-surgery.

37 "Weight-Loss Surgery Side Effects: What Are the Side Effects of Bariatric Surgery?," National Institute of Diabetes and Digestive and Kidney Diseases, www.niddk.nih.gov/health-information/weight-management/bariatric-surgery/side-effects.

38 Del Turco, "6 Weight Loss Surgery Myths."

39 Derek Bagley, "Unforeseen Consequences: Bariatric Surgery Side Effects," *Endocrine News,* Nov. 2018, endocrinenews.endocrine.org/unforeseen-consequences-bariatric-surgery-side-effects/.

40 "Weight-Loss Surgery Side Effects."

41 Pavlus, "What No One Tells You About Weight Loss Surgery."

42 Benjamin Clapp, "Small Bowel Obstruction After Laparoscopic Gastric Bypass with Nonclosure of Mesenteric Defects," *Journal of the Society of Laparoscopic and Robotic Surgeons* 19, no. 1 (2015): e2014.00257.

43 Lara Pizzorno, "Bariatric Surgery: Bad to the Bone, Part 1," *Integrative Medicine* 15, no. 1 (2016): 48–54.

44 Del Turco, "6 Weight Loss Surgery Myths."

45 Pavlus, "What No One Tells You About Weight Loss Surgery."

46 "Weight-Loss Surgery Side Effects."

47 Bagley, "Unforeseen Consequences." 關於此主題的重要研究，請參：O. Backman et al., "Alcohol and Substance Abuse, Depression, and Suicide Attempts After Roux-en-Y Gastric Bypass Surgery," *British Journal of Surgery* 103, no. 10 (2016): 1336–42. 這項研究調查了二〇〇一年至二〇一〇年間在瑞典曾接受過RYGB手術患者的自殺企圖，結果發現這群患者自殺未遂入院的機率是一般人的將近三倍。其他研究則發現，「肥胖」、「重度肥胖」患者在接受胃繞道手術後，自殺和自殘風險顯著升高（有一項研究中是兩倍，接受RYGB手術者的自殺和自殘風險則提高了三倍之多；還有一些研究的結果更駭人）。另可參閱：Alexis Conason and Lisa Du Breuil, "'But Everything Is Supposed to Get Better After Bariatric Surgery!': Understanding Postoperative Suicide and Self-Injury," *Bariatric Times*, Oct. 1, 2019, bariatrictimes.com/understanding-postoperative-suicide-self-injury/; and Sara G. Miller, "Risk of Self-Harm May Rise Following Bariatric Surgery," *Scientific American*, Oct. 8, 2015, www.scientificamerican.com/article/risk-of-

Anorexia Nervosa Prevalence and Consecutive Admission Literature," *International Journal of Eating Disorders* 54, no. 8 (2021): 1328–57.

20 關於這些症狀，可參考下文中發人深省但令人痛苦的討論：Aubrey Gordon and Michael Hobbes's interview with Erin Harrop, "Eating Disorders," March 30, 2021, in *Maintenance Phase*, podcast, player.fm/series/maintenance-phase/eating-disorders.

21 可見：Margot Rittenhouse, "What Is Atypical Anorexia Nervosa: Symptoms, Causes, and Treatment," Eating Disorder Hope, updated Aug. 30, 2021, www.eatingdisorderhope.com/information/atypical-anorexia.

22 Michael Hobbes, "Everything You Know About Obesity Is Wrong," *Huffington Post*, Sept. 19, 2018, highline.huffingtonpost.com/articles/en/everything-you-know-about-obesity-is-wrong/。本文摘要了哈羅普的博士論文結論（亦可見注釋20）。平均而言，神經性厭食症自發病開始至診斷，通常只需要兩年半的時間。以下報導也略有提及哈羅普的研究成果，見：Kate Shiber, "You Don't Look Anorexic," *New York Times Magazine*, Oct. 18, 2022, www.nytimes.com/2022/10/18/magazine/anorexia-obesity-eating-disorder.html。

23 關於這個主題所涉及的兩篇細緻女性主義討論，可參：Christina van Dyke, "Manly Meat and Gendered Eating: Correcting Imbalance and Seeking Virtue," in *Philosophy Comes to Dinner: Arguments on the Ethics of Eating*, ed. Andrew Chignell, Terence Cuneo, and Matthew C. Halteman (New York: Routledge, 2016), 39–55; and Megan A. Dean, "Eating as a SelfShaping Activity: The Case of Young Women's Vegetarianism and Eating Disorders," *Feminist Philosophy Quarterly* 7, no. 3 (2021)。

24 許多取得正式資格的營養師、飲食專家、心理學家都曾撰文詳細介紹這種飲食方式，他們的作品遠比我作為哲學家所能建議的內容還要專業許多。入門者或可參考：Evelyn Tribole and Elyse Resch, *Intuitive Eating: A Revolutionary Anti-diet Approach*, 4th ed. (New York: St. Martin's Press, 2020); Harrison, *Anti-diet; and Conason, Diet-Free Revolution*。也已經有很多合格的直覺飲食顧問能夠提供多數人需要或能有所獲益的個人支持與客製化建議，以協助執行這種飲食方法，而不會重新陷入節食的輪迴之中。我在此處只是想表達，直覺飲食的運作方式跟我的哲學思想非常契合，包括飢餓的權威、傾聽身體的重要性、透過相信自己的直覺來抵抗煤氣燈操縱等等。即便直覺飲食不是沒有批評者，但至少對我個人來說，這種做法很重要。

25 Pinker, *Rationality*, 52.

26 關於培養「大腿縫」的身體異化現象，可參考下文中極具啟發性的哲學分析：Céline Leboeuf, "Anatomy of the Thigh Gap," *Feminist Philosophy Quarterly* 5, no. 1 (2019)。感謝法比歐・卡布瑞拉的貢獻。

27 Sharon Hayes and Stacey Tantleff-Dunn, "Am I Too Fat to Be a Princess? Examining the Effects of Popular Children's Media on Young Girls' Body Image," *British Journal of Developmental Psychology* 28, no. 2 (2010): 413–26.

28 Christine Roberts, "Most 10 Year-Olds Have Been on a Diet: Study; 53 Percent of 13-Year-Old Girls Have Issues with How Their Bodies Look," *New York Daily News,* July 3, 2012, www.nydailynews.com/news/national/diets-obsess-tweens-study-article-1.1106653.

29 José Francisco López-Gil et al., "Global Proportion of Disordered Eating in Children and Adolescents: A Systematic Review and Meta-analysis," *JAMA Pediatrics* 177, no. 4 (2023): 363–372.

30 Jacinta Lowes and Marika Tiggemann, "Body Dissatisfaction, Dieting Awareness, and the Impact of Parental Influence in Young Children," *British Journal of Health Psychology* 8 (2003): 135–47.

31 W. Stewart Agras et al., "Childhood Risk Factors for Thin Body Preoccupation and Social

固有的本能，結合其他醫療性創傷，導致了歷時超出醫師預期的強烈的口腔厭惡。薇歐拉後來變得高度依賴插管餵食；關於後續索爾－史密斯如何逐漸引導女兒再次進食的感人故事，以及這段歷程如何協助索爾－史密斯克服自己對食物的不適感，請參她的著作：*The Eating Instinct: Food Culture, Body Image, and Guilt in America* (New York: Henry Holt, 2018), chap. 1.

10 在我的後設倫理分析中，我將任何可以用來刑求、折磨人類的方法，都視為是判斷身體必須性的知識論標準。這個做法將能直接地回答一個我很常被問到的問題：性欲是一種身體必須性嗎？不是，性欲就只是一種欲望。儘管強暴或各種形式的性侵害，都是一種非常有效的酷刑手段，但有別於非自願獨身者的邏輯，就我所知，沒有任何人會只因為「不」跟其他人發生性行為而產生酷刑般的感受。

11 這個框架也有助於解釋，為何主張要避免成癮的論點相當堅實。成癮本身就是一種身體必須性，而且往往會產生全新的身體必須性（要滿足身體的癮）；由於兩者通常都很難滿足，而且經常會進一步導致嚴重的問題，包括健康問題（以及無法被滿足的身體必須性）。但我同時也認為，我們有道德義務要以人道的方式協助成癮者戒癮（例如提供美沙酮治療，而不是期待人們可以「瞬間」戒掉海洛因）。這是個內生性的道德原因（我們應該要最大程度地減少無法滿足身體必須性所產生的痛苦），也是個工具性的原因（因為這種治療方法往往更為有效）。

12 請注意，我和多數當代的道德哲學家一樣，會交互使用「倫理」、「道德」二字。

13 可見《不只是厭女》一書導論，以了解對於勒頸（通常高度性別化）犯罪的深度分析。

14 關於急性呼吸窘迫症候群所導致痛苦的生動描繪，可參：Cheryl Misak, "ICU Psychosis and Patient Autonomy: Some Thoughts from the Inside," *Journal of Medicine and Philosophy* 30, no. 4 (2005): 411–30.

15 更極端的「超人睡眠法」（Uberman methond）主張要每四小時睡二十分鐘（這是一種「多階段睡眠」法，如果想要更有效，還可以再加上長時間的睡眠剝奪。）關於這種做法對人的影響，包括產生幻覺、憂鬱、無意識的夢遊狀態，可參考：Mark Serrels, "I Tried Polyphasic Sleep and Almost Lost My Mind," CNET, July 12, 2022, www.cnet.com/culture/features/i-tried-polyphasic-sleep-and-almost-lost-my-mind/. 在本文中作者指出：「現在回想起來，整件事情似乎都有點荒謬。這完全就是一種出於無聊男性自尊、毫無意義的挑戰與『身體駭客』作為。純粹就是有毒陽剛氣質的武器化型態。」他進一步補充：「不過，這確實是個好聽的故事。」

16 見 "The Nap Ministry," thenapministry.wordpress.com/.

17 此外，在其他四份研究中起初只有部分飲食失調症狀的人（分別是一四％、三三％、三七．五％、四六％）最後全都發展出完全的飲食失調症狀。見：Catherine M. Shisslak et al., "The Spectrum of Eating Disturbances," *International Journal of Eating Disorders* 18, no. 3 (1995): 213–14.

18 例如可見："Eating Disorder Statistics," South Carolina Department of Mental Health, www.state.sc.us/dmh/anorexia/statistics.htm.

19 研究人員在針對近五百名青少女的社區進行長達八年的追蹤調查後發現，她們「在二十歲時，罹患神經性厭食症的終生罹病率為0.8%、神經性暴食症為2.6%、暴食症為3.0%、非典型厭食症為2.8%、邊緣型神經性暴食症為4.4 %、邊緣型暴食症為3.6%、異常催吐傾向為3.4%；整體罹病率為13.1%（其中5.2%罹患神經性厭食症、神經性暴食症或暴食症；11.5%罹患未經分類之飲食失調症）。Eric Stice et al., "Prevalence, Incidence, Impairment, and Course of the Proposed DSM-5 Eating Disorder Diagnoses in an 8-Year Prospective Community Study of Young Women," *Journal of Abnormal Psychology* 122, no. 2 (2013): 445–57. 近期研究證據也顯示，非二元性別或非常規性別者罹患非典型厭食症的機率也可能更高。參見 Erin N. Harrop et al., "Restrictive Eating Disorders in Higher Weight Persons: A Systematic Review of Atypical

CHAPTER 8——飢餓的權威

1 此處引用的是我的文章："Diet Culture Is Unhealthy"，不過我在後文所提出的論述已有很大程度的不同。

2 *Fantasy Island*, season 1, episode 1, "Hungry Christine/Mel Loves Ruby," Aug. 10, 2021.《夢幻島》的製作人莉茲．卡夫特與莎拉．費恩在他們的Podcast「在好萊塢過得更快樂」（Happier in Hollywood）明確指出她們很欽佩、讚賞克莉絲汀嚴苛的生活方式，以及這個角色參考的對象是卡夫特的嫂子（也是一名晨間主播），她也配合工作，維持兩人認為「令人難以置信的完美身材」（這一集中，克莉絲汀甚至遭受「帶甜甜圈來辦公室的壞人」所害，這個用語在兩人的Podcast上很常出現，用來描繪愛帶一些「會變胖」的食物到辦公室、誘惑兩人打破飲食禁忌的壞蛋）。

3 如果你是少數願意把肥胖男人推下橋的人，請試想另一個明顯的駭人行為選項：剖開一名健康的人、摘取他的器官（進而導致他死亡），以拯救五個生病的人（假設沒有這種介入，這五人都會死）。功利主義還在此假設的「外科醫師情境」中設下了這種可怕的選擇（原始舉例的形式，可參：Philippa Foot's "The Problem of Abortion and the Doctrine of Double Effect," 9）。很少人認為在這些極端案例中，功利主義還會繼續為大多數人所接受，尤其是如果不做大幅度調整（進而讓這個理論變得比較複雜、也不那麼有吸引力）的話。

4 Peter Singer, "Famine, Affluence, and Morality," *Philosophy and Public Affairs* 1, no. 3 (1972): 229–43. 辛格還捍衛另一個更強（更嚴格）的原則：「如果我有能力阻止壞事發生，又不會犧牲任何具有同等道德重要性的東西，就道德上而言，我就應該要這麼做。」（同上注，231，重點標示非原文所加）。但比較弱的原則就足以滿足目前的討論。關於我對辛格結論的討論與相關疑慮（包括他們對於小小自我放縱的指責），可參我的 Substack 貼文："Against Swooping In," *More to Hate*, June 30, 2022, katemanne.substack.com/p/against-swooping-in.

5 例如，可見：Singer's "Animal Liberation," in *Animal Rights,* ed. Robert Garner (London: Palgrave Macmillan, 1973), 7–18.

6 經濟學家艾蜜莉．奧斯特曾用比較不那麼針對（且批判）的語氣指出：「最簡單的飲食控制就是……少吃一點。我曾讀了一本叫做《經濟學家的飲食控制》的好書，裡頭就精采體現了這點。本書重點是，如果你要減肥，你就要每天量體重，然後少吃一點。而且你很多時候都會覺得很餓。簡潔有力，但我完全可以理解為何它無法蔚為流行。」Emily Oster, "Diets and Data," *ParentData*, Substack, Jan. 6, 2022, emilyoster.substack.com/p/diets-and-data.

7 見 Colin Klein, "An Imperative Theory of Pain," *Journal of Philosophy* 104, no. 10 (2007): 517–32; and Colin Klein, *What the Body Commands: The Imperative Theory of Pain* (Cambridge, Mass.: MIT Press, 2015).

8 引自我自己的文章："Locating Morality: Moral Imperatives as Bodily Imperatives," in *Oxford Studies in Metaethics* 12, ed. Russ Shafer-Landau (Oxford: Oxford University Press, 2017), 1–26. 請注意，雖然功利主義提供了一種道德理論（預測了什麼是對的、什麼是錯的、為什麼），但身體必須性的概念，是在一個更基礎、更補充性的分析層次，也就是哲學家口中的「後設倫理」（Metaethics）層次中所提出的，這個概念是想要處理關於道德的來源或本質等議題。另外，我自己對後設倫理的觀點，並不涉及特定的道德理論：它不需要也不要求納入功利主義的立場（包括功利主義所隸屬的理論流派——這個理論系譜被稱為結果主義，基本上堅持行為的道德評價端視其後果而論）。

9 有一個相對能夠干擾身體要求進食（維吉妮亞．索爾－史密斯稱之為「進食本能」）的事情，就是必須呼吸的身體必須性。索爾－史密斯的小女兒薇歐拉就碰到這種狀況，她患有先天性心臟衰竭的嬌小身體，優先考慮要取得足夠的氧氣，而不是攝入足夠的牛奶。這種適應性的、

Jan. 17, 2019, in *Comfort Food*, podcast, comfortfood podcast.libsyn.com/episode-24-can-you-be-addicted-to-sugar-with-lisa-dubreuil. 順帶一提，答案是否定的：目前的理解並不足以把糖當作成癮物質。

16 Amanda Milkovits, " 'I Don't Buy for a Second the Coaches Didn't Know': Former Students Wonder Why No One Stopped Coach Aaron Thomas and 'Fat Tests,' " *Boston Globe,* Jan. 24, 2022, www.bostonglobe.com/2022/01/24/ metro/i-dont-buy-second-coaches-didnt-know-former-students-wonder-why-no-one-stopped-coach-aaron-thomas-fat-tests/.

17 "Teen's Death at Camp Fuels Debate, Inquiry," *Los Angeles Times,* Dec. 5, 1999, www.latimes.com/archives/la-xpm-1999-dec-05-mn-40755-story.html.

18 Harrison, *Belly of the Beast*, 38.

19 Marquisele Mercedes, Da'Shaun L. Harrison, Caleb Luna, Bryan Guffey, and Jordan Underwood, "Solicited: I'm Just Asking Questions," March 27, 2022, in *Unsolicited: Fatties Talk Back,* podcast, unsolicitedftb.libsyn.com/im-just-asking-questions.

20 而有鑑於節食文化無處不在，這盞煤氣燈往往會在不知不覺之中，點燃了其他人的煤氣燈，並持續讓社會中的弱勢群體相信瘦身的重要性。

21 在成人與兒童身體之間這種令人厭惡的比較，同時也暗示了一件事情：對女孩來說，監控身體與監控性行為有關，女孩應該要避免身體在時機適當之前變得太「成熟」。

22 Hamilton, *Angel Street,* 10.

23 同上注。頁11。

24 同上注。頁12。

25 同上注。頁16。

26 同上注。頁26。

27 但也必須說，真正讓其他人注意到莎曼珊變胖了幾磅的人，是個男人——也就是整部系列作品中充滿刻板印象的「同志好友」角色安東尼．馬倫蒂諾的一聲驚呼：「我的聖母瑪利亞——妳那肚子是怎麼了！」

28 關於此處提及風險的全面性分析，以及營養學家與其他專家的訪談，可參：Jenny Sugar, "If Dieting Makes You Feel Anxious, Distracted, Stressed, or Depressed, Experts Explain Why," *Pop Sugar*, April 13, 2020, www.popsugar.com/fitness/photo-gallery/47337017/image/47369438/Dieting-Affects-Sleep.

29 Harriet Brown, "The Weight of the Evidence," *Slate*, March 24, 2015, slate.com/technology/2015/03/diets-do-not-work-the-thin-evidence-that-losing-weight-makes-you-healthier.html. 就此議題的進一步反思，可參見她的著作：*Body of Truth: How Science, History, and Culture Drive Our Obsession with Weight—and What We Can Do About It* (Boston: Da Capo Press, 2015)

30 Kolata, "One Weight Loss Approach Fits All?" 這名男子維持瘦下來的體重（約四十二磅）約兩年半，遠低於業界所追求的五年黃金標準。

31 同上注。

32 同上注。

33 Lucy Wallis, "Do Slimming Clubs Work?," BBC News, Aug. 8, 2013, www.bbc.com/news/magazine-23463006.

34 同上注。

35 同上注。

36 Hamilton, *Angel Street,* 92.

注釋

Notes

CHAPTER 7——煤氣燈下的晚餐

1 請參本書第二章〈減肥成本〉的相關討論。

2 見Anna Guerdjikova and Harold C. Schott, "Why Dieting Can Be Harmful," Lindner Center blog, Feb. 8, 2021, lindnercenterofhope.org/blog/why-dieting-can-be-harmful/.

3 見"Overview of the $58 Billion U.S. Weight Loss Market 2022," *Globe News Wire,* March 23, 2022, https://www.globenewswire.com/en/news-release/2022/03/23/2408315/28124/en/Overview-of-the-58-Billion-U-S-Weight-Loss-Market-2022.html.

4 見*Saturday Night Live,* "Cinema Classics: Gaslight," aired Jan. 22, 2022, www.youtube.com/watch? v=xZU9D_DcbMs&ab_channel=SaturdayNightLive.

5 Patrick Hamilton, *Angel Street: A Victorian Thriller in Three Acts* (copyrighted under the title *Gas Light*) (New York: Samuel French, 1939), 18.

6 同上注。頁34–35。

7 Manne, *Entitled,* 148.

8 不確定這次受傷只是個意外，後來才被歸咎到貝拉身上，還是曼寧漢先生基於他的邪惡計畫而刻意為之。也不確定他的計畫目的為何：究竟是想要把她送進精神病院，還是要從她身上取得他想要的東西（例如要用她的財產買下巴洛的房子），還是就如同亞當．瑟維爾最近出版新書的書名那樣，也許「殘忍就是目的」（the cruelty is the point）。

9 有鑒於「瘋狂」一語所帶有的健全主義色彩，此處我刻意使用了引號標注。不過，若要真正分析典型煤氣燈操縱者（例如曼寧漢先生）的特徵、目標、觀點，這有點難以避免。

10 關於我對煤氣燈操縱的完整定義，請參閱我的文章："Moral Gaslighting," *Aristotelian Society Supplementary Volume* 97, no. 1 (2023). 在這篇文章中，我爬梳了現有討論煤氣燈操縱的諸多哲學作品，包括：Kate Abramson, "Turning Up the Lights on Gaslighting," *Philosophical Perspectives* 28, no. 1 (2014): 1–30; Veronica Ivy (writing as Rachel V. McKinnon), "Allies Behaving Badly: Gaslighting as Epistemic Injustice," in *The Routledge Handbook of Epistemic Injustice*, ed. Gaile Pohlhaus, Jr., Ian James Kidd, and José Medina (New York: Routledge, 2017), 167–75; and Elena Ruíz, "Cultural Gaslighting," *Hypatia* 35, no. 4 (2020): 687–713.。

11 請注意，即便存在特定的加害人，煤氣燈操縱也不一定是故意的。想像一個過往有酗酒習慣的人，只要說出「你不相信我嗎？」、「你繼續質疑我，我才可能復發」這種話，就很可能讓你因為自己質疑他明顯已經復發的習慣，而感到內疚。就我來說，儘管對方在精神上無意要阻止你相信真相，只是想要掩蓋自己內心深處所感到羞恥之事，這種作為依然可以算是煤氣燈操縱。

12 尤可參：Ruíz, "Cultural Gaslighting"; and Angelique M. Davis and Rose Ernst, "Racial Gaslighting," *Politics, Groups, and Identities* 7, no. 4 (2019): 761–74.

13 直到一九八〇年代，利用物理手段限制下巴以「幫助」人們減肥，還是非常流行的做法。對於這種做法的安全疑慮比比皆是，例如，無法張開嘴的人很容易因為自己嘔吐物而嗆噎到。請參：Daniel Davies, "Researchers Develop Weight-Loss Tool That Uses Magnets to Lock Your Mouth Shut," *Men's Health*, July 14, 2021, www.menshealth.com/ uk/health/a37020381/dental-slim-diet-control-magnet-device/.

14 可參：Virginia Sole-Smith, "A Weight Watchers App for Kids Raises Concerns," *New York Times,* April 17, 2020, www.nytimes.com/2020/04/17/parenting/ big-kid/weight-watchers-kids.html. 雖說這個app的基本版不用錢，唯有付費訂閱後才能取得額外的「健康建議」，但其目標就是要讓孩子與家長接受這種對待食物與身體的方式，好讓他們在未來有機會成為慧儷輕體的消費者（現已改名為WW——「健康奏效」（Wellness that works」）。

15 Virginia Sole-Smith and Amy Palanjian, "Can You Be Addicted to Sugar? (with Lisa Du Breuil),"

07/08/you-can-still-fly-with-limited-mobility/.

71 Ash, "Make Your Home Work for You," *The Fat Lip* (blog), Aug. 1, 2019, thefatlip.com/2019/08/01/home-accomodations/.

72 Ash, "UPDATED 2022: 27 Sturdy Chairs for Fat People (up to and Beyond 500lbs!)," *The Fat Lip* (blog), Nov. 9, 2019, thefatlip.com/2019/11/09/27-sturdy-chairs-for-fat-people/.

73 Ash, "Our 600 Pound Lives," *The Fat Lip* (blog), March 21, 2020, thefatlip. com/2020/03/21/our-600-pound-lives/.

74 就這點而言，我們也不應該假設有認知障礙（包括被稱為「嚴重」認知障礙）的人，在精神上就是「有所匱乏」的人，雖然這個主題已經遠遠超出本書範圍。哲學家伊娃．基泰曾精采批評哲學界這部分的健全主義問題，她並指出認知障礙者不僅同樣是具有價值、值得受人道且有尊嚴對待的個體，而且認知障礙者往往能夠為非障礙者帶來許多珍貴、幽微的教訓。詳可參見她的著作：*Learning from My Daughter: The Value and Care of Disabled Minds* (New York: Oxford University Press, 2019).

75 關於「知識論資格」與索尼特就此主題所提出的經典概念，可參我的著作《厭女的資格》，第八章。儘管「男性說教」並非索尼特所原創，且她也說過自己對此概念的感受五味雜陳。關於索尼特對此現象的經典、原始討論，可見："Men Explain Things to Me," reprinted in *Guernica*, Aug. 20, 2012, www. guernicamag.com/rebecca-solnit-men-explain-things-to-me/.

76 Peter Singer, "Weigh More, Pay More," *Straits Times*, March 16, 2012, www. straitstimes.com/world/peter-singer-weigh-more-pay-more.

77 Chris Uhlik, "What Is the Cost of Fuel Burned for 1 Kg in 1 Hour for an A320 Aircraft?," Quora, www.quora.com/What-is-the-cost-of-fuel-burned-for-1-kg-in-1-hour-for-an-A320-aircraft/answer/Chris-Uhlik. 縱使克里斯．烏利克的成本估計有所偏差，其偏差至少要大到數百倍，才可能支持辛格的主張（即運送肥胖身體會產生高額費用）。

78 辛格的最大爭議，同樣也涉及基本人權——他曾主張，如果家長依法可以將可能具有「嚴重」殘疾的嬰兒安樂死，他們應該這麼做；據此主張，他等於是隱晦地否定了嚴重障礙者擁有活著的價值。對此，已故的障礙者人權倡議者哈麗特．麥克布萊德．強森律師曾提出強而有力的回應：「我很享受我的生命……有無殘疾並無法預測生活的品質。」詳可參閱她的經典文章："Unspeakable Conversations," *New York Times Magazine*, Feb. 16, 2003, www.nytimes.com/2003/02/16/magazine/unspeakable-conversations.html. 調查顯示，障礙者與非障礙者的生活滿意度其實很接近。就此主題，近期有三篇精采的哲學分析，可參：Elizabeth Barnes, *The Minority Body: A Theory of Disability* (Oxford: Oxford University Press, 2016); Joseph A. Stramondo, "Bioethics, Adaptive Preferences, and Judging the Quality of a Life with Disability," *Social Theory and Practice* 47, no. 1 (2021): 199–220; and Joel Michael Reynolds, *The Life Worth Living: Disability, Pain, and Morality* (Minneapolis: University of Minnesota Press, 2022).

79 Daniel Callahan, "Obesity: Chasing an Elusive Epidemic," *Hastings Center Report* 43, no. 1 (2013): 37.

80 同上注。頁40。

81 同上注。頁37-38。

82 同上注。頁35。

83 當然，這些抱怨還是很健全主義的。對於許多擁有障礙的人來說，例如患有關節炎、多發性硬化症、帕金森氏症、四肢發展差異等等，這類科技其實大有助益。

84 同上注。頁39。

59 這部電影最主要想傳達的就是，真正阻礙（某程度上來說屬於）肥胖女人取得成功的，並不是肥胖恐懼，而是她對自己缺乏自信。最好是。

60 Owen Gleiberman, "'The Whale' Review: Brendan Fraser Is Sly and Moving as a Morbidly Obese Man, but Darren Aronofsky's Film Is Hampered by Its Contrivances," *Variety*, Sept. 4, 2022, variety.com/2022/film/reviews/the-whale-review-brendan-fraser-darren-aronofsky-1235359338/.

61 Carmen Maria Machado, "The Trash Heap Has Spoken," *Guernica*, Feb. 13, 2017, www.guernicamag.com/the-trash-heap-has-spoken/.

62 而且烏蘇拉還是個反派。關於肥胖再現之後的模糊性，可參考下文的有趣討論：Sophie Carter-Kahn and April Quioh, "Boo! Fear the Fat," Oct. 26, 2017, in *She's All Fat*, podcast, shesallfatpod.com/pod/s1e8。

63 Sonya Renee Taylor, *The Body Is Not an Apology: The Power of Radical SelfLove* (Oakland: Berrett-Koehler, 2018).

64 公平起見，山繆・杭特對此類批評的回應是，他在二十多歲時就已經爆肥，是在本片開拍（二〇一二年）之前的這十年之間，體重才逐漸下降。但在我看來，這種回應完全於事無補：正如許多肥胖倡議者所說，最恐懼肥胖身體的往往就是過去曾經胖過的人，因為他們總想像自己即將再次擁有那樣的身體；也因此，這些人在宣洩自己對肥胖所抱持的情緒時，如果未加審視，其所呈現的肥胖恐懼反而攻擊性會最強。正如麥可・舒曼在《紐約客》所說的：「查理的肥胖來自杭特的生命經驗，以及一股對最壞情況的揣想。『如果我的人生沒有轉過那個彎，我會怎麼樣？……我眼前看到的是，如果當時的我復胖得那麼多、那麼快——我可能會想，天啊，這可能會是我的人生。』」但並不是如此，而且這很重要。詳可見：Michael Schulman, "About Brendan Fraser's Fat Suit in The Whale," *New Yorker*, Dec. 7, 2022, www.newyorker.com/culture/notes-on-hollywood/the-whale-and-the-fat-suit-brendan-fraser-darren-aronofsky.

65 Annette Richmond, "Ash of The Fat Lip Podcast Wants You to Know That Sizes Above 32 Exist," *Ravishly*, Feb. 26, 2018, www.ravishly.com/ash-fat-lip-podcast. 關於其他肥胖作家的精采故事和經歷，可參：*Unsolicited: Fatties Talk Back*, by Marquisele Mercedes, Da'Shaun L. Harrison, Caleb Luna, Bryan Guffey, and Jordan Underwood（Podcast）; *She's All Fat*, by April Quioh and Sophie Carter-Kahn（Podcast）; and the *Comfy Fat* blog, published by J Aprileo（部落格）。

66 見 Miranda Fricker, *Epistemic Injustice: Power and the Ethics of Knowing* (Oxford: Oxford University Press, 2007), chaps. 1–2.

67 Kristie Dotson, "Tracking Epistemic Violence, Tracking Practices of Silencing," *Hypatia* 26, no. 2 (2011): 242. 關於哲學領域或學界中，肥胖理論家對此所提出的深度激辯，可參艾莉森・雷海德對雪萊・特雷曼的訪談文章。特雷曼在訪談中表示：「相較於從事性別研究的男性或研究種族的白人，研究女性主義哲學的女性與研究種族主義理論的有色人種常被譏諷只是在『研究自己』，進而貶低其研究的知識論地位；同樣地，肥胖者針對肥胖所提出的理論也經常被忽視。學界與哲學界普遍抱持的這種態度，不僅完全是不及格的求知態度，甚至使得這群人根本沒有擔任哲學家或學者的資格。傲慢地以為能夠限制何人才有知識、何事才是知識，將讓我們無法真正地追求知識。」見：Shelley Tremain, "Dialogues on Disability: Shelley Tremain Interviews Alison Reiheld," *Biopolitical Philosophy*, Sept. 18, 2019, biopoliticalphilosophy.com/2019/09/18/dialogues-on-disability-shelley-tremain-interviews-alison-reiheld/.

68 Richmond, "Ash of *The Fat Lip* Podcast Wants You to Know That Sizes Above 32 Exist."

69 見網友ash.fatlip的Instagram貼文，Nov. 3, 2022, www.instagram. com/p/CkgNl4yu1kI/?igshid=MDJmNzVkMjY%3D.

70 Ash, "You Can Still Fly with Limited Mobility," *The Fat Lip* (blog), July 8, 2019, thefatlip.com/2019/

少量甜點，不要武斷區分「好食物」、「壞食物」，而且應該適當開放某些允許隨意攝取「不健康食物」的時段，避免因斷絕特定食物類型而促使這些誘惑不降反升（呼應這種典範的名稱，家長多半負責決定孩子可以攝取的食物種類、進食時間與進食場合，但由孩子負責決定自己要攝取的食物量多寡）。儘管起初會有些不安，但真正和孩子嘗試這種做法的家長往往會發現，孩子不但出奇地願意嘗鮮，而且當孩子不須擔心再也沒機會吃它時，他們反而不會過度沉迷於這些「犒賞點心」。更重要的是，孩子學會信任自己，包括自己的身體與食欲。可見：Ellyn Satter, *Secrets of Feeding a Healthy Family: How to Eat, How to Raise Good Eaters, How to Cook* (New York: Kelcy Press, 2008). 關於其他詮釋與介紹這種家庭用餐型態的文獻，亦可參：Virginia Sole-Smith and Amy Palanjian, *Comfort Food*, podcast, comfortfoodpodcast.libsyn.com/，以及索爾－史密斯的著作：*Fat Talk*。

48 最近也有研究指出，成人也可能擁有這種「營養智慧」。可見：Jeffrey M. Brunstrom and Mark Schatzker, "Micronutrients and Food Choice: A Case of 'Nutritional Wisdom' in Humans?," *Appetite* 174 (2022): 106055.

49 Thomas Nagel, "Free Will," in *What Does It All Mean? A Very Short Introduction to Philosophy* (New York: Oxford University Press, 1987), 47.

50 另一個更新的例子可見：Agnes Callard, *Aspiration: The Agency of Becoming* (New York: Oxford University Press, 2018), chap. 4。在這個例子中，意志薄弱跟吃餅乾有關。

51 Steven Pinker, *Rationality: What It Is, Why It Seems Scarce, Why It Matters* (New York: Viking, 2021), 36.

52 同上注。頁51。

53 Tyler Kingkade, "Geoffrey Miller Censured by University of New Mexico for Lying About Fat-Shaming Tweet," *Huffington Post*, Aug. 7, 2013, https://www. huffpost.com/entry/geoffrey-miller-censured-unm_n_3716605. 但正如該文所述，米勒真正遭譴責的是他解釋發文動機時說謊——他宣稱這則貼文是他進行中研究的一部分，但這點後來遭校方否認。

54 Jacob M. Burmeister et al., "Weight Bias in Graduate School Admissions," *Obesity* 21, no. 5 (2013): 918–20. 另一項由維倫・斯瓦米和瑞秋・蒙克所進行的研究發現，在實驗情境中，BMI屬於肥胖類別（或「瘦弱」類別）的女性獲得大學錄取入學的機率比較低。"Weight Bias Against Women in a University Acceptance Scenario," *Journal of General Psychology* 140, no. 1 (2013): 45–56.

55 在哲學領域中，刺激與教導自我認同為肥胖女性的學生思考肥胖汙名，亦可參：Kristin Rodier and Samantha Brennan, "Teaching (and) Fat Stigma in Philosophy," *Teaching Philosophy* (forthcoming)。

56 "Because If You Had Been, It Would All Have Been OK?," *What Is It Like to Be a Woman in Philosophy?* , Oct. 21, 2010, beingawomaninphilosophy.wordpress. com/2010/10/21/because-if-you-had-been-it-would-all-have-been-ok/. 這個部落格可謂為呈現哲學界中性別歧視、厭女情節（與其他資訊）的珍貴資訊來源。

57 有時候這些肥胖角色如果瘦身有成，甚至會變聰明，《六人行》中的「胖莫妮卡」就是如此。劇中對於往昔的她具有迥異的形象設定，與苗條、時尚的莫妮卡不同，往昔的莫妮卡是名肥胖、天真、對食物癡狂的丑角（由飾演莫妮卡的寇特妮・考克斯刻意穿上肥胖戲服來演繹）。來到劇中當下時，她女大十八變，甚至被視為是群體中最聰明的角色之一。感謝伊莎・迪亞茲・里昂提供我這個例子。

58 *The Simpsons*, season 4, episode 6, "Itchy and Scratchy: The Movie," aired Nov. 3, 1992, www.youtube.com/watch? v=NfBVRqZPb2w&ab_channel=Anand Venkatachalam.

Thomson (London: Routledge, 1953).

35 同上注。

36 亞里斯多德認為，要在極端之間找到平衡點並不是一刀兩斷或可以利用數學精確計算或切割的事情，而他用來解釋的著名例子就是食物：「假設對運動員來說，十磅食物太多，二磅太少。這並不代表教練必然會要求攝取六磅的食物。因為對特定運動員而言，那可能太多，也可能太少。那樣的食物量對角力選手米洛來說可能太少，但對剛開始鍛鍊的人卻可能太多。」同上注。頁bk. 2，第4章。

37 亞里斯多德指出，我們不會因為人們野心勃勃、沉迷於學習或講故事，就認為他們毫無節制。相反地，他認為，節制涉及的是「人類與低等動物所共享的快樂，因此這些快樂才顯得充滿奴性與獸性」——尤指跟性愛或飲食有關的欲望。同上注。頁bk. 3。第10章。

38 亞里斯多德也明確地區分出放縱自我、吃得太多的「暴食者」和放縱特定欲望以享受過量歡快感的道德低落者之間的差異。同上注。頁bk. 3，第11章。

39 同上注。頁bk. 2，第7章。

40 有趣的是，亞里斯多德似乎從未考慮過，有些人剝奪自我進食，不是因為他們無從獲得進食的快樂，而是因為他們否認自己會因此快樂——儘管亞里斯多德肯定知道有這群徹底拒斥一切快樂感受的禁欲主義者存在。值得注意的是，目前沒有明確證據顯示古代社會就已經存在飲食失調的問題，這點彰顯了飲食失調的兩個特色，一是其社會建構本質，二是它往往就是會在熱量豐足的社會環境下作祟。此外，具有厭食傾向的中世紀女性似乎不少見（尤其是修道院的修女們）。關於「神聖厭食」（anorexia mirabilis）的有趣討論，可參：Whitney May, "Holy Anorexia: How Medieval Women Coped with What Was Eating at Them," *A Medieval Woman's Companion*, amedievalwomanscompanion.com/holy-anorexia-how-medieval-women-coped-with-what-was-eating-at-them/, as well as Caroline Bynum's book *Holy Feast and Holy Fast* (Berkeley: University of California Press, 1987), chap. 6. 感謝抱持歷史觀點的拉查娜·坎特卡與其他同儕所提出的珍貴意見。當然，任何錯誤和遺漏均由我個人承擔。

41 C. D. C. Reeve, introduction to *Politics,* by Aristotle, trans. C. D. C. Reeve (New York: Hackett, 1998), xxxv.

42 同上注。頁xxxvi。

43 同上注。

44 這項研究的執行者不是別人，正是已在本書第三章中展現其肥胖恐懼的生理學家安賽·基斯，以及心理學家約瑟夫·布羅澤克。關於本研究及其後續影響的精采概述，請參：見 David Baker and Natacha Keramidas, "The Psychology of Hunger," *Monitor on Psychology* 44, no. 9 (2013): 66。

45 研究者主要是透過特別安排的「預先攝取」（preload）橋段證明這點。研究者會請受試者「先攝取」奶昔，再開始不設限地品嘗多款冰淇淋，而有「預先攝取」的「飲食控制者」不但不會因為較有飽足感而少吃，反而會吃得更多——似乎是因為在喝過奶昔後，人們反而會產生一種「管他的」心態。在後續關於「飲食控制」的系列文獻中，這項知名研究被廣為複製、討論與改編，詳可見：C. P. Herman and D. Mack, "Restrained and Unrestrained Eating," *Journal of Personality* 43, no. 4 (1975): 647–60。

46 Clara M. Davis, "Results of the Self-Selection of Diets by Young Children," *Canadian Medical Association Journal* 41, no. 3 (1939): 257–61.

47 Amy T. Galloway et al., "'Finish Your Soup': Counterproductive Effects of Pressuring Children to Eat on Intake and Affect," *Appetite* 46, no. 3 (2006): 318–23. 現在已有許多兒童飲食專家與營養師接受了艾倫·沙特開發的新飲食典範（名為「責任分工」），即建議要固定在晚餐前段提供

15 我在這裡刻意將著名的「心身」問題顛倒過來。這個概念一般認為出自笛卡爾，大致上可以說是要理解心靈與身體之間的關係；更具體來說，是要了解我們的心靈（如果有的話）究竟是如何透過我們的大腦及其神經生理構造被具體化出來。我在此處所說的「身心」問題，顯然是個相當平淡無奇的問題。

16 Robert Paul Wolff, *About Philosophy*, 11th ed. (Boston: Pearson, 2012), 21.

17 塔莉亞・梅・貝徹就曾犀利地描繪她在哲學界作為一名跨性別女性的感受，尤其是當其他哲學家展現出對跨性別族群的無知與偏見之時：「在發表（對抽象形上學問題的）見解時帶著傲慢與無知是一回事。這種事情常常發生，非常惱人。對人這麼做則是另一回事，更何況還是在場的人、努力嘗試（而且成功）對自己展開哲學思辨的人。」詳可參閱她的著作："When Tables Speak."

18 Philippa Foot, "The Problem of Abortion and the Doctrine of Double Effect," *Oxford Review* 5 (1967): 5–15.

19 Judith Jarvis Thomson, "The Trolley Problem," *Yale Law Journal* 94, no. 6 (1985): 1395–415.

20 David Edmonds, *Would You Kill the Fat Man? The Trolley Problem and What Your Answer Tells Us About Right and Wrong* (Princeton, N.J.: Princeton University Press, 2014).

21 根據一份改編電車難題與「肥胖男子」的網路問卷調查結果，近十四萬名受訪者中，約有八四％的人認為應該要為電車改道，但只有四一％的人表示應該將胖男人從橋上推下去。詳參：https://www.philosophyexperiments.com/fatman/Default.aspx。製作問卷者坦承，男子的肥胖狀態可能是偏執的根源，但若真是如此，理論上應該會有更多人不替電車改道，而是要犧牲該名肥胖男子。不過，必須要是非常極端的肥胖恐懼才會產生這種行為模式。此外，正如我後續所強調的，扭曲的後果並不是舉這種例子的唯一問題。

22 福特也曾討論過這個例子（她還寫道這個例子現在已「廣為哲學家所知」），見："The Problem of Abortion and the Doctrine of Double Effect," 5–6. 她先是揶揄了一番：「正確的選擇顯然是坐等那名胖男子瘦下來」，最後表示她的結論是：「舉了輕浮的例子並非有意冒犯。」（頁15）。

23 Plato, *Timaeus,* trans. Donald J. Zeyl (Indianapolis: Hackett, 2000), 62d.

24 Hill, *Eating to Excess*, 47.

25 Plato, *Timaeus,* 63b.

26 同上注。嘴巴不僅能說話，也能進食，顯然是個可能有點尷尬的事實；柏拉圖在書寫時考量到了這點，因而再次以蒂邁歐的口吻寫道：「我們的造物者之所以會為嘴搭配齒、舌、唇，是為了要能容納最必要與最佳之物：在他們的安排下，嘴是必要之物的入口，也是最佳之物的出口：因為所有進入嘴巴、為身體提供營養的，都是必要之物，而所有流出嘴巴、乘載智慧的言詞，是最公正、最佳之物。」同上注。頁69e。

27 同上注。頁64e。

28 同上注。頁66e。

29 Hill, *Eating to Excess*, 50.

30 Strings, *Fearing the Black Body*, chap. 4.

31 Plato, *Timaeus,* 86.

32 Hill, *Eating to Excess*, 54. 相較於《理想國》，柏拉圖對女性的本質和角色的描繪更加平等；他甚至在理想城市中納入了女性守護者的角色。

33 Hill, *Eating to Excess*, 52.

34 在此討論中，亞里斯多德一開始就指出：「飲食過多或過少同樣有害健康，因為健康就是藉由攝取適當飲食所產生、增加、維繫的東西。」然而正如後文所述，他並不認為吃不足量是人類常見的誘惑。Nicomachean Ethics, bk. 2, chap. 2, in *The Ethics of Aristotle*, trans. J. A. K.

Western Misogyny," *Philosophical Topics* 46, no. 2 (2018): 183–208.

5 Ratcliffe and Shaw, "'Philosophy Is for Posh, White Boys with Trust Funds.' "

6 關於哲學界中性騷擾的代表性案例，可見：Jennifer Schuessler, "A Star Philosopher Falls, and a Debate over Sexism Is Set Off," *New York Times*, Aug. 2, 2013, www.nytimes.com/2013/08/03/arts/colin-mcginn-philosopher-to-leave-his-post.html; Colleen Flaherty, "Another Harasser Resigns," *Inside Higher Ed*, Nov. 4, 2015, www.insidehighered.com/news/2015/11/04/northwestern-philosophy-professor-resigns-during-termination-hearing-over-sexual；Katie J. M. Baker, "The Famous Ethics Professor and the Women Who Accused Him," *BuzzFeed News*, May 20, 2016, www.buzzfeednews.com/article/katiejmbaker/yale-ethics-professor；Katie J. M. Baker, "UC Berkeley Was Warned About Its Star Professor Years Before Sexual Harassment Lawsuit," *BuzzFeed News*, April 7, 2017, www.buzzfeednews.com/amphtml/katiejmbaker/john-searle-complaints-uc-berkeley. 一般性的討論，可見：Janice Dowell and David Sobel, "Sexual Harassment in Philosophy," *Daily Nous*, Aug. 29, 2019, dailynous.com/2019/08/29/sexual-harassment-philosophy-guest-post-janice-dowell-david-sobel/. 至於提及哲學界中種族主義問題的簡短說明文章（必然有些偏頗），可見：David Rutledge, "Racist Attitudes 'Whitewashed' Modern Philosophy. What Can Be Done to Change It?," ABC News, *The Philosopher's Zone* podcast, Nov. 9, 2019, www.abc.net.au/news/2019-11-10/modern-philosophical-canon-has-always-been-pretty-whitewashed/11678314，由布萊恩・W・范諾爾登介紹哲學界的主流現狀。

7 近期討論哲學界恐懼跨性別的文章，可見：Talia Mae Bettcher, "When Tables Speak: On the Existence of Trans Philosophy," *Daily Nous*, May 30, 2018, dailynous.com/2018/05/30/tables-speak-existence-trans-philosophy-guest-talia-mae-bettcher/; t philosopher, "I Am Leaving Academic Philosophy Because of Its Transphobia Problem," Medium, May 20, 2019, medium.com/@transphilosopher33/i-am-leaving-academic-philosophy-because-of-its-transphobia-problem-bc618aa55712; and Robin Dembroff, "Cisgender Commonsense and Philosophy's Transgender Trouble," *Transgender Studies Quarterly* 7, no. 3 (2020): 399–406. 關於哲學界的階級主義傾向，可見：John Proios, "Ethical Narratives and Oppositional Consciousness," *APA Newsletter on Feminism and Philosophy* 20, no. 3 (2021): 11–15. 至於哲學界與健全主義，可參：Shelley Tremain's "Dialogues on Disability" series on the blog *Biopolitical Philosophy*, biopolitical-philosophy.com/.

8 例如，可見：Rachel Moss, "For Tolerance of Body Diversity, Academia Gets a Big, Fat Zero," *Times Higher Education*, Sept. 29, 2021, www.timeshigher education.com/opinion/tolerance-body-diversity-academia-gets-big-fat-zero.

9 確實，我們有時也會批評論點「輕飄飄」、「沒分量」，但這些想像的對照組都是堅實強壯、肌肉發達、陽剛的身體，而非肥胖的身體——因此，與其說這些譬喻是反「肥胖恐懼」，不如說它們是反陰柔／反女性主義。

10 Willard V. Quine, "On What There Is," *Review of Metaphysics* 2, no. 5 (1948): 23.

11 此處部分內容引用我自己的文章："Diet Culture Is Unhealthy."

12 Quine, "On What There Is," 23.

13 當然，我並不認為奎因援引這些譬喻，是想展現階級主義和肥胖恐懼（但老實說，除了那些明目張膽者，誰不是如此？）我的重點是，他使用這些譬喻不只是出於偶然，也不只是忘記了它們的文化意涵，還是想要透過他所選擇的隱喻來展現自己過人的機智、犀利，而且還是以展現它們所帶有意涵的方式達成。

14 Quine, "On What There Is," 23–24.

27 Molly Olmstead, "Cornell Frat Suspended for Game in Which Men Compete to Have Sex with Overweight Women," *Slate*, Feb. 7, 2018, slate.com/news-and-politics/2018/02/cornell-fraternity-zeta-beta-tau-suspended-for-offensive-pig-roast-game.html. 對於這種實踐的重要學術分析，可見：Ariane Prohaska and Jeannine Gailey, "Fat Women as 'Easy Targets': Achieving Masculinity Through Hogging," in *The Fat Studies Reader*, ed. Esther Rothblum and Sondra Solovay (New York: New York University Press, 2009), 158–66.

28 Hanne Blank, *Fat* (New York: Bloomsbury, 2020), 93.

29 令人驚訝的是，雖然男性經常引援白人至上主義、異性戀霸權、肥胖恐懼父權體制所服膺的審美標準來貶低女性的外表，但女性以此攻擊男性狀況幾乎是微乎其微。這也是為何我對於那些被稱為是「非自願獨身者」(incels)的異性戀男性不抱任何同情。他們可能曾被自己欲望的對象拒絕、可能覺得自己不受歡迎，而這些經歷當然讓人挫敗（必須澄清，也有些非自願獨身者是年輕男性，即使他們根本不曾實際接觸過心儀「性感」女性，卻還是期待這些女性會突然到他家門口，蓄勢待發、滿心期待地要和自己交往。）但當我們這群人被迫感受到自己不值得性、愛、不被認為美麗之時，真正受苦的都還是女性和其他邊緣化性別。而且不知道何故，我們會努力不因為這些挫敗感而殺人。進一步討論可參閱《厭女的資格》一書，第二章。

30 見 Hebl and Mannix, "The Weight of Obesity in Evaluating Others," 第一章所提及之實驗。

31 Elena Ferrante, *The Story of the Lost Child* (New York: Europa, 2015), 237.

32 同上注。頁238。

33 同上注。頁239。

34 同上注。頁240。

35 同上注。頁243。

36 同上注。頁242。

37 關於本起事件的來龍去脈，可參閱我的這篇文章："Good Girls: How Powerful Men Get Away with Sexual Predation," *Huffington Post*, March 24, 2017 (updated March 28, 2017), www.huffpost.com/entry/good-girls-or-why-powerful-men-get-to-keep-on-behaving_b_58d5b420e4b0f633072b37c3.

CHAPTER 6——不足為奇

1 Plato, *Theaetetus*, trans. Benjamin Jowett (Indianapolis: Hackett, 2014), 155d.

2 要理解這些社會現實和哲學界的普遍氛圍，克莉絲蒂・道森的知名文章是必讀的："How Is This Paper Philosophy?," *Comparative Philosophy* 3, no. 1 (2012): 3–29.

3 Katherine Mangan, "In the Humanities, Men Dominate the Fields of Philosophy and History," *Chronicle of Higher Education*, Oct. 12, 2012, www.chronicle.com/ article/in-the-humanities-men-dominate-the-fields-of-philosophy-and-history/.

4 可見：Rebecca Ratcliffe and Claire Shaw, "'Philosophy Is for Posh, White Boys with Trust Funds'—Why Are There So Few Women?," *Guardian*, Jan. 5, 2015, www.theguardian.com/higher-education-network/2015/jan/05/philosophy-is-for-posh-white-boys-with-trust-funds-why-are-there-so-few-women, featuring perspectives by Jennifer Saul and many others. 關於現在蔚為經典的相關討論，可見：Sally Haslanger, "Changing the Ideology and Culture of Philosophy: Not by Reason (Alone)," *Hypatia* 23, no. 2 (2008): 210-23。

23 近期克莉夏・梅瑟寫了一篇令人入迷的診斷：Christia Mercer's article "The Philosophical Origins of Patriarchy," *Nation*, July 1, 2019, www.thenation.com/article/archive/patriarchy-sexism-philosophy-reproductive-rights/。亦可參閱她的論文："The Philosophical Roots of

14 感謝我的經紀人露西・V・克萊蘭提出這樣簡潔有力的描繪。

15 可見：Quill Kukla (writing as Rebecca Kukla), "Sex Talks," *Aeon*, Feb. 4, 2019, aeon.co/essays/consent-and-refusal-are-not-the-only-talking-points-in-sex. 庫克拉的「性禮物」分類，將使我在此提及的普遍觀點變得更為複雜，即同意應該要充滿熱情。進一步討論請參："That's What She Said: The Language of Sexual Negotiation," *Ethics* 129 (Oct. 2018): 70–97.

16 有個值得注意且有所助益的例外情境，就是露薏絲・理查森－塞爾夫所說的「不可『上』的物化」(unfuckable objectification)——有些女性會被描繪為「所有男性都不會想要，意即這些女性沒有任何價值，因為她們無法做到女性這個角色最基本的服務工作：吸引男性。她們因此不是男人欲望的對象。再一次，男人被視為是真正、唯一的(性愛)行動者。畢竟所有男人都可以上女人，但他們就是不會選擇『那群』(很差的)女人。」見：Louise Richardson-Self, *Hate Speech Against Women Online: Concepts and Countermeasures* (Lanham, Md.: Rowman & Littlefield, 2021), 86–87。儘管我可以同理理查森－塞爾夫的說法，但我更傾向理論化這種可能性，不是將其視為一種獨立存在的物化形式，而是將其視為一種自然產物，因為物化很容易和既有階序緊密相連。

17 這份清單是依照瑪莎・納思邦所提出的清單稍加修改而成。可見：Martha C. Nussbaum, "Objectification," *Philosophy and Public Affairs* 24, no. 4 (1995): 257. 納思邦的物化理論基本上是個鬆散的集合，實際案例往往會涉及一個(通常是多個)上述特徵。

18 在納思邦對物化的充分討論中，只觸及性別階序的概念一次，而且她並未用以調整或複雜化她所列出的七個物化方法。那是出現在她批評理查德・D・莫爾見解的時候。莫爾主張把人視為可替代的存在反而可能有助於人們好好對待他人，他認為那將會接近他高度推崇的男同志性愛澡堂及其民主性愛化。同上注，頁287–288。

19 Rae Langton, *Sexual Solipsism: Philosophical Essays on Pornography and Objectification* (Oxford: Oxford University Press, 2009), 228–29.

20 Zadie Smith, *On Beauty: A Novel* (New York: Penguin, 2005), 205–6. 感謝我的編輯亞曼達・庫克建議了這個例子。

21 同上注。頁207。

22 近期關於健康文化與肥胖恐懼的精采哲學分析，可參：Emma Atherton, "Moralizing Hunger: Cultural Fatphobia and the Moral Language of Contemporary Diet Culture," in "Feminism and Food," special issue, *Feminist Philosophy Quarterly* 7, no. 3 (2021).

23 Harrison, *Belly of the Beast*.

24 Javier C. Hernández, "He Quit Singing Because of Body Shaming. Now He's Making a Comeback," *New York Times*, Jan. 23, 2023, www.nytimes.com/2023/01/23/arts/music/limmie-pulliam-opera-body-shaming.html.

25 Seth Stephens-Davidowitz, "Google, Tell Me. Is My Son a Genius?," *New York Times*, Jan. 18, 2014, www.nytimes.com/2014/01/19/opinion/sunday/google-tell-me-is-my-son-a-genius.html. 相形之下，家長檢索如何叫女兒減肥的機率是兒子的兩倍，想知道女兒算不算漂亮的機率是兒子的一・五倍。家長懷疑自己兒子是否「有天賦」的機率，則是一般人的二・五倍，在使用「天才」一語時也有類似差異，儘管女孩在年幼時開始使用艱深詞彙，並被安排到學校的菁英班中的機會比較高，依然如此。正如賽斯・史蒂芬斯－達維多維茨所寫到：「這個令人不安的結果帶給我們許多懸而未決的問題，但最令人鼻酸的莫過於此：對於美國女孩來說，若家長對身形的在意程度減半，對學識表現的興趣加倍，生活將會有何不同？」

26 Erin M. Lenz, "Influence of Experienced and Internalized Weight Stigma and Coping on Weight Loss Outcomes Among Adults" (PhD diss., University of Connecticut, 2017).

度。因此，本研究再次重申了厭惡感在肥胖恐懼成因中所扮演的重要作用。請注意，這些都是已經控制了個人厭惡敏感程度之後所出現的結果（同上注，1306）。感謝埃萊妮．曼恩和尚恩．尼可斯協助我理解這方面的資訊。當然，任何錯誤或遺漏均由我個人承擔。

44 相關討論請見 Eaton, "Taste in Bodies and Fat Oppression," 43–44, for related discussion.

45 Daniel Kelly, *Yuck: The Nature and Moral Significance of Disgust* (Cambridge, Mass.: MIT Press, 2011), 46–47.

46 Yoel Inbar and David A. Pizarro, "Pathogens and Politics: Current Research and New Questions," *Social and Personality Psychology Compass* 10, no. 6 (2014): 365–74.

47 關於目前最新進展之討論，請參 Jakob Fink-Lamotte et al., "Are You Looking or Looking Away? Visual Exploration and Avoidance of Disgustand Fear-Stimuli: An Eye-Tracking Study," *Emotion* 22, no. 8 (2022): 1909–18.

48 見Orlando Patterson, *Slavery and Social Death: A Comparative Study* (Cambridge, Mass.: Harvard University Press, 1982)。特別是第十一章之內容。

CHAPTER 5——差強人意

1 本章所提及之人名皆已匿名。

2 見《不只是厭女》，頁59。

3 Ogi Ogas and Sai Gaddam, *A Billion Wicked Thoughts: What the Internet Tells Us About Sexual Relationships* (New York: Penguin, 2011), 52–53。根據本書研究，色情網站上檢索「胖」女孩的次數幾乎是檢索「瘦」女孩的三倍；作者也發現，在本書出版之際，被列入Alexa成人清單的網站中，有五百零四個是專以肥胖女性為對象，只有一百八十二個網站專以苗條女性為對象。當然，這不必然代表肥胖女體比苗條女體更受歡迎，因為正如作者所述，主流色情作品多以苗條女性為主，所以人們才不需要另外檢索。但這足以證明，肥胖並不是一種罕見的性偏好。

4 可見本書第三章獲益良多的作品：Strings, *Fearing the Black Body*。

5 我曾在《不只是厭女》一書中詳細討論吉拉德的厭女情節（第八章）。關於基爾對自己評論的辯護——「女人本來就是屁股肥滿的生物」，可見："Greer Defends 'Fat Arse' PM Comment," *Sydney Morning Herald*, Aug. 28, 2012, www.smh.com.au/politics/federal/greer-defends-fat-arse-pm-comment-20120828-24x5i.html.

6 例如可見"Germaine Greer: Transgender Women Are 'Not Women,' " BBC News, Oct. 24, 2015, https://www.bbc.com/news/av/uk-34625512.

7 Aubrey Gordon, *What We Don't Talk About When We Talk About Fat* (Boston: Beacon Press, 2020), 90–91.

8 Lindy West, *Shrill: Notes from a Loud Woman* (New York: Hachette, 2016), 76.

9 Gordon, *What We Don't Talk About When We Talk About Fat*, 91–92.

10 關於更多這種合意但不情願的性愛及其可能傷害，可參閱我的《厭女的資格》一書，第四章。

11 Ashifa Kassam, "Canada Judge Says Sexual Assault Victim May Have Been'Flattered' by the Incident," *Guardian*, Oct. 27, 2017, www.theguardian.com/world/2017/oct/27/canada-judge-says-sexual-assault-victim-may-have-been-flattered-by-the-incident.

12 Alexandra M. Zidenberg et al., "Tipping the Scales: Effects of Gender, Rape Myth Acceptance, and Anti-fat Attitudes on Judgments of Sexual Coercion Scenarios," *Journal of Interpersonal Violence* 36, no. 19–20 (2021): NP10178– NP10204.

13 Margaret Tilley, "The Role of Lifestyles and Routine Activities on Youth Sexual Assault and Intimate Partner Victimization" (PhD diss., Kennesaw State University, 2015).

Dieting and Declare a Truce with Your Body (Toronto: Penguin, 2009), 15.

31 典型的自由主義立場多半會認為，不應該有法律強制要求繫安全帶或戴安全帽，因為這些全然端視個人的選擇；但這種論點通常也隱含一種「個人沒有任何道德義務採取這些預防措施」的感覺。但對我來說，人們是共同生活在社會之中這點，應該是自然也合理的事情，而我們對他人的緊密依賴將使我們有理由期待人們要對健康風險採取最低限度、非負擔性的預防措施，因為這些風險確實可能會讓我們的親屬付出更高的代價。

32 誠然，在美國戴口罩一直都充滿爭議。但根本不應該如此。任何沒有嚴重呼吸道症狀、但願意戴口罩一段時間的人，顯然都具備一定的社群意識（尤其是有考量到其他患病、免疫功能低下或有免疫功能抑制者的福祉），而且都知道新冠肺炎具有真正風險，這些人全都可以作證，在一個極具傳染性的環境中戴一下口罩，真的沒什麼大不了。連醫護人員工時這麼長、工作環境這麼辛苦，都有辦法戴口罩，這就更顯示那些拒絕戴口罩的人完全就只是自私且滿口牢騷。

33 例如，可見：Nicholas A. Christakis and James H. Fowler, "The Spread of Obesity in a Large Social Network over 32 Years," *New England Journal of Medicine* 357, no. 4 (2007): 370–79. 這份研究不加批判地使用了「肥胖流行病」的語彙，將其「傳染」詮釋為一種在世界上不受歡迎的危險存在，宛若是一種會造成苦難的疾病——因而在當時引來大量的批評。這個批評後來使得該書作者之一尼可拉斯．克里斯塔基斯出面澄清：「我們並不是建議人們應該要跟過重的朋友絕交。擁有朋友對你來說很健康。」而且，他們可是你的朋友欸。可見：Roxanne Khamsi, "Is Obesity Contagious?," *New Scientist*, July 25, 2007, www.newscientist.com/article/dn12343-is-obesity-contagious/#ixzz7VwC4oyC5.

34 關於「增重者」，也就是想要以較魁梧身形生活的人，就跟想要刺青、健身、穿孔的人沒有不同。要再說一次，我認為人們的這些願望，完全不甘他人的事。可見 Gordon, "You Just Need to Lose Weight," 7–8。

35 Eaton, "Taste in Bodies and Fat Oppression," 46.

36 關於健康主義的原始討論，請參：R. Crawford, "Healthism and the Medicalization of Everyday Life," *International Journal of Health Services* 10, no. 3 (1980): 365–88.

37 針對吸菸者不成比例的貧窮狀態，可見："People with Low Socioeconomic Status and Commercial Tobacco: Health Disparities and Ways to Advance Health Equity," Centers for Disease Control and Prevention, www.cdc.gov/tobacco/health-equity/low-ses/index.htm。至於在生活不順遂時，抽菸作為一種「你為了自己而做的」行為所能帶來的小小幸福感，亦可見：Barbara Ehrenreich, *Nickel and Dimed: On (Not) Getting By in America* (New York: Henry Holt, 2001), 31。

38 Thalia Wheatley and Jonathan Haidt, "Hypnotic Disgust Makes Moral Judgments More Severe," *Psychological Science* 16, no. 10 (2005): 780–84. 亦可見注釋41所列之重要重複研究。

39 同上注。頁781。

40 本節有部分引用自我在《不只是厭女》一書中的討論，頁256-59。

41 Wheatley and Haidt, "Hypnotic Disgust Makes Moral Judgments More Severe," 783.

42 見 Simone Schnall et al., "Disgust as Embodied Moral Judgment," *Personality and Social Psychology Bulletin* 34, no. 8 (2008): 1096–1109.

43 L. R. Vartanian, "Disgust and Perceived Control in Attitudes Toward Obese People," *International Journal of Obesity* 34 (2010): 1302–7. 此外，厭惡感會中介人們對於感知體重控制及相關肥胖恐懼判斷之間的相關性（而對於體重控制的感知，則不是中介變項）。換言之，一個人對自己體重控制的看法，可以預測她對自己肥胖身體的厭惡程度，進而可以預測這個人的肥胖恐懼程

Gain Is Caused by Medicine," in *University of Rochester Medical Center Health Encyclopedia*, https://www.urmc.rochester.edu/encyclopedia/content.aspx?%20contenttypeid=56&contentid=DM300 。關於此類健康研究（及其難以避免的肥胖恐懼色彩），可參以下的整體性介紹：Elizabeth Scott, "How Stress Can Cause Weight Gain: The Role of Cortisol in the Body," *Very Well Mind*, Jan. 5, 2021, www.verywellmind.com/how-stress-can-cause-weight-gain-3145088。

21 Robin Marantz Henig, "Fat Factors," *New York Times Magazine,* Aug. 13, 2006, www.nytimes.com/2006/08/13/magazine/13obesity.html.

22 當然，我並不否認人會有嘗試全然陌生食物的強烈渴望，但這可能並不是一種渴求，而更像是彰顯人對於烹飪的好奇心或擁有熱愛嘗鮮的食欲。所以我們有時候才會在嘗鮮後發現，其實自己並不真的喜歡這種食物，儘管我們確實想試一下。

23 Marquisele Mercedes, "Public Health's Power-Neutral, Fatphobic Obsession with 'Food Deserts'," Medium, Nov. 13, 2020, marquisele.medium.com/public-healths-power-neutral-fatphobic-obsession-with-food-deserts-a8d740dea81. 正如梅賽德斯所說，在許多倡議社群中目前的首選，是凱倫·華盛頓自創的用語「食物種族隔離」（food apartheid）。

24 同上注。

25 但值得注意的是，所謂「肥胖」與社經地位之間的關係其實相當複雜，而且似乎會因種族和性別而異。有一份經美國疾管局認可的重要研究發現，女性罹患「肥胖症」的機率會隨著收入增加而下降，但並不適用於男性。同樣地，相較於教育程度較低的族群，大學畢業的白人、黑人、西班牙裔女性罹患「肥胖症」的機率較低，但亞裔、非裔、西班牙裔男性則不然。作者所得出的結論是：「肥胖與收入或教育水準之間的關係複雜，且會因性別和種族而異。」Cynthia L. Ogden et al., "Prevalence of Obesity Among Adults, by Household Income and Education—United States, 2011–2014," *MMWR Morbidity Mortality Weekly Report* 66, no. 50 (2017): 1369–73。

26 舉例來說，SNAP的福利通常不包括從雜貨店購買熟食（包括烤雞），即便這正是長工時勞動者及其家人所需的快速、具飽足感的餐食。感謝裘·沙提就這點的意見。

27 Pieter H. M. van Baal et al., "Lifetime Medical Costs of Obesity: Prevention No Cure for Increasing Health Expenditure," *PLOS Medicine* 5, no. 2 (2008): e29.

28 我之所以舉這些例子，是因為這些活動都極具風險性；粗略計算，每次定點跳傘的死亡機率為約為六十分之一、每年赴尼泊爾登山的死亡機率為一百六十七分之一，競速型賽車車手的死亡機率則為百分之一。可見下文中的資訊圖表與相關數據來源：Patrick McCarthy, "Infographic: Your Chances of Dying from Common Activities," *OffGrid*, Nov. 10, 2018, www.offgridweb.com/survival/ infographic-your-chances-of-dying-from-common-activities/.

29 A. W. Eaton, "Taste in Bodies and Fat Oppression," in *Body Aesthetics*, ed. Sherri Irvin (Oxford: Oxford University Press, 2016), 46. 伊頓舉出這個例子的脈絡，是在提出一個獨特但互補的論點，她認為除了肥胖之外的不健康選擇，有時反而會基於美感而備受推崇（而不是如我所主張的那樣，是基於道德而被容忍）。她進一步寫道：「特定身體狀態（例如，淺膚色的人刻意去曬黑）眾所皆知的不健康性，幾乎不會或根本不會破壞該狀態的吸引力和可欲性。這強力地彰顯出，我們對於肥胖身體的集體厭惡，終究不是出於認為肥胖不健康的（錯誤）信念。」同上注。

30 可以和另外兩位重要的肥胖倡議者凱特·哈定和瑪麗安·寇比比較。在兩人合著的書中，她們激昂地寫道：「健康不是道德必須性。如果你就是不喜歡運動、不喜歡吃蔬菜，如果你除了努力活到一百歲之外還有其他優先事項，如果你患有讓你無法真正感受到『健康』的疾病——不代表你是個壞人。」Kate Harding and Marianne Kirby, *Lessons from the Fat-o-Sphere: Quit*

Prices (Washington, D.C.: World Bank, 2015), 6. 他們也寫道：「今日的糧食安全問題，已經不再是地球是否能夠為如此龐大且不斷增長的人口生產足夠糧食了。實際上，全球糧食短缺並未構成太大的威脅。相反地，政治因素、所有權、體制、不平等，才是整個糧食分配之中的關鍵。」（同上注，頁1-2）。二人在此所援引的是阿馬蒂亞．沈恩的著名著作：*Poverty and Famines: An Essay on Entitlement and Deprivation* (Oxford: Clarendon Press, 1981).

4.「吃烏鴉」與「吞謙虛派」都是用來指涉人嘗到報應，以及屈服、道歉或懺悔的恥辱感受。前者據說是源於一樁一八五〇年左右出版的美國軼事，故事中有名吝嗇的農民被寄宿者欺騙，吃了一隻塞滿鼻煙的烏鴉。關鍵在於人們認為，烏鴉作為腐食性動物，不管怎樣都不可能成為一頓可口佳餚。也可以和其他類似用語加以比較，例如，如果我錯了，我就「吃掉某人的鞋子」、「吃了某人的帽子」、「吃掉地上的土」、「吞下某人的話」。

5 與肥胖相關的道德恐慌，可參考引人深思的一般性討論：Kathleen LeBesco, "Fat Panic and the New Morality," in Metzl and Kirkland, *Against Health*, 72–82.

6 這個懲戒情境是一名違背公司政策，贈送NFL門票給客人的銷售人員。可見：Joseph A. Bellizzi and Ronald W. Hasty, "Territory Assignment Decisions and Supervising Unethical Selling Behavior: The Effects of Obesity and Gender as Moderated by Job-Related Factors," *Journal of Personal Selling and Sales Management* 18, no. 2 (1998): 35–49.

7 Natasha A. Schvey et al., "The Influence of a Defendant's Body Weight on Perceptions of Guilt," *International Journal of Obesity* 37, no. 9 (2013): 1275–81.

8 Sole-Smith, " 'I Sometimes Wonder What I Would Be Capable of If My Legs Didn't Hurt.' "

9 這個譬喻最早是夏洛特．庫柏醫師所發想與命名的。參見："Headless Fatties," blog post, 2007, charlottecooper.net/fat/fat-writing/headless-fatties-01-07/.

10 Cathy E. Elks et al., "Variability in the Heritability of Body Mass Index: A Systematic Review and Meta-regression," *Frontiers in Endocrinology* 3, art. no. 29 (2012): 5。本研究利用雙胞胎研究的估計，發現男性與女性的整體遺傳力估計值是相似的：男性為0.73（九五％信賴區間：0.71-0.76），女性為0.75（九五％信賴區間：0.73-0.77）。家庭研究對遺傳力的估計通常比較低，但也有論者認為這類研究普遍低估（同上注，頁10）。

11 Linda Geddes, "Genetic Study Homes in on Height's Heritability Mystery,"*Nature,* April 23, 2019, www.nature.com/articles/d41586-019-01157-y.

12 Albert J. Stunkard et al., "An Adoption Study of Human Obesity," *New England Journal of Medicine* 314 (1986): 193–98.

13 Gina Kolata, "One Weight Loss Approach Fits All? No, Not Even Close," *New York Times,* Dec. 12, 2016, www.nytimes.com/2016/12/12/health/ weight-loss-obesity.html.

14 Giovanni Luca Palmisano et al., "Life Adverse Experiences in Relation with Obesity and Binge Eating Disorder: A Systematic Review," *Journal of Behavioral Addiction* 5, no. 1 (2016): 11–31. 關於這類研究及過度推論其研究結果的睿智提醒，可見：Gordon, "You Just Need to Lose Weight," 73–80。

15 Gay, *Hunger,* 16.

16 同上注，頁43。

17 同上注，頁17。

18 同上注，頁23。

19 同上注，頁38。

20 例如，可見："Why People Become Overweight," Harvard Health Publishing, June 24, 2019, www.health.harvard.edu/staying-healthy/why-people-become-overweight; "When Your Weight

dor, 2009), 15, 168–69。

55 Harrison, *Belly of the Beast*, chap. 4. 本章也提及了社會學家妮可．岡薩雷斯．范．克萊夫的著作中，對於美國伊利諾州庫克郡檢察官的可怕實踐所做的理論化——所謂的「兩噸競賽」（The Two-Ton Contest）或「黑鬼秤斤論兩」（N*****s by the Pound），也就是盡可能定罪愈多黑人（多半是男性）愈好，看誰先達到體重四千磅的目標。因此，「分數」較高的肥胖黑人男性，顯然是這場競賽的主要目標。同上注。頁61。

56 見Jamelle Bouie, "Michael Brown Wasn't a Superhuman Demon," *Slate*, Nov. 26, 2014, slate.com/news-and-politics/2014/11/darren-wilsons-racial-portrayal-of-michael-brown-as-a-superhuman-demon-the-ferguson-police-officers-account-is-a-common-projection-of-racial-fears.html.

57 同上注。

58 Philomena R. Condoll, "Police Commander: Eric Garner Killing 'Not a Big Deal,' " *Liberation News*, June 28, 2019, www.liberationnews.org/police-commander-eric-garner-killing-not-a-big-deal/. 本文標題所說的，就是下列這個令人震驚的事實：當警隊小隊長克里斯多夫．班農收到加納「很可能在到院前死亡」時，他的反應是認為「這沒什麼大不了。」直到加納過世五年後的紀律懲戒聽證會上，這件事情才為人所知，最後才促使潘塔里歐遭到開除。但潘塔里歐不曾遭到檢方起訴，也沒有捲入民事侵權訴訟。

59 Harrison, *Belly of the Beast*, 48–49. 哈里森採取的是研究者札基雅．依曼．傑克森與賽迪亞．哈特曼的觀點，他們不認為將黑人建構為「野獸」是一種去人化的行徑；相反地，在白人至上主義下高度遭到貶抑者，會被建構成另外一種次等、可以用完就丟的人類。他們寫道：「黑人的人性從未被剝奪，黑人也從未因為奴隸制度而被去人化，黑人只是被迫成為人類之中的野獸；在霸權人類之間，黑人屬於最低等的『動物』範疇」（同上注，頁56）。我同樣也懷疑這種「去人化」的假設，至少在當代社會中應該不是如此；我也擔心這種為人出罪的論述可能帶來的政治後果。（「假如他們知道自己是在面對一個真正的人，就一定會善待對方」——這種天真想法並不總是會被人道主義論述支持。）基於這個理由，本書在討論肥胖恐懼的當代現象時，會避免使用去人化的具體語彙。詳可參《不只是厭女》一書第五章的相關討論。不過，由於光是就肥胖恐懼這個概念的本質與應用，其他論者可能就有不同意見，我將不在此處針對這個議題加以討論或開展。

60 Paul Campos, *The Obesity Myth: Why America's Obsession with Weight Is Hazardous to Your Health* (New York: Gotham, 2004), 68.

61 同上注。

62 書寫本章時，我發現這個網站現在還存在——不，我不打算放上它的連結。

63 Amy Erdman Farrell, *Fat Shame: Stigma and the Fat Body in American Culture* (New York: New York University Press, 2011), 17–18.

64「應該餵母乳，不要使用奶粉」的說法是另一個例子。

CHAPTER 4——道德淪喪的肥胖

1 Kate Manne, "Diet Culture Is Unhealthy. It's Also Immoral," *New York Times*, Jan. 3, 2022, www.nytimes.com/2022/01/03/opinion/diet-resolution.html.

2 當然，有人的「堅持」非常粗魯，甚至充滿謾罵。網路生活就是這樣。

3 例如，可見伊恩．吉爾森和阿米爾．福阿德在二人編輯之論文集中所言：「國際性的糧食短缺並不存在。這是個地方性，有時甚至是區域性的問題；其問題核心在於糧食轉移（多為跨境），要從糧食過剩的地區轉移到糧食匱乏的地區。」Ian Gillson and Amir Fouad, eds., *Trade Policy and Food Security: Improving Access to Food in Developing Countries in the Wake of High World*

Women?," *Healthline*, Dec. 1, 2021, www.healthline.com/nutrition/bmi-for-black-women.(根據該文，也有論者主張BMI嚴重低估了所謂肥胖症在亞洲人口中的健康風險。)關於BMI對於非洲裔美國女性來說是個不準確健康指標的重要實際案例，可參：Peter T. Katzmarzyk et al., "EthnicSpecific BMI and Waist Circumference Thresholds," *Obesity* 19, no. 6 (2011): 1272–78.

44 關於此一事件的決定性意見，包括製藥公司的相關利益及其可能影響，可見：Gordon, "You Just Need to Lose Weight," 98–108。一如往常，追著錢跑通常不是吉兆。

45 Strings, *Fearing the Black Body*, 205–7.

46 Kavitha A. Davidson, "Caroline Wozniacki Mimics Serena Williams, Stuffs Her Bra and Skirt During Exhibition Match (VIDEO)," *Huffington Post,* Dec. 10, 2012, www.huffpost.com/entry/caroline-wozniacki-mimics-serena-williams-bra-skirt_n_2272271.

47 諷刺的是，當小威廉斯在產下女兒不久後真正陷入嚴重的健康危機，醫療人員卻又無視她自己的意見，以至於她差點因而喪命。詳參：P. R. Lockhart, "What Serena Williams's Scary Childbirth Story Says About Medical Treatment of Black Women," *Vox*, Jan. 11, 2018, www.vox.com/identities/2018/1/11/16879984/ serena-williams-childbirth-scare-black-women.

48 Katelyn Esmonde, "What Celeb Trainer Jillian Michaels Got Wrong About Lizzo and Body Positivity," *Vox*, Jan. 15, 2020, www.vox.com/culture/2020/1/15/21060692/lizzo-jillian-michaels-body-positivity-backlash.

49 見 Centers for Disease Control and Prevention, Pregnancy Mortality Surveillance System, www.cdc.gov/reproductivehealth/maternalinfanthealth/pregnancy-mortality-surveillance-system.htm；亦可參考下文中的相關討論：Linda Villarosa, "Why America's Black Mothers and Babies Are in a Life-or-Death Crisis," *New York Times*, April 11, 2018, www.nytimes.com/2018/04/11/magazine/black-mothers-babies-death-maternal-mortality.html。請注意，黑人女性相對貧窮一事，無法完全解釋死亡率為何有差異。可見：New York City Department of Health and Mental Hygiene, Severe Maternal Morbidity in New York City, 2008–2012, New York, 2016, www1.nyc.gov/assets/doh/downloads/pdf/data/maternal-morbidity-report-08-12.pdf.

50 根據夢露的測量結果，她的BMI多半是在十九到二十之間徘徊，只有在一九五〇年代末期時身形才稍微豐腴一些。無論如何，她絕對稱不上是一名大尺碼女性。即便如此，這依然無法阻擋英國女星伊莉莎白．赫莉在二〇〇〇年發表這句有名的評論：「如果我胖成那樣，我會去自殺。」見："Marilyn Monroe's True Size," themarilynmonroecollection.com/marilyn-monroe-true-size/, for discussion.

51 Chioma Nnadi, "Kim Kardashian Takes Marilyn Monroe's 'Happy Birthday, Mr. President' Dress Out for a Spin," *Vogue*, May 2, 2022, www.vogue.com/article/kim-kardashian-met-gala-2022.

52 特拉斯瑪也指出，這張卡戴珊的形象照完全再現了攝影師尚保羅．古德在一九八二年的人物肖像照，照片中的裸體黑人女性也是以同樣的方式開香檳；該張作品收錄於他的可怕作品集《叢林熱》。見：Blue Telusma, "Kim Kardashian Doesn't Realize She's the Butt of an Old Racial Joke," *Grio*, Nov. 12, 2014, thegrio.com/2014/11/12/kim

53 Tressie McMillan Cottom, "Brown Body, White Wonderland," *Slate*, Aug. 29, 2013, slate.com/human-interest/2013/08/miley-cyrus-vma-performance-white-appropriation-of-black-bodies.html.

54 相關原始研究可見：Jean-Luc Jucker et al., "Nutritional Status and the Influence of TV Consumption on Female Body Size Ideals in Populations Recently Exposed to the Media," *Scientific Reports* 7, art. no. 8438 (2017); and Anne E. Becker et al., "Eating Behaviours and Attitudes Following Prolonged Exposure to Television Among Ethnic Fijian Adolescent Girls," *British Journal of Psychiatry* 180 (2002): 509–14. 亦可參：Susie Orbach, *Bodies* (New York: Pica-

Women," *Inside Arabia*, March 16, 2019, insidearabia.com/ ancient-leblouh-tradition-endanger-lives-mauritanian-women/.
15 Desire Alice Naigaga et al., "Body Size Perceptions and Preferences Favor Overweight in Adult Saharawi Refugees," *Nutrition Journal* 17, art. no. 17 (2019).
16 Sabrina Strings, *Fearing the Black Body: The Racist Origins of Fat Phobia* (New York: New York University Press, 2019), chaps. 1 and 2.
17 同上注。第一章。
18 同上注。頁50。
19 同上注。頁63。
20 同上注。頁60。
21 同上注。第二章。
22 同上注。頁63。
23 同上注。頁100–107。
24 同上注。頁75–77。
25 同上注。頁85。
26 同上注。頁80。持平來說，狄德羅在這裡的觀點，更偏向他住在加勒比海的哲學家好友尚－巴蒂斯特－皮耶・勒羅曼。
27 同上注。頁86。
28 同上注。
29 同上注。頁209。史特林斯在這裡引介了海德格的概念。
30 同上注。頁9.
31 同上注。頁91–92。
32 史特林斯（同上注）此處引用的是：Clifton C. Crais and Pamela Scully, *Sara Baartman and the Hottentot Venus: A Ghost Story and a Biography* (Princeton, N.J.: Princeton University Press, 2009), 80.
33 Strings, *Fearing the Black Body*, 92–93. 她的奴役主之一喬治・居維葉在論及莎哈時還曾提及：「她的屁股非常巨大，更讓她的身形令人震驚」，她單側的臀部就比十八英寸還要大，「臀部上方的肉更是突出，幾乎比半隻腳掌還要大」。對他來說，莎哈的臀部完全就是一種「畸形」。同上注。頁96。
34 同上注。頁98。
35 同上注。頁187–88。
36 同上注。頁198-99。
37 在哲學中，當人們無法從「實然」推出「應然」的主張，就是知名的「實然－應然」問題。這種說法源於十八世紀蘇格蘭的哲學家大衛・休謨。
38 Your Fat Friend (a.k.a. Aubrey Gordon), "The Bizarre and Racist History of the BMI," Medium, Oct. 15, 2019, elemental.medium.com/the-bizarre-and-racist-history-of-the-bmi-7d8dc2aa33bb; Strings, *Fearing the Black Body,*198–99.
39 Ancel Keys et al., "Indices of Relative Weight and Obesity," *Journal of Chronic Diseases* 25 (1972): 330.
40 基斯所進行的部分研究，是以日本男性與南非的班圖黑人男性為研究對象。但正如他們在研究中所說，由於後者的人口代表性不足，故此研究發現無法推論到整個人口身上。見：同上注。頁333。亦可見：Your Fat Friend, "Bizarre and Racist History of the BMI."
41 Keys et al., "Indices of Relative Weight and Obesity," 339.
42 同上注。頁340。
43 關於晚近的實證證據概述，可見：Amber Charles Alexis, "Is BMI a Fair Health Metric for Black

生活、健康食品的相關討論中被悄悄地延續下去。但正如索爾所說，儘管有些涉及「政府支出」的情境可能帶有種族主義，有一些健康討論依然是必要的，以利協助提升個人與集體的健康狀態，例如，實施適當的公共政策。關於這個問題中的重要（相同或相異）討論，可參這本論文集：*Against Health: How Health Became the New Morality*, ed. Jonathan M. Metzl and Anna Kirkland (New York: New York University Press, 2010)。

77 必須注意，這種意涵高度取決於文化脈絡。在其他脈絡中，如果人們說某人看起來「不健康」，也可能代表他們看起來太瘦了；同樣地，有時候說某人看起來很「健康」也可能是要表達對方的體重增加了。這些不同差異所涉及的是，人們對於增重究竟是感到恐懼、擔憂，還是將其視為好兆頭——因為這代表某人在現實上或文化想像中，處於能夠隨時取得稀缺食物資源的位置。感謝安娜·米里歐尼、烏娜·查克拉巴蒂貢獻關於希臘與印度脈絡的資訊。

78 Claudia Cortese, "Even During a Pandemic, Fatphobia Won't Take a Day Off,"*Bitch,* April 21, 2020, www.bitchmedia.org/article/fatphobia-in-coronavirus-treatment.

79 見：Mary Anne Dunkin, "Lipedema," *WebMD,* Oct. 18, 2021, www.webmd.com/women/guide/lipedema-symptoms-treatment-causes.

80 Virginia Sole-Smith, " 'I Sometimes Wonder What I Would Be Capable of If My Legs Didn't Hurt': Talking Lipedema and Lumpy Fat Ladies with Linda Gerhardt," *Burnt Toast,* Substack, Oct. 6, 2022, virginiasolesmith.substack.com/p/ lumpy-fat-ladies-lipedema#details.

CHAPTER 3——金星逆行

1 Susan E. Hill, *Eating to Excess: The Meaning of Gluttony and the Fat Body in the Ancient World* (Santa Barbara, Calif.: Praeger, 2011), 4–5.

2 例如可見：Jessica Liew, "Venus Figurine," in *World History Encyclopedia,* July 10, 2017, www.worldhistory.org/Venus_Figurine/.

3 Hill, *Eating to Excess,* 5.

4 同上注。

5 同上注。頁6。

6 同上注。第一章。

7 古希臘醫師希波克拉底固然對肥胖身體的著墨更多，但他對肥胖身體的態度基本上是相對中立的，而這和他在當代飲食書籍中被摘要與形塑的形象非常不同。關於希波克拉底廣受誤認為「反肥胖代言人，其實不然」的精采討論，可參考：Helen Morales, "Fat Classics: Dieting, Health, and the Hijacking of Hippocrates," *Eidolon*, June 22, 2015, eidolon.pub/fat-classics-76db5d5578f4, as well as Hill, *Eating to Excess*, chap. 3.

8 Hill, Eating to Excess, 2.

9 討論見同上注。頁30。

10 同上注。頁2。

11 同上注。第六章。

12「布袋」和「佛陀」二字之間的混淆，可能是因為有些文化局外人無法分辨二者只是發音相似。不過，確實有許多中國佛教徒相信布袋和尚是釋迦牟尼佛的轉世（而釋迦摩尼佛的形象多半削瘦）。關於這點，可見：B. Kotaiah, "Laughing Buddha: Spreading Good Cheer, World Over," *Hindu*, June 13, 2016, www.thehindu.com/news/cities/ Hyderabad//article60438587.ece。

13 這種實作跨越了宗教和文化界線，在突尼西亞的猶太社群與非洲各地的阿拉伯社群中都可以看見。

14 Soukaina Rachidi, "Ancient Leblouh Tradition Continues to Endanger the Lives of Mauritanian

Obesity 26, no. 4 (2018): 629–30。請注意，「肥胖悖論」一語有時也會被用來描述一個很單純的事實：胖子也可能很健康，有時甚至可能比瘦子還要健康。

66 例如，可見：Lenny R. Vartanian and Jacqueline G. Shaprow, "Effects of Weight Stigma on Exercise Motivation and Behavior: A Preliminary Investigation Among College-Aged Females," *Journal of Health Psychology* 13, no. 1 (2008): 131–38.

67 有趣的是，也有證據顯示，肥胖歧視也會讓人們吃得更多。研究指出，所謂「過重」女性在觀看具有肥胖歧視的媒體報導後，她們所攝取的卡路里遠比觀看中性媒體報導者還要高出三倍。相形之下，這種影響對於所謂「正常」體重的女性就沒這麼顯著。見：Natasha A. Schvey et al., "The Impact of Weight Stigma on Caloric Consumption," *Obesity* 19, no. 10 (2011): 1957–62.

68 Sole-Smith, "In Obesity Research, Fatphobia Is Always the X Factor."

69 Tomoko Udo et al., "Perceived Weight Discrimination and Chronic Medical Conditions in Adults with Overweight and Obesity," *International Journal of Clinical Practice* 70, no. 12 (2016): 1003–11.

70 Tomiyama et al., "How and Why Weight Stigma Drives the Obesity 'Epidemic' and Harms Health."

71 請注意，我在注釋55中摘要的威博等人之研究，建立了另外一組更為複雜的因果關係——在體重增加與整體死亡率增加之間，會同時出現炎症與高胰島素血症這兩個干擾因子：

炎症和高胰島素血症→健康狀況（甚至）更差
↓
體重增加

詳參："Associations of Body Mass Index, Fasting Insulin, and Inflammation with Mortality."

72 例如，可見：Haris Riaz et al., "Association Between Obesity and Cardiovascular Outcomes: A Systematic Review and Meta-analysis of Mendelian Randomization Studies," *JAMA Network Open* 7, no. 1 (2018): e183788. 關於這些研究所抱持預設的質疑與擔憂，可見：Tyler J. VanderWeele et al., "Methodological Challenges in Mendelian Randomization," *Epidemiology* 25, no. 3 (2014): 427–35.

73 Maximilian Kleinert et al., "Animal Models of Obesity and Diabetes Mellitus," *Nature Reviews Endocrinology* 14 (2018): 140–62.

74 Wiebe et al., "Associations of Body Mass Index, Fasting Insulin, and Inflammation with Mortality." 另請注意，科學事務委員會在二〇一二年向美國醫學學會（AMA）所提出的報告中指出，「既有文獻（針對肥胖與疾病之間的相關性）尚未建立起真正的因果關係」。見Sandra A. Fryhofer, "Is Obesity a Disease?," Report of the Council on Science and Public Health, May 16, 2013, CSAPH Report 3-A-13 (Resolution 115-A-12), accessed Jan. 26, 2023, www.ama-assn.org/sites/ama-assn.org/files/corp/media-browser/public/about-ama/councils/Council%20Reports/council-on-science-public-health/a13csaph3.pdf. 不幸的是，AMA最後忽視了委員會的建議，也就是肥胖根本不應該被歸類為一種疾病。感謝娜塔莎·威博就這點與其他面向所提供的重要見解。

75 感謝麥可·霍布斯就這點與本章其他內容所做的寶貴建議。

76 可見：Jennifer Saul, "Dogwhistles, Political Manipulation, and the Philosophy of Language," in *New Work on Speech Acts*, ed. Daniel Fogal, Daniel W. Harris, and Matt Moss (Oxford: Oxford University Press, 2018), 360–83. 亦可參考這本極具啟發性的書：Jason Stanley, *How Propaganda Works* (Princeton, N.J.: Princeton University Press, 2015), 137–39。珍妮佛·索爾曾清楚區分公然／隱蔽、有意／無意的「狗哨政治」（Dogwhistles）之間的不同。我認為，肥胖恐懼的狗哨政治可能同時具有上述所有形式，這代表肥胖恐懼可能會在所有關於健康（或不健康）、健康

Intuitive Eating (New York: Little, Brown Spark, 2019), 102.

54 感謝哲學家伊麗莎白．巴恩斯就這些論點的重要討論。

55 在威博等人的一項更新研究中，研究團隊假設，高胰島素血症（血中胰島素過多，常是胰島素阻抗所致）與發炎症狀，可能才是體重較重者整體死亡率增加的罪魁禍首。儘管這兩個情況在體重較重者身上較普遍，卻可能並非因體重增加所致（相反地，可能是因為胰島素增加，進而導致體重增加）。很多患有高胰島素血症與發炎症狀的體重較輕者，所面臨的健康風險可能更高。研究團隊據此主張：「過往歸因於肥胖的整體死亡率增加，其實更有可能是高胰島素血症和發炎症所致。」可見：Natasha Wiebe et al., "Associations of Body Mass Index, Fasting Insulin, and Inflammation with Mortality: A Prospective Cohort Study," *International Journal of Obesity* 46 (2022): 2107–13。感謝格雷戈里．多德爾醫師就本段文字與本章內容所提供的重要意見。

56 必須承認，這些發現來自一項僅研究十五名患者的小型研究；這十五人中有七人罹患第二型糖尿病，但每人都曾透過減重手術瘦下二十磅。Samuel Klein et al., "Effect of Liposuction on Insulin Action and Risk Factors for Coronary Heart Disease," *New England Journal of Medicine* 350, no. 25 (2004): 2549–57.

57 Francesco Rubino et al., "The Early Effect of the Roux-en-Y Gastric Bypass on Hormones Involved in Body Weight Regulation and Glucose Metabolism," *Annals of Surgery* 240, no. 2 (2004): 236–42.

58 Ildiko Lingvay et al., "Rapid Improvement in Diabetes After Gastric Bypass Surgery: Is It the Diet or Surgery?," *Diabetes Care* 36, no. 9 (2013): 2741–47.

59 Rebecca L. Pearl et al., "Association Between Weight Bias Internalization and Metabolic Syndrome Among Treatment-Seeking Individuals with Obesity," *Obesity* 25, no. 2 (2017): 317–22.

60 "Fat Shaming Linked to Greater Health Risks," *Penn Medicine News,* Jan. 26, 2017, www.pennmedicine.org/news/news-releases/2017/january/fat-shaming-linked-to-greater-health-risks.

61 Virginia Sole-Smith, "In Obesity Research, Fatphobia Is Always the X Factor," *Scientific American,* March 6, 2021, www.scientificamerican.com/article/ in-obesity-research-fatphobia-is-always-the-x-factor/.

62 見：N. M. Maruthur et al., "The Association of Obesity and Cervical Cancer Screening: A Systematic Review and Meta-analysis," *Obesity* 17, no. 2 (2009): 375–81; Christina C. Wee et al., "Obesity and Breast Cancer Screening," *Journal of General Internal Medicine* 19, no. 4 (2004): 324–31；Jeanne M. Ferrante et al., "Colorectal Cancer Screening Among Obese Versus Non-obese Patients in Primary Care Practices," *Cancer Detection and Prevention* 30, no. 5 (2006): 459–65.

63 例如，可見："Obesity and Cancer," National Cancer Institute, www.cancer.gov/about-cancer/causes-prevention/risk/obesity/obesity-fact-sheet.

64 此外也有研究顯示，即便已經採取最先進的篩檢技術，「過重與肥胖女性罹患子宮頸癌的風險依然較高，可能是因為初期子宮頸癌病變的診斷不足。提升設備及技術以妥善評估、視覺化身體質量較高女性的樣本，將可能降低子宮頸癌盛行率。」Megan A. Clarke et al., "Epidemiologic Evidence That Excess Body Weight Increases Risk of Cervical Cancer by Decreased Detection of Precancer," *Journal of Clinical Oncology* 36, no. 12 (2018): 1184–91.

65 對於所謂「肥胖悖論」的概述，可參：Harriet Brown, "The Obesity Paradox: Scientists Now Think That Being Overweight Can Protect Your Health," *Quartz*, Nov. 17, 2015 (updated Sept. 23, 2019), qz.com/ 550527/obesity-paradox-scientists-now-think-that-being-overweight-is-sometimes-good-for-your-health/. 關於這個用語的重要擔憂，亦可參：Katherine M. Flegal and John P. A. Ioannidis, "The Obesity Paradox: A Misleading Term That Should Be Abandoned,"

The Look AHEAD Study," *Obesity* 22, no. 1 (2014): 5–13.

42 體重減輕超過五%者，介入組是五〇．三%，支持組是三五．七%；體重減輕超過一〇%者，介入組是二六．九%，支持組則是一七．二%。但研究者也指出：「生活型態介入的優勢會因下列發現而打折扣——有三二%的介入受試者在第一年並未減超過初始體重的五%，而在這群人中，又只有三四．五%的人在第二年達標。」同上注腳，頁8。斜體非原文標示。

43 這項研究的長期血糖控制表現也非常令人失望。介入組受試者的血糖狀況雖然一開始稍有起色，但後續每一年都持續惡化，平均約在八年之後會回到、甚至高於原本的水準（而且他們的血糖依然還是略高於支持受試者）。可見：Look AHEAD Research Group, "Cardiovascular Effects of Intensive Lifestyle Intervention in Type 2 Diabetes," *New England Journal of Medicine* 369, no. 2 (2013): 149, fig. 1D. 其他研究的結果也呈現類似趨勢。有一項統合分析就顯示，大多數嘗試減肥的第二型糖尿病患者的血糖在六個月到十九個月之間，就會恢復到初始值，就連極少數維持減重狀態的人依然如此。可見：D. Ciliska et al., "A Review of Weight Loss Interventions for Obese People with Non-insulin Dependent Diabetes Mellitus," *Canadian Journal of Diabetes Care* 19 (1995): 10–15.

44 Look AHEAD Research Group, "Cardiovascular Effects of Intensive Lifestyle Intervention in Type 2 Diabetes," 152.

45 根據美國疾管局，糖尿病患者罹患心臟病或中風的機率是非糖尿病患者的兩倍。可見："Diabetes and Your Heart," Centers for Disease Control, www.cdc.gov/diabetes/library/features/diabetes-and-heart.html. 感謝蘇珊．R．哈塔醫師就這點與其他陳述所提供的重要意見。

46 Rasmus Køster-Rasmussen et al., "Intentional Weight Loss and Longevity in Overweight Patients with Type 2 Diabetes: A Population-Based Cohort Study," *PLOS ONE* 11, no. 1 (2016): e0146889.

47 這項研究也觀察了相關的微血管病變，包括神經病變、「糖尿病足」、眼睛、腎臟的併發症。有四九%刻意減重的患者在診斷出糖尿病時就已經出現一個或多個這類問題，六年後比例上升至五八%；在沒有刻意減重的患者中，則有六〇%的人在診斷時就存在一個或多個這類問題，六年後比例則增加到六三%。同上注，頁8。請注意，這項研究並未針對這些差異進行統計分析。

48 關於一萬名「成功」減掉超過三十磅且維持一年未復胖的減重故事，可見美國國家體重控制登記計畫的網站（www.nwcr.ws）。但正如瑞根．崔斯坦所說，既然多數節食者在開始減肥的五年之內就會開始復胖，這些成功經驗的標準設在一年顯然大有問題。儘管在討論長期減重可行性時，時常引用國家體重控制登記計畫的數據，但整體來說，究竟這些數據能夠證明什麼，其實並不明確。可見瑞根．崔斯坦的文章："National Weight Control Registry— Skydiving Without a Chute," *Dances with Fat* (blog), Dec. 27, 2012, danceswith fat.org/2012/12/27/national-weight-control-registry-skydiving-without-a-chute/.

49 N. G. Boulé et al., "Effects of Exercise on Glycemic Control and Body Mass in Type 2 Diabetes Mellitus: A Meta-analysis of Controlled Clinical Trials," *JAMA* 286, no. 10 (2001): 1218–27.

50 Vaughn W. Barry et al., "Fitness vs. Fatness on All-Cause Mortality: A Metaanalysis," *Progressive Cardiovascular Disease* 56, no. 4 (2014): 382–90.

51 Chantal M. Koolhaas et al., "Impact of Physical Activity on the Association of Overweight and Obesity with Cardiovascular Disease: The Rotterdam Study," *European Journal of Preventative Cardiology* 24, no. 9 (2017): 934–41.

52 Xiaochen Zhang et al., "Physical Activity and Risk of Cardiovascular Disease by Weight Status Among US Adults," *PLOS ONE* 15, no. 5 (2020): e0232893.

53 可見：Christy Harrison, *Anti-diet: Reclaim Your Time, Money, Well-Being, and Happiness Through*

排除在外）。關於本研究的概述，詳參Aakash Molpariya, "Surprise! Thin People Aren't More Active, They Are Just Less Hungry and 'Run Hotter,' " *Revyuh*, July 14, 2022, www-active-they-are-just-less-hungry-and-run-hotter。

33 Kathryn Doyle, "6 Years After The Biggest Loser, Metabolism Is Slower and Weight Is Back Up," *Scientific American*, May 11, 2016, www.scientificamerican.com/article/6-years-after-the-biggest-loser-metabolism-is-slower-and-weight-is-back-up/.

34 例如，可見："Type 2 Diabetes," Mayo Clinic, www.mayoclinic.org/diseases-conditions/type-2-diabetes/symptoms-causes/syc-20351193。

35 可參考這篇清楚的概要介紹：Honor Whiteman, "Could Mouthwash Be Putting You at Risk of Diabetes?" *Medical News Today*, Nov. 28, 2017, www.medicalnewstoday.com/articles/320199, for a good lay overview. 原始研究請見 Kaumudi J. Joshipura et al., "Over-the-Counter Mouthwash Use and Risk of Pre-diabetes/Diabetes," *Nitric Oxide* 71 (2017): 14–20. 關於此發現的後續回顧文獻，可見 P. M. Preshaw, "Mouthwash Use and Risk of Diabetes," *British Dental Journal* 225, no. 10 (2018): 923–26。

36 在此領域中也有人認為，「前期糖尿病」是個不太妥適的用語，正如反節食心理學家亞歷莉克西斯·柯納森所言，在這群所謂的「前期糖尿病患者」中，每年只有不到二％的人會繼續發展出糖尿病。可見她的著作：*Diet-Free Revolution: 10 Steps to Free Yourself from the Diet Cycle with Mindful Eating and Radical Self-Acceptance* (Berkeley, Calif.: North Atlantic Books, 2021), 134。

37 例如，可見：P. Mirmiran et al., "Long-Term Effects of Coffee and Caffeine Intake on the Risk of Pre-diabetes and Type 2 Diabetes: Findings from a Population with Low Coffee Consumption," *Nutrition, Metabolism, and Cardiovascular Diseases* 28, no. 12 (2018): 1261–66. 當然，某項發現具有統計上顯著性（代表它可能不是隨機發生的結果），並不代表其相關風險就很大。以咖啡而言，後續研究發現，若每日攝取咖啡增加超過一杯，罹患第二型糖尿病的風險就會降低一一％（相較於沒有改變咖啡飲用習慣的人）；如果每日咖啡攝入量減少超過一杯，罹患第二型糖尿病的風險反而會增加一七％。關於咖啡降低罹患第二型糖尿病之間的因果作用討論，可參 Hubert Kolb et al., "Coffee and Lower Risk of Type 2 Diabetes: Arguments for a Causal Relationship," *Nutrients* 13, no. 4 (2021), art. no. 1144。不過，目前這點還只是一種主張。大抵而言，研究者目前對於這種疾病的病因、病程與相關因果風險因子的理解，都還處於發展階段，而且在可預見的未來中也應該還是如此。

38 例如，可見：Massiell German and Juliana Simonetti, "Diabetes and Obesity—Inextricable Diseases," *Metabolic Disorders* 7, art. no. 036 (2020).

39 例如，可見：Natasha Wiebe et al., "Temporal Associations Among Body Mass Index, Fasting Insulin, and Systemic Inflammation: A Systematic Review and Meta-analysis," *JAMA Network Open* 4, no. 3 (2021). 關於這篇完整統合分析的完整概述，可參：Bret Scher, "High Insulin Precedes Obesity, a New Study Suggests," Diet Doctor, March 16, 2021, www.dietdoctor.com/high-insulin-precedes-obesity-a-new-study-suggests. 關於此假說的早期討論，可參：Peter Attia's TED Talk, "Is the Obesity Crisis Hiding a Bigger Problem?," TED Media, 2013, www.ted.com/talks/ peter_attia_is_the_obesity_crisis_hiding_a_bigger_problem/transcript.

40 例如，參見 Jennifer L. Shea 等人，"The Prevalence of Metabolically Healthy Obese subjects Defined by BMI and Dual-Energy X-Ray Absorptiometry"，*Obesity* 19，no. 3（2011）：624-30。他們的研究顯示，如果利用複雜的技術測量體脂肪比例，約有一半被歸為「肥胖」受試者的新陳代謝其實相當健康。

41 Look AHEAD Research Group, "Eight-Year Weight Losses with an Intensive Lifestyle Intervention:

Journal of Immunology 200, no. 11 (2018): 3681–89.

22. 見："Weight Fluctuations and Impact on the Immune System," *US Pharmacist*, Aug. 10, 2022, www.uspharmacist.com/article/weight-fluctuations-and-impact-on-the-immune-system, for a good lay overview. 原始研究可見：Matthew A. Cottam et al., "Multiomics Reveals Persistence of ObesityAssociated Immune Cell Phenotypes in Adipose Tissue During Weight Loss and Weight Regain in Mice," *Nature Communications* 13, art. no. 2950 (2022).

23 Huajie Zou et al., "Association Between Weight Cycling and Risk of Developing Diabetes in Adults: A Systematic Review and Meta-analysis," *Journal of Diabetes Investigation* 12, no. 4 (2021): 625–32.

24 Wolpert, "Dieting Does Not Work."

25 除此之外，正如肥胖倡議與研究者瑞根・崔斯坦所說：「實際上沒有任何研究能夠比較一名瘦下來的肥胖者跟一名一直很瘦的人究竟是否具有相似的健康表現。這種研究之所以從未問世，有部分原因就是因為能夠維持苗條體重的肥胖者人數不夠多。」Ragen Chastain, "Is There a Connection Between Fat and Cancer?," *Dances with Fat* (blog), May 10, 2018, danceswith fat.org/2018/05/10/is-there-a-connection-between-fat-and-cancer/. 就我所知，截至我書寫本文（二〇二二年底）時，她的論點依然正確。

26 Long Ge et al., "Comparison of Dietary Macronutrient Patterns of 14 Popular Named Dietary Programmes for Weight and Cardiovascular Risk Factor Reduction in Adults: Systematic Review and Network Meta-analysis of Randomised Trials," *British Medical Journal* 369 (2020): m696.

27 關於運動減肥缺乏功效的研究共識，可參：Julia Belluz and Christophe Haubursin, "The Science Is In: Exercise Won't Help You Lose Much Weight," *Vox*, Jan. 2, 2019, www.vox.com/2018/1/3/16845438/exercise-weight-loss-myth-burn-calories. And for one important meta-analysis on this topic, see D. M. Thomas et al., "Why Do Individuals Not Lose More Weight from an Exercise Intervention at a Defined Dose? An Energy Balance Analysis," *Obesity Review* 13, no. 10 (2012): 835–47.

28 A. Janet Tomiyama et al., "Long-Term Effects of Dieting: Is Weight Loss Related to Health?," *Social and Personality Psychology Compass* 7, no. 12 (2013): 861–77.

29 "Why Do Dieters Regain Weight? Calorie Deprivation Alters Body and Mind, Overwhelming Willpower," *American Psychological Association Science Brief*, May 2018, https://web.archive.org/web/20230226080722/www. apa.org/science/about/psa/2018/05/calorie-deprivation.

30 同上注。請注意，此處與本書中所提及的「意志力」（willpower），其意涵和研究人員的定義類似，大約等同於「決心」或「毅力」——即便事情變得有點困難，也足以讓我們貫徹新年新希望或其他願望的東西。多數哲學家認為，人擁有多大程度的意志力（因人而異、因情境而異），無涉於「自由意志」（free will）是否存在這個古老的形上學辯論。關於自由意志的爭論核心在於人類的行為（不管有心或無意為之），究竟是否純粹由先驗的因果關係所決定，而這是否和自由意志的存在可以相容。不管大家如何看待這個深刻的哲學問題（這在我的領域中至今仍是個熱議主題），我想我們都可以同意，每個人所展現出的意志力（或者決心、毅力）各異，而這跟他們的身體質量為何無關。

31 同上注。

32 健康但「過瘦」的人並不若許多研究者的假設那樣活動量更大，相反地，他們是「燃燒更快」，由於他們的甲狀腺激素數值較高，靜態代謝率也比較高。實際上，他們的平均活動量比所謂「正常體重」者少了二三％，似乎也比較不容易餓——他們平均所攝取的卡路里也少了一二％，儘管這項研究已經排除了有飲食失調問題或有刻意節食的人（患病或最近變瘦的個案也被

Health Problems (Oxford: Oxford University Press, 2023); Quill Kukla (writing as Rebecca Kukla), "Medicalization, 'Normal Function,' and the Definition of Health," in *The Routledge Companion to Bioethics*, ed. John D. Arras, Elizabeth Fenton, and Kukla (New York: Routledge, 2014), 515–30; and Jennifer A. Lee and Cat J. Pausé, "Stigma in Practice: Barriers to Health for Fat Women," *Frontiers in Psychology* 7, art. no. 2063 (2016): 1–15（此為集體性自我民族誌）。

17 此處與下文所摘錄的內容，引自：Stuart Wolpert, "Dieting Does Not Work, UCLA Researchers Report," UCLA Newsroom, April 3, 2007, news room.ucla.edu/releases/Dieting-Does-Not-Work-UCLA-Researchers-7832. 原始研究可見：Traci Mann et al., "Medicare's Search for Effective Obesity Treatments: Diets Are Not the Answer," *American Psychologist* 62, no. 3 (2007): 220–33.

18 有一份研究更顯示，經過兩年以上的追蹤，高達八三％的人復胖體重比當初減掉的還要多（Mann et al., "Medicare's Search for Effective Obesity Treatments," 221）。另一份研究則顯示，半數的節食減肥者在五年後，體重都比當時還要重上五公斤（同上注，頁224）。曼恩認為，真正的數字可能比此更糟，因為有部分研究採自評方式，而人們往往會低估或少報自己的體重，因而無法有效地進行追蹤。曼恩最後總結道：「儘管研究結果所呈現的節食成效已經慘澹，但節食真正的成效其實更為不良。」Wolpert, "Dieting Does Not Work."

19 有份很常被引用的統計數據顯示，約有九五％的節食會失敗，儘管此數據似乎引自一份相對早年的研究（一九五九年發表），但迄今這份研究仍有其意義。在此研究中，研究者追蹤了一百名在一間紐約醫院營養科求診，遵循低熱量飲食（每天攝取八百到一千五百大卡）的病患；其中，只有十二人減掉了超過九公斤，並被列為初步「成功」案例。一年後，只有六人維持此體重；兩年後，只有二人維持體重。其他人全都被歸為是「失敗」案例（其中還有非常多人退出研究）。在研究過程中，只有一人減掉超過二十公斤——他實際上減掉了二十三公斤。但根據他的自評資料，節食引發了嚴重的心理健康危機，而且在他尋求心理醫療協助之前，停止節食反而讓他嚴重復胖了整整十五公斤。A. Stunkard and M. McLarenHume, "The Results of Treatment for Obesity: A Review of the Literature and Report of a Series," *AMA Archives of Internal Medicine* 103, no. 1 (1959): 79– 85。亦可參 Ragen Chastain, "The Validation and Frustration of Stunkard et al.," *Weight and Healthcare*, Substack, Feb. 11, 2023, weightandhealthcare.substack

一項發表於一九八九年的知名研究顯示，只有三%的受試者在歷經十五週的行為調整重計畫後的四到五年之間，能夠維持或繼續低於其治療後體重的嚴格標準。F. M. Kramer et al., "Long-Term Follow-Up of Behavioral Treatment for Obesity: Patterns of Weight Regain Among Men and Women," *International Journal of Obesity* 13, no. 2 (1989): 123–36.

另一項追蹤受試者長達十年的二〇一五年研究更彰顯，被歸類為「肥胖」的人要變成所謂正常體重的機率是微乎其微。舉例來說，像我這種曾被歸為「嚴重肥胖」或「病態肥胖」（BMI超過四十）的女性來說，每年維持「正常體重」的機率僅有六百七十七分之一（約0.15%）。同樣條件的男性機率更差：一千二百九十人中只有一人能夠做到（約0.078%）。Alison Fildes et al., "Probability of an Obese Person Attaining Normal Body Weight: Cohort Study Using Electronic Health Records," *American Journal of Public Health* 105, no. 9 (2015): e54–e59.

20 J. P. Montani et al., "Weight Cycling During Growth and Beyond as a Risk Factor for Later Cardiovascular Diseases: The 'Repeated Overshoot' Theory," *International Journal of Obesity* 30 (2006): S58–S66. 亦可參考：Kelley Strohacker et al., "Consequences of Weight Cycling: An Increase in Disease Risk?," *International Journal of Exercise Science* 2, no. 3 (2009): 191–201，延伸討論。

21 Matthew A. Cottam et al., "Links Between Immunologic Memory and Metabolic Cycling,"

the American Medical Association 309, no. 1 (2013): 71–82. 請注意，這項薈萃分析調查了九十七項獨立研究和近三百萬名參與者，為弗利格爾等人（二〇〇五）的研究強而有力的進一步證據。

4 Ali H. Mokdad et al., "Actual Causes of Death in the United States, 2000,"*Journal of the American Medical Association* 291, no. 10 (2004): 1238–45.

5 關於薩蓋對前述研究的比較，可參：Abigail C. Saguy, *What's Wrong with Fat?* (Oxford: Oxford University Press, 2013), 120. 她將莫克達德等人的研究稱為是「吃到死」研究（"eating-to-death" study），並將弗利格爾等人的研究稱為是「胖很好」研究（"fat-OK" study）。

6 見：Aubrey Gordon and Michael Hobbes, "Is Being Fat Bad for You?," Nov. 16, 2021, in *Maintenance Phase,* podcast, 25:30–27:30, player.fm/series/ maintenance-phase/is-being-fat-bad-for-you.

7 Saguy, What's Wrong with Fat? , 120–21.

8 同上注。頁123-26。

9 在同一項主要研究中也發現，「過重」與「輕度肥胖」的人，跟所謂正常體重的人面臨的新冠肺炎風險其實沒有不同。見 Paul Campos, "COVID and the Moral Panic over Obesity," *Lawyers, Guns, and Money*, Sept. 16, 2021, www.lawyersgunsmoneyblog.com/2021/09/covid-and-the-moral-panic-over-obesity.

10 Rosie Mestel, "Weighty Death Toll Downplayed," *Los Angeles Times,* April 20, 2005, www.latimes.com/archives/la-xpm-2005-apr-20-sci-overweight20-story.html.

11 Amy Crawford, "The Obesity Research That Blew Up," *Boston Globe*, July 16, 2021, www.bostonglobe.com/2021/07/16/opinion/obesity-research-that-blew-up/. 威利特與其他人對弗利格爾研究的主要實質批評在於，她在計算過瘦族群相關死亡風險時，沒有排除吸菸人口或曾有其他病史的人。姑且先不論此事妥適與否，弗利格爾與她的團隊後來證明，就算真的重新排除這些人，再跑一次數據，結果也沒有太大差別。Katherine M. Flegal et al., "Impact of Smoking and Pre-existing Illness on Estimates of the Fractions of Deaths Associated with Underweight, Overweight, and Obesity in the US Population," *American Journal of Epidemiology* 166, no. 8 (2007): 975–82.

12 Allison Aubrey, "Research: A Little Extra Fat May Help You Live Longer," NPR, Jan. 2, 2013, www.npr.org/sections/health-shots/2013/01/02/168437030/ research-a-little-extra-fat-may-help-you-live-longer. 弗利格爾等人的統合分析可參：Flegal et al., "Association of All-Cause Mortality with Overweight and Obesity."

13 關於威利特與弗利格爾之間爭辯的精采介紹，請參：Crawford, "The Obesity Research That Blew Up." 關於更詳細的討論，請參：Gordon and Hobbes, "Is Being Fat Bad for You?"。

14 關於這個主題的最新代表性文章，請參：Glenn A. Gaesser and Steven N. Blair, "The Health Risks of Obesity Have Been Exaggerated," *Medicine and Science in Sports and Exercise* 51, no. 1 (2019): 218–21. 研究者的結論主要基於以下四點：「（1）中度至高度的心肺健康程度（CRF）可以減緩或消除與高身體質量指數（BMI）相關的死亡風險；（2）代謝健康的肥胖型態（MHO）可以降低與高BMI相關的風險；（3）去除體脂肪並不能改善心臟代謝健康；（4）關於有意減重與死亡率的數據並不支持認為『高BMI會導致肥胖相關健康問題』的傳統見解。」（頁218）本章節後續將會繼續討論這些主張。

15 Flegal et al., "Excess Deaths Associated with Underweight, Overweight, and Obesity."

16 請注意，我在本章都先暫且擱置不處理健康的定義、健康為何具有正面價值等艱難的理論性問題（例如，健康跟人們的福祉之間，究竟是本質性的關係，還是工具性的關係？）。關於這些問題的相關重要論點，在眾多相關學術文獻中，可以參考下列著作：Elizabeth Barnes,

58 同上注。頁13。

59 此外，無論是對順性別者還是跨性別者，阻止體重較重的人接受重要手術（例如背部、膝蓋手術）其實是很普遍的做法。見：Kevin Rawlinson and Chris Johnston, "Decision to Deny Surgery to Obese Patients Is Like 'Racial Discrimination,' " *Guardian*, Sept. 3, 2016, www.theguardian.com/society/2016/sep/03/hospitals-to-cut-costs-by-denying-surgery-to-smokers-and-the-obese.

60 例如，可見：Virginia Sole-Smith, "When You're Told You're Too Fat to Get Pregnant," *New York Times Magazine,* June 18, 2019, www.nytimes.com/2019/06/18/magazine/fertility-weight-obesity-ivf.html。討論部分。

61 例如，可見：Emily Friedman, "Obese Face Obstacles in Adoption Process," ABC News, July 31, 2007, abcnews.go.com/Health/story? id= 3429655&page=1. For a more recent account of such obstacles in the U.K., see Anonymous, "We Were Turned Down for Adoption for Being Obese," *Metro,* Oct. 23, 2021, metro.co.uk/2021/10/23/we-were-turned-down-for-adopt-for-being-overweight-2-15462005/. 我在本書結論章節會再提到父母教養與肥胖恐懼的關聯。

62 Denette Wilford, "'Fatphobic' Shelter Worker Refused to Let 'Morbidly Obese' Woman Adopt Dog," *Toronto Sun,* July 26, 2022, torontosun.com/ health/diet-fitness/fatphobic-shelter-worker-refused-to-let-morbidly-obese-woman-adopt-dog.

63 Devanshi Patel et al., "Parents of Children with High Weight Are Viewed as Responsible for Child Weight and Thus Stigmatized," *Psychological Science* 34, no. 1 (2023): 35–46.

64 G. M. Eller, "On Fat Oppression," *Kennedy Institute of Ethics Journal* 24, no. 3 (2014): 231–32.

65 Puhl and King, "Weight Discrimination and Bullying," 118.

66 Harrison, Belly of the Beast, 15. 哈里森的「醜陋」是大寫開頭，用以強調其作為政治結構的現實（頁12）。另外，如欲了解長得好看如何引發各種正面歧視，可參討論外表吸引力偏見的大量文獻（通常會被稱為是「光環效應」〔halo effect〕）；例如，長得好看會影響人們對其學術表現的判斷：Sean N. Talamas et al., "Blinded by Beauty: Attractiveness Bias and Accurate Perceptions of Academic Performance," *PLOS ONE* 11, no. 2 (2016): e0148284。

CHAPTER 2——減肥成本

1 Katherine M. Flegal et al., "Excess Deaths Associated with Underweight, Overweight, and Obesity," *Journal of the American Medical Association* 293, no. 15 (2005): 1861–67. 請注意，弗利格爾等人（二〇〇五）所計算的是「整體死亡率」，所有死亡原因都考慮在內，並不僅限於因為罹患特定疾病而死亡的情境。

2 在這篇重要研究中（同上注），弗利格爾等人發現儘管「體重過輕」者僅占調查人口中的三％，但過瘦者的超額死亡人數（將近三萬四千人）卻比「過重」加「肥胖」的合計死亡人數還要高。亦可見這篇報導對 Sissi Cao 等人（二〇一四）後續研究的簡要回顧：Alan Mozes, "Underweight Even Deadlier Than Overweight, Study Says: Death Risk Nearly Doubled for Excessively Thin People," *HealthDay News*, March 28, 2014, consumer.healthday.com/senior-citizen-information-31/misc-death-and-dying-news-172/underweight-even-deadlier-than-overweight-study-says-686240. html；Sissi Cao et al., "J-Shapedness: An Often Missed, Often Miscalculated Relation: The Example of Weight and Mortality," *Journal of Epidemiology and Community Health* 68, no. 7 (2014): 683–90。

3 Katherine M. Flegal et al., "Association of All-Cause Mortality with Overweight and Obesity Using Standard Body Mass Index Categories: A Systematic Review and Meta-analysis," *Journal of*

頁1249。

44 同上注。頁1250。

45 見：Phelan et al., "Impact of Weight Bias and Stigma on Quality of Care and Outcomes for Patients with Obesity"；A. Janet Tomiyama et al., "How and Why Weight Stigma Drives the Obesity 'Epidemic' and Harms Health," *BMC Medicine* 16, art. no. 123 (2018).

46 Phelan et al., "Impact of Weight Bias and Stigma on Quality of Care and Outcomes for Patients with Obesity," 321.

47 "Fat Shaming in the Doctor's Office Can Be Mentally and Physically Harmful," American Psychological Association, Aug. 3, 2017, www.apa.org/news/ press/releases/2017/08/fat-shaming.

48 Jess Sims, "Medicine Has a Problem with Fat Phobia—and It Stops People from Getting the Care They Deserve," *Well and Good,* Nov. 13, 2020, www. wellandgood.com/fat-shaming-medicine/.

49 Allison Shelley, "Women's Heart Health Hindered by Social Stigma About Weight," *Medscape,* April 3, 2016, www.medscape.com/viewarticle/861382.

50 Christine Aramburu Alegria Drury and Margaret Louis, "Exploring the Association Between Body Weight, Stigma of Obesity, and Health Care Avoidance," *Journal of the American Academy of Nurse Practitioners* 14, no. 12 (Dec. 2002).

51 Janell L. Mensinger et al., "Mechanisms Underlying Weight Status and Healthcare Avoidance in Women: A Study of Weight Stigma, Body-Related Shame and Guilt, and Healthcare Stress," *Body Image* 25 (2018): 139–47.

52 Sarah Wells, "Fatphobia and Medical Biases Follow People After Death," *Pop Sci*, Aug. 18, 2022, www.popsci.com/health/medical-fatphobia-body-donations/. 其中一個不偏好肥胖大體捐贈的理由是，肥胖大體的運輸與處理更費力，但這不是什麼無法克服的問題；另一個更令人震驚的觀念，是肥胖大體並不適合成為醫學系一年級學生檢查、解剖，用以了解人體的對象。馬里蘭大學醫學院解剖組主任榮恩．韋德就表示，基於這些教學理由，「在一個完美世界中，他們最希望的是一個擁有完美解剖結構的完美身體。」這不禁讓人要問：拜託告訴我，什麼叫做「完美」？為什麼醫學系學生只需要接受瞭解「完美」身體的醫學訓練？更何況連韋德自己也坦承，排除肥胖者在死後捐贈大體會造成「另外一種汙名」，而且可能「很殘忍」。JoNel Aleccia, "Donating Your Body to Science? Nobody Wants a Chubby Corpse," NBC News, Jan. 9, 2012, www.nbcnews.com/healthmain/donating-your-body-science-nobody-wants-chubby-corpse-1c6436539.

53 除非特別說明，此處與後續三段中的引用文字，全都來自Jackson King, "Fat Trans People Are Having Their Lives Put on Hold Because of Devastating Medical Fatphobia," *Pink News*, Nov. 19, 2021, www.pinknews.co.uk/2021/11/19/fat-trans-medical-fatphobia/。

54 Tyler G. Martinson et al., "High Body Mass Index Is a Significant Barrier to Gender-Confirmation Surgery for Transgender and Gender-Nonbinary Individuals," *Endocrinology Practice* 26, no. 1 (2020): 7. 請注意，我在此處所用的是跨性別社群比較偏好的「變性手術」（或「性別確認手術」）。

55 見：Jody L. Herman et al., "Suicide Thoughts and Attempts Among Transgender Adults," Williams Institute, UCLA School of Law, Sept. 2019, williams institute.law.ucla.edu/publications/ suicidality-transgender-adults/.

56 Martinson et al., "High Body Mass Index Is a Significant Barrier to GenderConfirmation Surgery," 6–15.

57 同上注。頁12。

32 Gina Kolata, "Why Do Obese Patients Get Worse Care? Many Doctors Don't See Past the Fat," *New York Times,* Sept. 25, 2016, www.nytimes.com/2016/ 09/26/health/obese-patients-health-care.html.

33 見葛蕾琴的故事：Ragen Chastain, "The Fat Misdiagnosis Epidemic,"*Glamour,* Aug. 29, 2019, www.glamour.com/story/weight-stigma-is-keeping-patients-from-getting-the-care-they-need.

34 若想知道不同體型與機器之間的基本資訊，以及它們的相對稀有性，可參："Obese MRI Scans," Newcastle Clinic, newcastleclinic.co. uk/obese-mri-scans/.

35 Laura Sharkey, "Yes, Plan B Has a Weight Limit—Here's What It Means for You," *Healthline*, Nov. 18, 2020, www.healthline.com/health/healthy-sex/ plan-b-weight-limit#other-factors. 當然，還有另外一種方法：在性行為後五天以內，置入含銅的子宮內避孕器（IUD）。不過，相較於事後避孕藥，這個做法更具侵入性、更昂貴，通常更痛苦，而且遠比B計劃、艾拉貨其他標示外使用的複方藥更難取得。在美國，IUD這種避孕方式目前飽受抨擊，儘管證據普遍支持它能避免的是受精，而非著床，換言之，IUD其實並不算是墮胎。請參"Study: Copper IUDs Do Not Appear to Prevent Implantation or Increase HIV Risk," Relias Media, July 1, 2020, www.reliasmedia.com/articles/146320-study-copper-iuds-do-not-appear-to-prevent-implantation-or-increase-hiv-risk.

36 我曾分別在《不只是厭女》第三章與《厭女的資格》第六章，探討過這些針對生育權利的攻擊和厭女情結之間的關聯。

37 例如，這篇報導就曾提及，二〇一一年佛羅里達州有幾位婦產科醫師就不收體重高於一百一十三公斤的孕婦：Mikaela Conley, "Some Ob-Gyns Say Obese Patients Too High-Risk," ABC News, May 17, 2011, abcnews.go.com/Health/poll-finds-florida-ob-gyns-turn-obese-patients/story? id=13622579。近期，加拿大也有一間醫院拒收BMI超過四十的產婦入院，但其他「高風險」產婦卻無此規定，可見Moira Wyton, "Mom Files Rights Complaint Alleging Hospital 'Fat Shaming,' " *Tyee*, July 13, 2022, thetyee.ca/News/2022/07/13/Mom-Files-Rights-Complaint-Hospital-Fat-Shaming/. 關於這種狀況與類似不當對待案例，可見Raina Delisle, "We Need to Stop Discriminating Against Plus-Size Pregnant Women," *Today's Parent*, Nov. 7, 2017, www.todaysparent.com/pregnancy/pregnancy-health/we-need-to-stop-discriminating-against-plus-size-pregnant-women/. 美國婦產科醫師學會後來在二〇一九年曾發表聲明，譴責基於產婦體重而拒收病患的做法。

38 S. M. Phelan et al., "Impact of Weight Bias and Stigma on Quality of Care and Outcomes for Patients with Obesity," *Obesity Review* 16, no. 4 (2015): 321.

39 Kimberly A. Gudzune et al., "Physicians Build Less Rapport with Obese Patients," *Obesity* 21, no. 10 (2013): 2146–52.

40 具體來說，二四％的醫護人員會對肥胖患者產生排斥感，還有一二％的醫護人員會不想碰到肥胖患者的身體。C. R. Bagley et al., "Attitudes of Nurses Toward Obesity and Obese Patients," *Perceptual and Motor Skills* 68, no. 3 (1989): 954。雖然這份研究比較舊，但本書導論已經指出，反肥胖偏見在過去數十年來仍如一日，並未有什麼長足的進步；實際上，就某些面向來說，甚至可能是惡化的。

41 Phelan et al., "Impact of Weight Bias and Stigma on Quality of Care and Outcomes for Patients with Obesity," 321.

42 M. R. Hebl and J. Xu, "Weighing the Care: Physicians' Reactions to the Size of a Patient," *International Journal of Obesity* 25 (2001): 1250.

43. 在本研究中唯一沒有顯著差異的，是醫師對「這名病患的健康問題有多嚴重」的判斷。同上注。

17 Flint et al., "Obesity Discrimination in the Recruitment Process."

18 由於每位求職者履歷中所載的性別與體型組合是隨機分配的，故這個結果不可能是因為不胖男性的履歷剛好很傑出；就算真的有哪份履歷真的很出色，這份出色履歷被分配給肥胖男性、肥胖女性、不胖男性、不胖女性的機率也是相同的。同上注。頁4。

19. 我們胖子為了買到衣服穿，常常得要額外付出更多錢，這筆額外支出被稱為「肥胖稅」完全名副其實。其他不平等與不方便之處先不論，由於有些廠商會拉高大尺碼衣服的定價，也有店家現場完全不進大尺碼的衣服，只會在網路上販售，我們在購買或退貨時就常要得額外支付運費。見網友marielle.elizabeth的Instagram影片：Oct. 3, 2022, www.instagram.com/reel/CjQonmJJo8T/? igshid=NmY1MzVkODY%3D.

20 例如，可見：Josh Eidelson, "Yes, You Can Still Be Fired for Being Fat," New York State Senate, March 15, 2022, www.nysenate.gov/newsroom/in-the-news/brad-hoylman/yes-you-can-still-be-fired-being-fat；Gordon, *"You Just Need to Lose Weight,"* 109–10, for discussion. 另一種常見的合法肥胖歧視做法是：透過雇主向肥胖者多收高達三〇％的健康保險費，因為他們的BMI太高，或者沒有達成他們被指定的減重「目標」，所以他們失去享有特殊「獎勵」的資格。見：Aubrey Gordon and Michael Hobbes, "Workplace Wellness," Dec. 20, 2022, in *Maintenance Phase,* podcast, player.fm/series/maintenance-phase/workplace-wellness. 這個Podcast名為「職場健康促進」——員工會被要求繼續維持瘦下來的體重，並遵循各種飲食與「健康促進計畫」。兩位主持人不僅在節目中精采地揭穿這個看似神奇實則虛幻的概念，也持續挑戰其他相關議題。感謝我的研究助理艾蜜莉．帕克對此與其他相關主題的討論與貢獻。

21 Giel et al., "Weight Bias in Work Settings," 35–36.

22 同上注。頁36。

23 同上注。

24 Christian Brown and P. Wesley Routon, "On the Distributional and Evolutionary Nature of the Obesity Wage Penalty," *Economics and Human Biology* 28 (2018): 165.

25 同上注。

26 布朗與勞頓如此總結他們的發現：「肥胖對薪資的作用，對一九九七世代（出生於一九七九年至一九八五年間者）更為普遍。百分位五的薪資懲罰約為二％至七％，中位數的薪資懲罰為四％至八％，百分位九十五的薪資懲罰則為一三％至二七％。同上注。頁166。

27 同上注。頁170。

28 此外，在本研究中，極瘦女性每年會比「平均」體重的女性多賺二萬二千美元。見：Lesley Kinzel, "New Study Finds That Weight Discrimination in the Workplace Is Just as Horrible and Depressing as Ever," *Time*, Nov. 28, 2014, time.com/3606031/weight-discrimination-workplace/。原始研究請參：Timothy A. Judge and Daniel M. Cable, "When It Comes to Pay, Do the Thin Win? The Effect of Weight on Pay for Men and Women," *Journal of Applied Psychology* 96, no. 1 (2011): 95–112。這些研究所使用的數據，與布朗與勞頓調查的一九九七世代是一樣的。

29 Brown and Routon, "On the Distributional and Evolutionary Nature of the Obesity Wage Penalty," 170.

30 Emily Rella, " 'Completely Absurd': The Average US Male Can't Fit into Universal Studio's New 'Blatantly Fatphobic' Mario Kart Ride," *Entrepreneur,* Feb. 6, 2023, www.entrepreneur.com/business-news/universal-studios-under-fire-for-fatphobic-mario-kart-ride/444427.

31 Rachel Moss, "Model Confronts Man for Fat-Shaming Her on Plane," *Huffington Post,* July 3, 2017, www.huffpost.com/archive/au/entry/plus-size-model-natalie-hage-perfectly-calls-out-man-who-fat-shamed-her-on-a-plane_a_23013599.

stigma）、肥胖歧視（fatism）、體型歧視（sizeism）等語，雖然我認為這些全都只是定義比較含糊的同義字。

CHAPTER 1 ——肥胖恐懼的束身衣

1 Jen Curran, "My Doctor Prescribed Me Weight Loss—I Actually Had Cancer,"*Glamour,* Sept. 11, 2019, www.glamour.com/story/my-doctor-prescribed-me-weight-loss-i-actually-had-cancer.

2 Laura Fraser, "My Sister's Cancer Might Have Been Diagnosed Sooner—If Doctors Could Have Seen Beyond Her Weight," *Stat,* Aug. 15, 2017, www.stat news.com/2017/08/15/cancer-diagnosis-weight-doctors/.

3 Rebecca M. Puhl et al., "Weight-Based Victimization Toward Overweight Adolescents: Observations and Reactions of Peers," *Journal of School Health* 81 (2011): 698.

4 Rebecca M. Puhl and Kelly M. King, "Weight Discrimination and Bullying," *Best Practice and Research Clinical Endocrinology and Metabolism* 27, no. 2 (2013): 123.

5 同上注。119。

6 Sarah Nutter et al., "Weight Bias in Educational Settings: A Systematic Review," *Current Obesity Reports* 8 (2019): 194.

7 Rebecca M. Puhl and Joerg Luedicke, "Weight-Based Victimization Among Adolescents in the School Setting: Emotional Reactions and Coping Behaviors," *Journal of Youth and Adolescence* 41 (2012): 27–40.

8 Puhl and King, "Weight Discrimination and Bullying," 123.

9 關於這點及肥胖兒童所受不當對待的相關議題，詳參見 Virginia Sole-Smith 最近的傑出著作：*Fat Talk: Parenting in the Age of Diet Culture* (New York: Henry Holt, 2023)。

10 E. L. Kenney et al., "The Academic Penalty for Gaining Weight: A Longitudinal, Change-in-Change Analysis of BMI and Perceived Academic Ability in Middle School Students," *International Journal of Obesity* 39 (2015): 1408–9.

11 Puhl and King, "Weight Discrimination and Bullying," 119.

12 Christian S. Crandall, "Do Parents Discriminate Against Their Heavyweight Daughters?," *Personality and Social Psychology Bulletin* 21, no. 7 (1995): 724–35. 請注意，這名研究者在更早年（一九九一）的研究中也發現了相同現象。

13 Katrin Elisabeth Giel et al., "Weight Bias in Work Settings—a Qualitative Review," *Obesity Facts* 3, no. 1 (2010): 33–40.

14 Emma E. Levine and Maurice E. Schweitzer, "The Affective and Interpersonal Consequences of Obesity," *Organizational Behavior and Human Decision Processes* 127 (2015): 66–84.

15 Michelle R. Hebl and Laura M. Mannix, "The Weight of Obesity in Evaluating Others: A Mere Proximity Effect," *Personality and Social Psychology Bulletin* 29 (2003): 28–38. 正如研究中的實驗二所示，坐在體重較重（大概是美碼二十二號）女性旁邊的男性申請者，會受到更負面的評價，即使實驗描述兩人素不相識、沒有交往關係，且無論實驗有無提供以下的正面資訊，都沒有幫助：她求學時曾經得過一個重要獎項。（可惜的是，研究者沒有比較其他性別對於求職者的影響）。研究者認為本研究揭露了一種非常「根深柢固」的反肥胖偏見。

16 例如，可見：Giel et al., "Weight Bias in Work Settings"; Lynn K. Bartels and Cynthia R. Nordstrom, "Too Big to Hire: Factors Impacting Weight Discrimination," *Management Research Review* 36, no. 9 (2013): 868–81; and Stuart W. Flint et al., "Obesity Discrimination in the Recruitment Process: 'You're Not Hired!,' " *Frontiers in Psychology* 7, art. no. 647 (2016): 1–9.

8 在不同肥胖倡議社群與場域中，這些用語的定義會略有差異。不過，根據作家兼倡議者琳達・蓋哈特最近的部落格文章所說，所謂的「小胖子」的範圍，可能是必須要「一般尺寸」中最大號的衣服而已，但也可能是美碼十八號（她描述，大概「可以想成是入門等級的胖」；但艾許認為，如果只是「小」胖、「入門」胖，十二號的身材應該就差不多；同上注。）「中胖子」大概介於十八號到二十四號之間，「大胖子」大概是二十六號到三十二號之間，至於「無限肥子」或「超級肥子」，通常指超過三十二號。見：Linda Gerhardt, "Fategories: Understanding the Fat Spectrum," *Fluffy Kitten Party* (blog), June 1, 2021, fluffykittenparty.com/2021/06/01/fategories-understanding-smallfat-fragility-the-fat-spectrum/. 蓋哈特也在這篇文中提到，由萊斯利・金澤爾索自創的「致命肥子」（death fat）一語，在肥胖社群內部中具有重要意義。最後，還有一種羅珊・蓋伊在《飢餓：你只看見我的身體，沒看見我內心的痛》一書中稱為「蓮恩・布萊恩特式胖子」（Lane Bryant fat）的人（頁111）——他們雖然胖，但卻又沒有胖到能夠去這間大尺寸女裝店購物。當然，這些顯然全都是非常針對女性且非常美國中心的定義，只是在自我界定時所用的粗略指引與起點，而不是個普世、定義性的指標。

9 美食作家茱莉亞・圖爾森最近寫了篇感人的文章，文中提到，她意識自己只有覺得快樂或覺得很胖這兩種感受：「這就像有一天，突然有一盆冷水潑在我臉上一樣。我這一生中只感受過兩件事情：快樂或好胖……我不僅把『肥胖』跟『一切不快樂事物』劃上等號，我甚至為自己的一切感受建立起一套這樣乾淨、俐落、痛苦的二元關係。」見：Julia Turshen, "How Writing a Cookbook Helped Me Break Free from Diet Culture," *Bon Appétit,* March 2, 2021, www.bonappetit.com/story/simply-julia-diet-culture.

10 「肥胖」（obese）這個用語源於拉丁文的「obesus」，意思是「把自己吃胖」，但這種說法其實有些誤導。我們很快就會提到，人類會變胖或持續維持肥胖體態的理由很多——也可能沒有什麼理由。

11 請注意，這個定義的內涵可以和我對性別歧視與厭女情結的定義兩相對照，因為「肥胖恐懼」這個用語所涵蓋的更廣，並不只是語言修辭上指涉不同的意涵。若要比較，可以參考《不只是厭女：為什麼愈「文明」的世界，厭女的力量愈強大？拆解當今最精密的父權敘事》一書的第一章至第三章。另請注意，我們在此也可以對「科學性肥胖恐懼」和「懲罰性肥胖恐懼」之間做出類似的比較。

12 關於兩篇首開先河，探討「交織性」的經典文獻，可見：Kimberlé Crenshaw's "Mapping the Margins: Intersectionality, Identity Politics, and Violence Against Women of Color," *Stanford Law Review* 43, no. 6 (1991): 1241– 99，以及 "Beyond Race and Misogyny: Black Feminism and 2 Live Crew," in *Words That Wound,* ed. Mari J. Matsuda et al. (Boulder, Colo.: Westview Press, 1993), 111–32.

13 見瑞根・崔斯坦 "Good Fatty Bad Fatty BS," *Dances with Fat* (blog), March 15, 2016, danceswithfat.org/2016/03/15/good-fatty-bad-fatty-bs/ 一文中，對於「好胖子」這個概念的評論。這個概念最早的理論化，出自於哈定的部落格「*Shapely Prose*」。

14 就這個意義而言，肥胖恐懼和種族主義很不相同，因為種族分類通常是相對穩定不變的。儘管也有人的性別與階級分類隨著生命而有變化，但可以預料的是，會經歷體重劇烈變化的人終究在比例上屬於多數。見：Alison Reiheld, "Microaggressions as a Disciplinary Technique for Actual and Possible Fat Bodies," in *Microaggressions and Philosophy,* ed. Lauren Freeman and Jeanine Weekes Schroer (New York: Routledge, 2020), 221.

15 雖然「肥胖恐懼」的標籤有引起後續誤解的風險，我依然認為這是個跟「恐同」、「恐跨」等語一樣有用且深具啟發性的概念，因此我選擇繼續使用「肥胖恐懼」這個稱呼。可以理解，有些人會更偏好使用反肥胖（anti-fatness）、仇肥胖（fatmisia）、肥胖仇恨（fat hate）、肥胖汙名（fat

注釋
Notes

＊ 注釋提及之頁數，皆為引用資料之原文頁數

導論：戰鬥體重

1 身體質量指數（BMI）的計算公式是體重（公斤）除以身高（公尺）的平方。關於這個公式的方法與其（徹底的）種族主義問題，詳參見第三章。

2 已有不少肥胖倡議者、女性主義者、反種族主義者曾寫過關於肥胖的精闢見解，包括：J·J·艾波里歐、潔斯·貝克、漢娜·布蘭克、蘇珊·鮑爾多、妮可·拜爾、蘇菲亞·卡特－康恩、瑞根·崔斯坦（瑞根·崔斯坦）、夏洛特·庫柏、埃薇特·狄翁、莉莎·杜布勒伊、艾咪·埃德曼·法雷爾、蘿拉·費雪 、珍妮·A·蓋利、羅珊·蓋伊、琳達·蓋哈特、奧布莉·戈登、萊恩·葛費、蘇菲·哈根、凱特·哈定、德蕭恩·L·哈里森、萊斯利·金澤爾、瑪麗安·寇比、基斯·雷蒙、凱薩琳·列別斯科、迦勒·盧納、崔西·麥克米倫·卡頓、瑪奎斯·梅賽德斯、艾許·尼斯查克、蘇西·奧貝赫、凱特琳·帕塞 、艾波·奎奧、席拉·羅森布魯斯、埃絲特·羅斯布蘭、艾希莉·夏克福德、潔斯·希姆斯、維吉妮亞·索爾－史密斯、桑德拉·索洛維、霍騰斯·J·史皮勒斯、潔薩敏·史丹利、桑雅·芮妮·泰勒、薇吉·托瓦爾、喬丹·盎德伍德、莉亞·韋農、瑪麗蓮·萬恩、琳蒂·韋斯特、瑞秋·威利等人。族繁不及備載。

3 也有論者採不同意見，例如德蕭恩·L·哈里森在他的精采新書《野獸腹中：反肥胖與反黑人的政治》中就主張，應該要破壞世界、迫使其進化成一個「不存在基於傷害、征服、打壓我們的各種資格、條件、標籤，讓我們得以生活」的世界。詳見第一章與第七章。

4 此外，在這段期間內，雖然許多其他類型的顯性偏見已顯著降低，但顯性的反肥胖偏見的下降卻非常有限。關於這些發現的可能意涵、意義、詮釋，可參：Carey Goldberg, "Study: Bias Drops Dramatically for Sexual Orientation and Race— but Not Weight," WBUR, Jan. 11, 2019, www.wbur.org/news/2019/01/11/implicit-bias-gay-black-weight. 關於此研究，可參：Tessa E. S. Charlesworth and Mahzarin R. Banaji, "Patterns of Implicit and Explicit Attitudes: I. LongTerm Change and Stability from 2007 to 2016," *Psychological Science* 30, no. 2 (2019): 174–92. 。請注意，由於研究團隊所使用的數據來源網站「隱性計畫」（Project Implicit）中缺乏性別偏見的資料，本研究並未納入對性別偏見的分析。

5 例如可參：National Center for Health Statistics, "Obesity and Overweight," www.cdc.gov/nchs/fastats/obesity-overweight.htm.

6 美國的肥胖人數確實有些微上升，卻常遭過分誇大，這部分是因為在二〇〇〇年前後，被認定為「過重」、「肥胖」的標準門檻降低了。肥胖人數增加有很多複雜的解釋，包括食物資源、環境、醫療健康不平等（包括心理健康的不平等）、壓力（包括社會壓迫所造成的壓力）、微生物基因體，甚至包括長期節食所導致的後果（詳後述）。見：Aubrey Gordon, *"You Just Need to Lose Weight": And 19 Other Myths About Fat People* (Boston: Beacon Press, 2023), 106.

7 Ash, "Beyond Superfat: Rethinking the Farthest End of the Fat Spectrum,"*The Fat Lip* (blog), Dec. 20, 2016, thefatlip.com/2016/12/20/beyond-superfat-rethinking-the-farthest-end-of-the-fat-spectrum/.

蘇西・奧貝赫（Susie Orbach），《胖是個女性主義議題》（*Fat Is a Feminist Issue*）
艾波・奎奧（April Quioh）、蘇菲・卡特－康恩（Sophie Carter-Kahn），「她全是脂肪」（*She's All Fat*）（podcast）
埃絲特・羅斯布蘭（Esther Rothblum）、桑德拉・索洛維（Sondra Solovay）所編，《肥胖研究讀本》（*The Fat Studies Reader*）
阿比蓋兒・C・薩蓋（Abigail C. Saguy），《胖錯了嗎？》（*What's Wrong with Fat?*）
莎賓娜・史特林斯（Sabrina Strings），《害怕黑體：肥胖恐懼的種族主義根源》（*Fearing the Black Body: The Racist Ori- gins of Fat Phobia*）
桑雅・芮妮・泰勒（Sonya Renee Taylor），《身體不是道歉：基進自愛的力量》（*The Body Is Not an Apology: The Power of Radical Self-Love*）
薇吉・托瓦爾（Virgie Tovar），《你有權保持肥胖》（*You Have the Right to Remain Fat*）
瑪麗蓮・萬恩（Marilyn Wann），《胖！又怎樣？你不需要為自己的體型道歉》（*FAT! SO? Because You Don't Have to Apologize for Your Size*）
琳蒂・韋斯特（Lindy West），《尖銳之聲：喧嘩女子筆記》（*Shrill: Notes from a Loud Woman*）
瑞秋・威利，《胖女孩禮儀精修學院》（*Fat Girl Finishing School*）

關於節食文化與肥胖恐懼的關係

奧布莉・戈登、麥可・霍布斯（Michael Hobbes），「施工階段」（*Maintenance Phase*）（podcast）
克莉絲蒂・哈里森（Christy Harrison），「食物心理」（Food Psych）（電子報、podcast）
克麗絲・金恩（Chrissy King），《解放身體計畫：瞭解種族主義和節食文化如何能創造快樂、打造集體自由》（*The Body Liberation Project: How Under- standing Racism and Diet Culture Helps Cultivate Joy and Build Collective Freedom*）
維吉妮亞・索爾-史密斯（Virginia Sole-Smith），《肥胖談話：在節食文化時代下育兒》（*Fat Talk: Parenting in the Age of Diet Culture*）；「燒焦的吐司」（*Burnt Toast*）（Substack電子報、podcast）

關於直覺飲食法（及其批評）

亞莉克斯・寇納森（Alexis Conason），《不節食革命：十招透過正念飲食法與徹底自我接受擺脫節食循環》（*Diet-Free Revolution: 10 Steps to Free Yourself from the Diet Cycle with Mindful Eating and Radical Self-Acceptance*）
克莉絲蒂・哈里森，《反節食：用直覺飲食法收復你的時間、金錢、幸福和快樂》（*Anti-Diet: Reclaim Your Time, Money, Well-Being, and Happiness Through Intuitive Eating*）
伊芙琳・崔伯（Evelyn Tribole）、伊莉絲・瑞胥（Elyse Resch），《直覺飲食：顛覆性的反節食法》（*Intuitive Eating: A Revolutionary Anti-Diet Approach*）
潔西卡・威爾遜（Jessica Wilson），《一直都是我們的：重新書寫黑人女性身體的故事》（*It's Always Been Ours: Rewriting the Story of Black Women's Bodies*）

更多資源
Further Resources

關於肥胖恐懼／肥胖生活經驗與交織

J．艾波里歐（J Aprileo），舒適脂肪（*Comfy Fat*）（部落格）
潔斯．貝克（Jes Baker），《沒人會告訴胖女孩的事：不抱歉生活手冊》（*Things No One Will Tell Fat Girls: A Hand- book for Unapologetic Living*）
漢娜．布蘭克（Hanne Blank），《胖》（*Fat*）
蘇珊．鮑爾多（Susan Bordo），《不能承受之重：女性主義、西方文化和身體》（*Unbearable Weight: Feminism, Western Culture, and the Body*）
哈麗特．布朗（Harriet Brown），《身體真相：科學、歷史和文化如何推動我們對體重的癡狂，而我們又能做些什麼？》（*Body of Truth: How Science, History, and Culture Drive Our Obsession with Weight—and What We Can Do About It.*）
保羅．坎波斯（Paul Campos），《肥胖迷思：為何美國人對體重的癡狂對你的健康有害》（*The Obesity Myth: Why America's Obsession with Weight Is Hazardous to Your Health*）
瑞根．崔斯坦（Ragen Chastain），《體重和保健》（*Weight and Healthcare*）（Substack電子報）
埃薇特．狄翁（Evette Dionne），《無重之有：為我強韌的身體與靈魂創造空間》（*Weightless: Making Space for My Resilient Body and Soul*）
艾咪．埃德曼．法雷爾（Amy Erdman Farrell），《肥胖羞辱：美國文化中的肥胖身體與汙名》（*Fat Shame: Stigma and the Fat Body in American Culture*）
羅珊．蓋伊（Roxane Gay），《飢餓：你只看見我的身體，沒看見我內心的痛》（*Hunger: A Memoir of (My) Body*）；〈不守規矩的身體〉系列文章，載於《蓋伊雜誌》（*Gay Mag*）
琳達．蓋哈特（Linda Gerhardt），蓬鬆小貓派對（*Fluffy Kitten Party*）（部落格）
奧布莉．戈登（Aubrey Gordon），《那些我們談論脂肪時沒有談的事情》（*What We Don't Talk About When We Talk About Fat*）、《「你只是需要減肥」與其他十九個關於胖子的迷思》（*"You Just Need to Lose Weight": And 19 Other Myths About Fat People*）
蘇菲．哈根（Sofie Hagen），《快樂肥：在這個想要縮小你的世界中占空間》（*Happy Fat: Taking Up Space in a World That Wants to Shrink You*）
凱特．哈定（Kate Harding）與瑪麗安．寇比（Marianne Kirby），《脂肪球的教訓：停止節食，和你的身體停戰》（*Lessons from the Fat-o-Sphere: Quit Dieting and Declare a Truce with Your Body*）
德蕭恩．L．哈里森（Da'Shaun L. Harrison），《野獸腹中：反肥胖與反黑人的政治》（*Belly of the Beast: The Politics of Anti-Fatness as Anti-Blackness*）
基斯．雷蒙（Kiese Laymon），《重磅：美國回憶錄》（*Heavy: An American Memoir*）
瑪奎斯．梅賽德斯（Marquisele Mercedes）、德蕭恩．L．哈里森、迦勒．盧納（Caleb Luna）、布萊恩．葛費（Bryan Guffey）、喬丹．盎德伍德（Jordan Underwood），「不請自來：胖子頂嘴」（*Unsolicited: Fattie Talk Back*）（podcast）
崔西．麥克米倫．卡頓（Tressie McMillan Cottom），《厚片：與其他文章》（*Thick: And Other Essays*）
艾許．尼斯查克（Ash Nischuk），「肥唇」（*The Fat Lip*）（部落格、podcast）

懼胖社會

為何人人對肥胖感到恐慌？體重羞恥的文化如何形成，肥胖歧視如何與各種歧視交織並形成壓迫

懼胖社會：為何人人對肥胖感到恐慌？
體重羞恥的文化如何形成，
肥胖歧視如何與各種歧視交織並形成壓迫／
凱特．曼恩（Kate Manne）著；柯昀青譯.
.－初版.－臺北市：麥田出版：
英屬蓋曼群島商家庭傳媒股份有限公司
城邦分公司發行，2024.07
　面；　公分
譯自：Unshrinking : how to face fatphobia.
ISBN 978-626-310-712-0（平裝）
1.CST: 社會風氣 2.CST: 社會環境
3.CST: 群眾行為 4.CST: 群眾心理學
541.773　　113008289

封面設計　朱　疋
內文排版　黃暐鵬
印　　刷　中原印刷有限公司
初版一刷　2024年7月25日

定　　價　新台幣420元
I S B N　978-626-310-712-0
E I S B N　9786263107083（EPUB）

作　　者　凱特．曼恩（Kate Manne）
譯　　者　柯昀青
責任編輯　翁仲琪
國際版權　吳玲緯　楊　靜
行　　銷　闕志勳　吳宇軒　余一霞
業　　務　李再星　陳美燕　李振東
副總編輯　何維民
編輯總監　劉麗真
事業群總經理　謝至平
發 行 人　何飛鵬

出　　版

麥田出版
地址：115020台北市南港區昆陽街16號4樓
電話：(02)2500-0888　傳真：(02)2500-1951
網站：http://www.ryefield.com.tw

發　　行

英屬蓋曼群島商家庭傳媒股份有限公司城邦分公司
地址：台北市南港區昆陽街16號8樓
網址：http://www.cite.com.tw
客服專線：(02)2500-7718；2500-7719
24小時傳真專線：(02)2500-1990；2500-1991
服務時間：週一至週五09:30-12:00; 13:30-17:00
劃撥帳號：19863813　戶名：書虫股份有限公司
讀者服務信箱：service@readingclub.com.tw

香港發行所

城邦（香港）出版集團有限公司
地址：香港九龍土瓜灣土瓜灣道86號
　　　順聯工業大廈6樓A室
電話：+852-2508-6231　傳真：+852-2578-9337
電郵：hkcite@biznetvigator.com

馬新發行所

城邦（馬新）出版集團【Cite(M) Sdn. Bhd.】
地址：41-3, Jalan Radin Anum, Bandar Baru
　　　Sri Petaling, 57000 Kuala Lumpur, Malaysia.
電話：+603-9056-3833　傳真：+603-9057-6622
電郵：services@cite.my